“十二五”职业教育国家规划教材
经全国职业教育教材审定委员会审定

Lumian Jiceng Shigong

路面基层施工

（第二版）

王卓娅　主　编
刘　炜　张美娜　副主编
陈华鑫［长安大学］　主　审

人民交通出版社股份有限公司
China Communications Press Co.,Ltd.

内 容 提 要

本书为“十二五”职业教育国家规划教材。全书以职业岗位工作目标为切入点，紧紧围绕路面基层施工过程编写，共设置了6个学习情境，分别为识读路基基层施工图和核算工程量、无机结合料稳定土配合比设计、编制路面基层施工组织设计、路面基层施工放样、半刚性基层施工、路面基层质量检验与评定。

本书可作为高等职业院校公路工程相关专业的教学用书，也可作为路桥类工程技术人员的培训教材或自学用书。

图书在版编目(CIP)数据

路面基层施工 / 王卓娅主编. --2版. --北京：人民交通出版社股份有限公司，2015.8

“十二五”职业教育国家规划教材

ISBN 978-7-114-12221-7

Ⅰ. ①路… Ⅱ. ①王… Ⅲ. ①路面基层—道路施工—高等职业教育—教材 Ⅳ. ①U416.204

中国版本图书馆CIP数据核字(2015)第093774号

“十二五”职业教育国家规划教材

书　　名：路面基层施工(第二版)
著 作 者：王卓娅
责任编辑：刘　倩
出版发行：人民交通出版社股份有限公司
地　　址：(100011)北京市朝阳区安定门外外馆斜街3号
网　　址：http://www.ccpress.com.cn
销售电话：(010)59757973
总 经 销：人民交通出版社股份有限公司发行部
经　　销：各地新华书店
印　　刷：北京鑫正大印刷有限公司
开　　本：787×1092　1/16
印　　张：10.75
字　　数：245千
版　　次：2009年10月　第1版
2015年8月　第2版
印　　次：2015年8月　第2版第1次印刷　总第3次印刷
书　　号：ISBN 978-7-114-12221-7
印　　数：1701－4700册
定　　价：29.00元

第二版前言

本书是以职业能力培养为核心，基于行动导向的职业教育理念，主要以半刚性路面基层的施工过程为主线编写的适应道路桥梁工程技术专业高等职业教育的教材。本教材以国家和交通运输部颁发的有关路面基层施工的最新技术标准、规范和试验规程为依据，以职业岗位工作目标为切入点，紧紧围绕路面基层施工过程编写。在编写过程中，注重理论联系实际，强化实用性和可操作性，重点突出行业岗位对从业人员知识结构和职业能力要求，充分体现了高等职业教育的特点。

本教材具有以下特点：

1. 教材以行动为导向，以工学结合人才培养模式改革与实践为基础，按照知识的典型性、覆盖性、可行性原则，遵循认知规律与能力形成规律，设计教学载体，梳理理论知识，明确学习内容，使学生在职业情境中“学中做、做中学”。

2. 打破传统教材按章节划分理论知识的方法，将理论知识按照路面基层施工进行重构，通过任务的完成使学生学有所用，学以致用，与传统的理论知识灌输有着本质的区别。

3. 教材体现了以学生为主、老师为辅，通过专业教室与多媒体教学设备的运用，引导学生自学，查阅资料、相互交流，老师只起引导和指导作用。

4. 教材体现了以学习过程进行教学评价，强调学生的过程成绩，彻底打破了期末笔试定成绩的传统。

5. 教材内容充分体现半刚性路面基层施工的新知识、新技术、新工艺和新方法，突出工艺要领和操作技能的培养，具有超前性和先进性。

本书共分 6 个学习情境，分别是识读路面基层施工图和核算工程量、无机结合料稳定土配合比设计、编制路面基层施工组织设计、路面基层施工放样、半刚性基层施工、路面基层质量检验与评定。

本书由辽宁省交通高等专科学校王卓娅制定编写大纲且担任主编并统稿，辽宁科杰监理有限公司刘炜和辽宁省交通高等专科学校张美娜担任副主编。辽宁省交通高等专科学校于国锋、张家宇、韩丽馥、高宏新、王加弟，沈阳市政集团有限公司王晓荣，辽宁省交通高等专科学校公路工程检测中心王晓彬等参与了本书的编写。具体分工如下：王卓娅、张美娜编写引言；张家宇编写学习情境1；王卓娅、王晓荣编写学习情境2；韩丽馥、王晓彬编写学习情境3；刘炜、于国锋编写学习情境4；王卓娅、刘炜编写学习情境5；高宏新、王加弟编写学习情境6。全书由长安大学陈华鑫担任主审。

在本书编写过程中，参考和引用了大量有关文献资料，在此对原作者顺致谢意。

由于时间仓促，编者水平有限，书中内容难免存在缺点和错误，敬请读者批评指正。

编　者

2015年2月

第一版前言

“路面基层施工”是以职业能力培养为核心，基于行动导向的职业教育理念，主要以半刚性路面基层的施工过程为主线编写的适应道路桥梁工程技术专业高等职业教育的教材。本教材以国家和交通部颁发的有关路面基层施工的最新技术标准、规范和试验规程为依据，以职业岗位工作目标为切入点，紧紧围绕路面基层施工过程编写。在编写过程中，注重理论联系实际，强化实用性和可操作性，重点突出行业岗位对从业人员知识结构和职业能力要求，充分体现了高等职业教育的特点。

本教材具有以下特点：

1. 教材以行动为导向，以工学结合人才培养模式改革与实践为基础，按照典型性、对知识和能力的覆盖性、可行性原则，遵循认知规律与能力形成规律，设计教学载体，梳理理论知识，明确学习内容，使学生在职业情境中“学中做、做中学”。

2. 打破传统教材按章节划分理论知识的方法，将理论知识按照路面基层施工进行重构，通过任务的完成使学生学有所用，学以致用，与传统的理论灌输有着本质的区别。

3. 教材体现了以学生为主，老师为辅。通过专业教室与多媒体教学设备的运用，引导学生自学、资料查阅、相互交流，老师只起引导和指导作用。

4. 教材体现了以学习过程进行教学评价，强调学生的过程成绩，彻底打破了期末笔试定成绩的传统。

5. 教材内容充分体现半刚性路面基层施工的新知识、新技术、新工艺和新方法，突出工艺要领和操作技能的培养，具有超前性和先进性。

本书共分六个学习情境，分别是：学习情境1 识读路面基层施工图，核算工程量；学习情境2 无机结合料稳定土配合比设计；学习情境3 编制路面基层施工组织设计；学习情境4 路面基层施工放样；学习情境5 组织路面基层施工；学习情境6 路面基层施工质量检验与评定。

本书由辽宁省交通高等专科学校王卓娅制定编写大纲并担任主编，辽宁省交通高等专科学校刘炜、于国锋、张家宇、韩丽馥、高宏新和王加弟等参与了本书的编写。具体分工如下：王卓娅编写引言、学习情境2；张家宇编写学习情境1；韩丽馥编写学习情境3；于国锋编写学习情境4；刘炜编写学习情境5；高宏新、王加弟编写学习情境6；最后由王卓娅进行统稿。

全书由长安大学陈华鑫担任主审。

在本书编写过程中，参考和引用了大量有关文献资料，在此对原作者顺致谢意。

由于时间仓促，水平有限，书中内容难免存在缺点和错误，敬请读者批评指正。

编　者

2009年5月

目　录

引　言

一、本课程的性质与研究对象

改革开放以来，我国的公路建设取得了举世瞩目的成就，2004 年确定的国家高速公路网布局方案又称“7918”网，采用放射线和纵横网格相结合的形式，包括 7 条北京放射线、9 条纵向路线和 18 条横向路线，总规模约 8.5 万公里，其中，主线 6.8 万公里，地区环线、联络线等其他路线约 1.7 万公里。国家高速公路网规划总体上贯彻了“东部加密、中部成网、西部连通”的布局思路，建成后可以在全国范围内形成“首都连接省会、省会彼此相通、连接主要地市、覆盖重要县市”的高速公路网络。截止到 2014 年底，全国公路通车总里程达到 450 万公里，其中，高速公路通车里程已突破 11 万公里，二级以上公路通车里程达到 65 万公里。公路建设的快速发展，对促进国民经济的健康发展起到了重要作用。路面基层是路面结构的重要组成部分，基层质量的好坏直接影响路面的整体承载能力和使用性能。随着国民经济持续高速增长，我国公路交通状况又产生了明显变化。由于交通量增长很快，载货汽车数量显著增加，货车超载现象比较普遍，因此，新交通状况对路面基层提出了更高的技术要求，提高路面基层施工技术水平势在必行。

基层的强弱和好坏对整个路面（无论是沥青路面还是水泥混凝土路面）的整体强度、使用质量和使用寿命都有十分重要的影响。系统了解各种路面基层的技术特点、适用范围、材料选择、材料组成、施工方法、施工工艺及质量管理方法等，掌握各种施工方法的关键技术及质量控制要点，对提高路面基层的施工管理水平和施工质量是十分必要的。

“路面基层施工”课程是高职高专道路桥梁工程技术专业的核心课程，通过本课程的学习，使学生掌握道路路面基层工程的基本原理、施工程序、施工方法。通过完成本课程安排的项目学习，使学生具有路面基层工程的施工与组织能力。

为了更好地完成学习任务，首先对本课程涉及的相关内容作一阐述。

二、公路的基本组成

公路是布置在大地表面供各种车辆行驶的一种线形带状结构物。因此，公路设计就有线形设计和结构设计两大部分。

（一）线形组成

公路受到自然条件的制约，在平面上有转折，纵面上有起伏。在转折点和起伏变化点处,为满足车辆行驶的舒适、安全和行驶速度的要求,就需要对公路进行线形组合设计。

公路的中线是一条空间曲线,平面有曲线、纵面有起伏。其线形组成是:平面由直线、曲线(圆曲线、缓和曲线)组成;纵面由坡度线及竖曲线组成。

作为立体空间线形的图形可分解为平面图、纵断面图、横断面图来表示。

(二)结构组成

公路是交通运输的建筑结构物,它不仅有承受荷载的作用,而且受自然条件的影响,其结构组成主要包括:路基及桥涵工程,防护工程(挡土墙、护坡、护栏等),路面工程,特殊构造物工程,交通安全及管理服务设施工程。

1.路基

路基是按照路线位置和一定技术要求修筑的、作为路面基础的带状构造物,通常包括路槽(供铺筑路面的浅槽)、路肩、边坡、边沟等组成部分,见图0-1。路基是用当地土石填筑或在原地挖筑而成的结构物,既要有足够的强度和稳定性,还要达到经济合理的目的。通常路基可分为路堤、路堑、半填半挖路基三种基本形式,如图0-2所示。路堤是高于原地面的填方路基;路堑是低于原地面的挖方路基;在同一个横断面内,部分为填方、部分为挖方的路基称半填半挖路基。

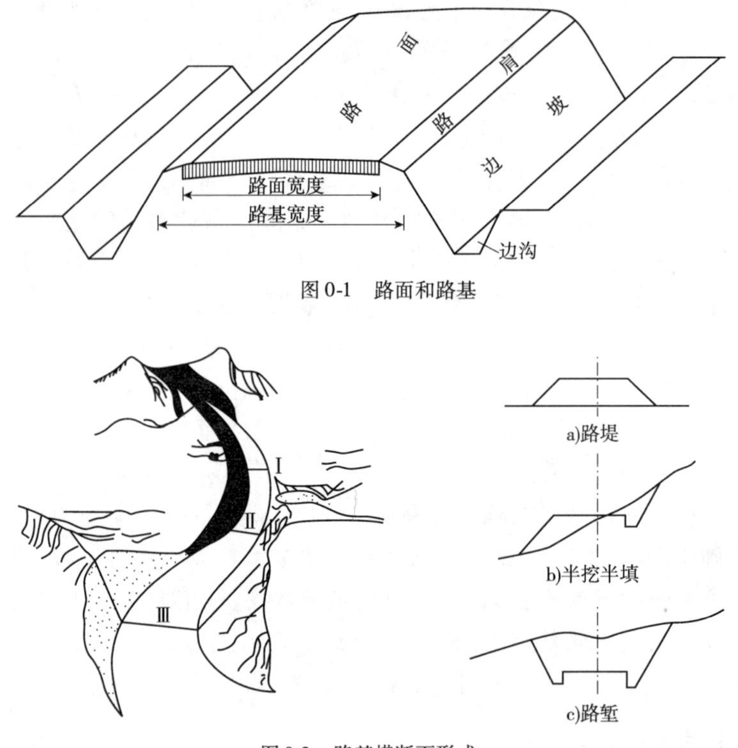

图0-1　路面和路基

图0-2　路基横断面形式

为了确保路基稳定,避免受水的侵蚀,还应修建公路排水系统和防护系统。

(1)公路排水系统。按其排水方向的不同分为纵向排水系统和横向排水系统。纵向排水系统常见的类型有边沟、截水沟、排水沟等。横向排水系统常见的类型有路拱、桥涵、透水路堤、过水路面等,如图0-3所示。

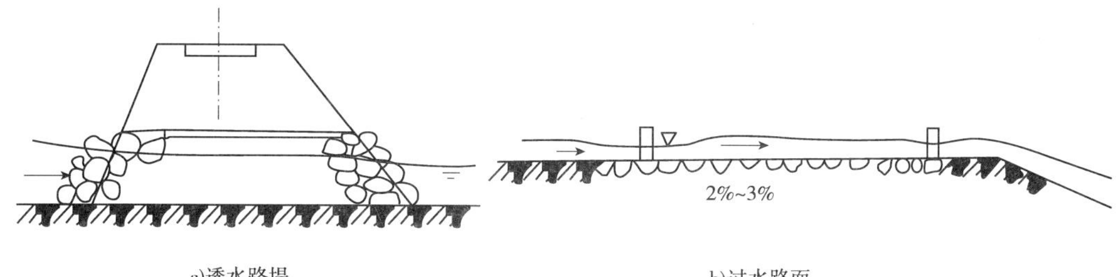

a)透水路堤　　　　b)过水路面

图 0-3　透水路堤和过水路面

公路排水系统按其排水位置的不同又分为地面排水和地下排水。地面排水系统主要是排除危害路基的雨水、积水及外来水等地面水;地下排水系统主要是排除地下水和其他需要通过地下排除的水。

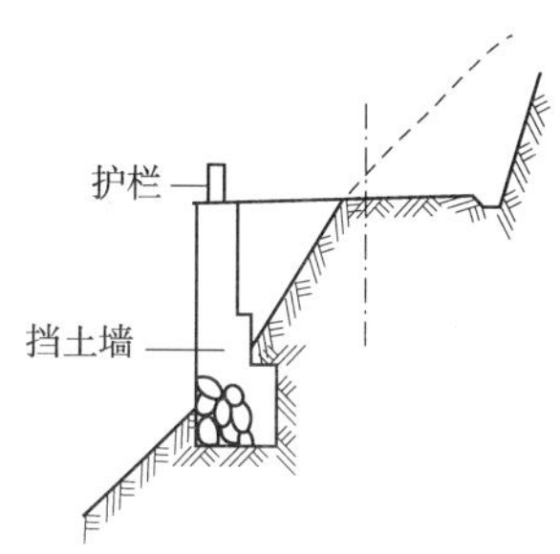

图 0-4　挡土墙

(2)防护工程。为保证路基稳定或行车安全所修筑的工程设施称为防护工程,如挡土墙(图 0-4)、护坡、护栏等。

2. 桥涵

桥涵是为跨越河流、山谷等障碍物而修建的构造物。其中,单孔跨径大于等于 5m 的称为桥梁,单孔跨径小于 5m 的称为涵洞。桥梁、涵洞统称为桥涵,如图 0-5 所示。

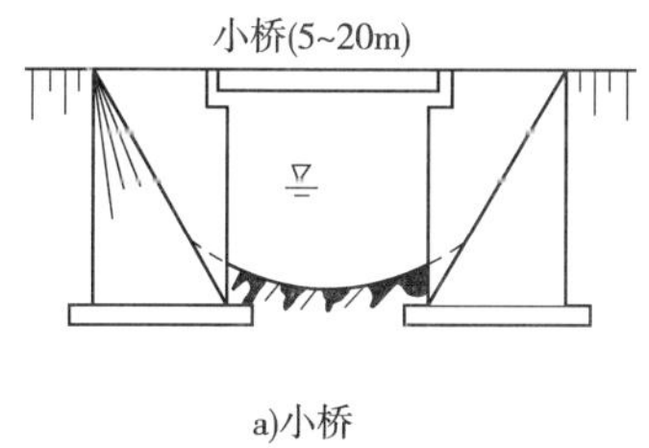

a)小桥

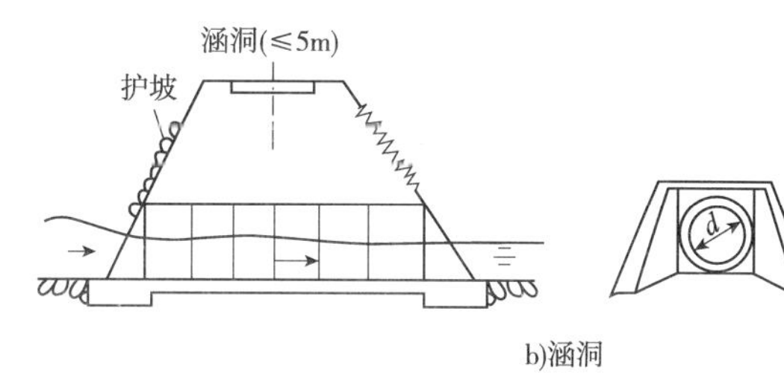

b)涵洞

图 0-5　桥梁和涵洞

3. 特殊构造物

例如,当路线穿越山岭时,为改善线形、缩短路线长度所修筑的山洞称为隧道。半山桥(洞)(图 0-6)是山区路基悬出一半所修筑的桥梁或所开挖的部分路宽的山洞。悬出路台,是在悬崖峭壁上所修筑的悬臂式构造物。

4. 路面

路面是用各种筑路材料铺筑在路基上,直接承受车辆荷载的层状构造物,即供汽车安全、迅速、经济、舒适行驶的公路表面部分,又称行车道。路面应具有足够的强度和稳定性,还应达到平整、抗滑和无尘等要求。通常路面由垫层、基层及面层三部分组成,如图 0-7所示。

如阜朝高速公路某段路面结构厚为74cm，其中，上面层：4cm 沥青玛蹄脂碎石抗滑层（SMA—13L 型）；中面层：6cm 中粒式沥青混凝土（LAC—20Ⅰ型）；下面层：7cm 粗粒式沥青混凝土（LAC—25Ⅰ型）；基层：21cm 厂拌水泥稳定碎石；底基层：21cm 厂拌水泥稳定碎石；垫层：15cm 级配砂砾。

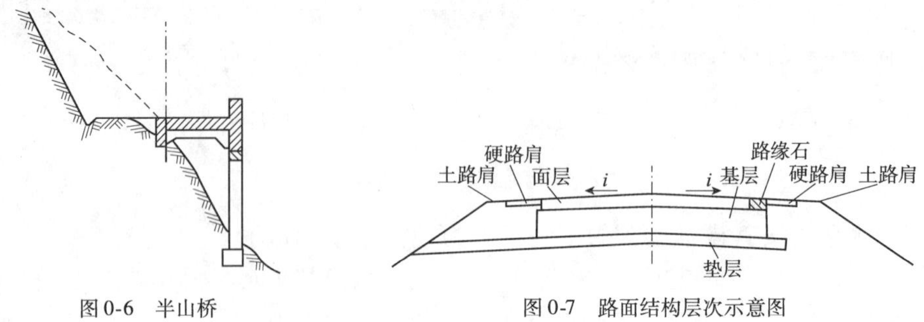

图0-6　半山桥

图0-7　路面结构层次示意图

路面的类型主要有沥青混凝土、水泥混凝土、沥青贯入、沥青碎石、沥青表面处治和砂石路面。按其力学性质可将路面分为柔性路面和刚性路面两大类。路面常用材料有沥青、水泥、碎（砾）石、砂、黏土等。

现代化的汽车运输，不仅要求道路能全天候通行车辆，而且要求车辆能以一定的速度，安全、舒适而又经济地在道路上运行，这就要求路面应具有良好的使用性能，能提供良好的行驶条件和服务水平，以最大限度地满足车辆运行的要求。为此，路面必须满足下列各项基本要求。

（1）具有足够的承载能力。行驶在路面上的车辆，既对路面产生垂直力作用，又对路面产生水平力的作用。此外，由于发动机的机械振动和车辆与悬架系统的相对运动及路面不平整等原因，路面还受到车辆的振动力和冲击力作用，在车轮后面还会发生真空吸力作用。在上述各种力的综合作用下，路面会逐渐出现磨损、开裂、坑槽、沉陷和波浪等病害，使路况恶化，服务水平下降。因而，要求路面结构整体及其各组成部分都必须具有与行车荷载相适应的承载能力。

结构承载能力包括强度与刚度两方面。路面结构应具有足够的强度以抵抗车轮荷载引起的各个部位的各种应力，如压应力、拉应力、剪应力等，保证路面结构不发生压碎、拉断、剪切等各种破坏。同时，路面结构还应具有足够的刚度，使其在车轮荷载作用下不发生过量的变形，保证不发生车辙、沉陷或波浪等各种病害。

（2）具有足够的稳定性。路面的稳定性是指路面保持其本身结构强度的性能，也就是指在外界各种影响因素的作用下，路面强度的变化幅度。路面强度的变化幅度越小，则稳定性越好；反之，则稳定性越差。

路面稳定性通常分为水稳定性、温度稳定性（又可分为高温稳定性和低温稳定性）和时间稳定性，有时也将水稳定性和温度稳定性合称为气候稳定性。

（3）具有足够的平整度。路面表面平整度是反映路面使用质量的一项重要指标。不平整的路面表面会增大行车阻力，并使车辆产生附加的振动作用。这种振动作用会造成行车颠簸，影响行车的速度和安全以及驾驶的平稳和乘客的舒适。同时，振动作用还会对路面产生冲击力，从而加剧路面和汽车机件的损坏和轮胎的磨损，并增大油料的消耗。而且，不平整的路面还会积水，从而加速路面的破坏。因此，为了减少振动冲击力，提高行车速度和增进行车舒适性、安全性，路面应保持一定的平整度，道路等级越高，对平整度的要求也越高。

(4)具有足够的抗滑性。路面表面要求平整，但不宜光滑，汽车在光滑的路面上行驶时，车轮与路面之间缺乏足够的摩擦力，尤其在雨天或结冰的路面上高速行车，或紧急制动，或突然起动，或爬陡坡、转急弯时，车轮都易产生空转或打滑，致使行车速度降低，油料消耗增多，甚至引起严重的交通事故。所以，路面表面应具有足够的抗滑性能，即要具有足够的粗糙度。

(5)具有尽可能低的扬尘性。汽车在中、低级路面上行驶时，车轮后面所产生的真空吸力会将面层中的细料吸起而产生扬尘。路面的扬尘不仅会增加机件的磨损，影响旅客的舒适和沿路居民的卫生条件，而且会恶化视距条件，造成行车事故，因此，应尽量减少路面的扬尘。

5. 交通安全及管理服务设施

交通安全及管理服务设施包括：

(1)照明设施，如灯柱、弯道反光镜等。

(2)交通标志，为使驾驶员知道前面路段的情况和特点，有下列四类：

①警告标志，指明前面有行车障碍物和行车危险的地点，促使驾驶员集中注意力。

②禁令标志，指明各种必要遵守的交通限制，如车速限制、不准停车等。

③指示标志，指示驾驶员行驶的方向、里程等。

④指路标志，表示行政区划分界、地名、预告出入口等。

(3)服务设施，如加油站、汽车站、养路站、食宿站等。

(4)植树绿化与美化工程，它是美化公路环境的必要组成部分，为道路使用者提供一个安全、舒适的行车环境。环境绿化有利于净化空气，使人们的心情舒畅，且可提高行车的安全性。

三、公路工程施工过程

施工单位接受施工任务后，依次经历开工前的规划组织准备阶段和现场条件准备阶段、正式施工阶段、竣工验收阶段等，按设计要求完成施工任务。各施工阶段的相互关系如图0-8所示。对于不同规模、不同性质的具体工程项目，各阶段的工作内容不尽相同。

(一)接受施工任务

施工企业获得施工任务通常有三种方式，一是由上级主管单位统一接受任务，按行政隶属关系安排计划下达；二是经主管部门同意后，对外接受任务；三是自行对外投标，中标后获得任务。随着我国改革开放的深入和社会主义市场经济体制的形成和发展，施工任务将主要以参加投标的方式，在建筑市场的竞争中获得。

接受工程项目的施工任务时，首先应查证核实该项目是否列入国家计划，必须有批准的可行性研究报告、初步设计(或施工图设计)及概(预)算文件等，国家计划以外的基本建设项目，如三资企业、合资企业、地方自筹资金工程等，亦应有国家主管部门对该项目的批复文件。

获得施工任务，从法律角度上讲，是以签订工程合同加以确认的。因此，施工企业接受的工程项目，必须同建设单位签订工程合同，明确双方的经济、技术责任，互相制约，互相促进，共同保证按质、按量、按期完成工程项目的建设任务。合同一经签订，就具有法律效力，双方都应认真履行。

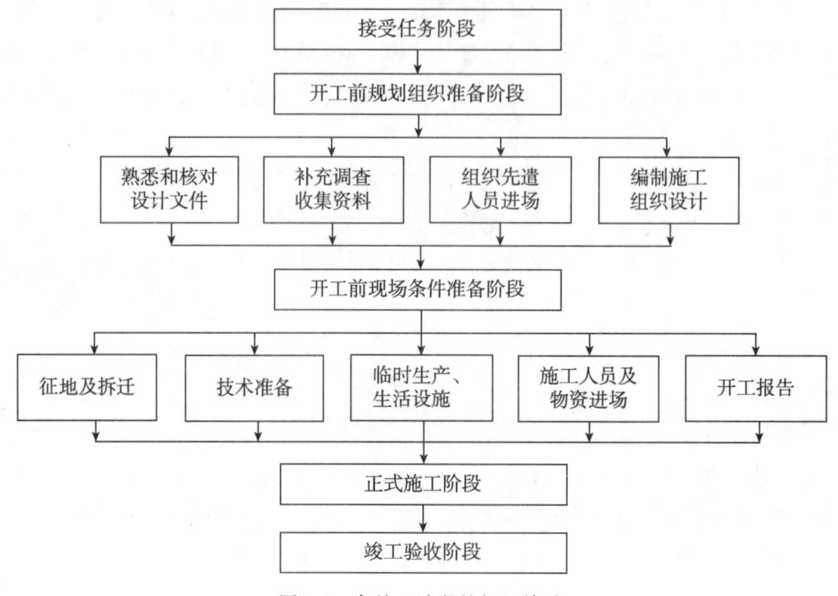

图0-8　各施工阶段的相互关系

工程合同的内容，应包括：简要说明，工程概况，承包方式，工程质量，开（竣）工日期，工程造价，物资供应与管理，工程拨款与结算办法，违约责任，奖惩条款及双方的配合协作关系等。由于工程合同的内容涉及工程经营管理的各个方面，所以，要求合同条款既要遵守有关法规要求，又要符合工程实际情况；既要防止合同条款表述上的含混不清，以免引起不必要的争执，又要用词准确、简明扼要，便于执行和检查。

（二）开工前的规划组织准备

施工企业接受施工任务后，即可着手进行施工准备工作。施工企业的施工准备工作千头万绪，涉及面广，必须有计划、按步骤、分阶段地进行，才能在较短的时间内为工程开工创造必要的条件。准备工作的基本任务是了解施工的客观条件，根据工程的特点、进度要求，合理安排施工力量，从人力、物资、技术和施工组织等方面为工程施工创造一切必要的条件。

开工前的施工准备工作分为战略性的规划组织准备和战术性的现场条件准备两部分内容，前者是总体的部署，后者是具体的落实。开工前的规划组织准备工作的主要内容如下。

1. 熟悉和核对设计文件

设计文件是工程施工最重要的依据，组织技术人员熟悉和了解设计文件，是为了明确设计者的设计意图，掌握图纸、资料的主要内容及有关的原始资料。此外，从设计到施工，通常都要间隔几年时间，勘测设计时的原始自然状况也许会由于各种原因有所变化，因此，必须对设计文件和图纸进行现场核对。现场核对时，如发现设计有错误或不合理之处，应提出修改意见报上级机关审批，待核准批复后进行现场测量、修改设计、补充图纸等工作。

2. 补充调查资料

进行现场补充调查，是为优化和修改设计、编制实施性施工组织设计、因地制宜地布置施工场地等收集资料。调查的内容主要有：工程地点的地形、地质、水文、气候条件；自采加工材料场储量、地方生产材料情况、施工期间可供利用的房屋数量；当地劳动力资源、工业生产加工能力、运输条件和运输工具；施工场地的水源、水质、电源，以及生活物资供应状况；当地民俗风情、生活习惯等。

3. 组织先遣人员进场

公路施工需要调用大量人工、材料和机具，施工先遣人员的任务，就是结合施工现场的实际情况，具体落实施工队一旦进入工地后在生产、生活、环境等方面必须解决的问题，对施工中涉及其他部门的问题，做好联系、协调工作，签订相应的会谈纪要、协议书或合同，同时还要及时与当地政府部门取得联系，积极争取地方政府对工程施工的支持。

4. 编制实施性施工组织设计和施工预算

实施性施工组织设计是指导施工的重要技术文件。公路施工是野外作业，又是线形工程，各地自然地理状况和施工条件差异很大，不可能采用一种定型的、一成不变的施工方案和施工方法，每项工程的施工都需要通过深入细致的工作，单独确定施工方案和施工组织方法。因此，必须认真做好实施性施工组织设计，并编制相应的施工预算。

（三）开工前的现场准备

经过现场核对后，依据设计文件和实施性施工组织设计，认真做好施工现场的准备工作。

1. 征地及拆迁

划定工程建设用地，开始征用土地，拆迁房屋、电信及管线设施等各种障碍物。施工临时用地也应同时办理。

2. 技术准备工作

进行施工测量，平整场地，做好施工放样，布置施工场地；建立工地试验室，进行各种建筑材料试验和土质试验，为施工提供可靠数据；落实各工点的施工方案以及相应的供水、供电设施；各种施工物资的调查与准备，包括建筑材料、机具设备、工具等的货源安排，进场后的堆放、入库、保管及安全工作等。

3. 建立临时生活、生产设施

修建便道、便桥，搭盖工棚；选址修建预制场、机修厂、沥青拌和基地、混凝土搅拌站等大型临时设施；临时供电、供水、供热及通信设备的安装、架设与试运行。

4. 人员、机具、材料陆续进场

施工准备工作基本就绪后，即可组建施工机构，集结施工队伍，运送材料、机具。当施工队伍进场后，应及时做好开工前的政治思想动员、技术学习和安全教育工作。机具、物资进场后，要按计划存放和妥善保管。

5. 提出开工报告

上述各项具体准备工作完成后，即可向建设单位或施工监理部门提出开工报告；开工报告必须按规定的格式编写，并按上级要求或在工程合同规定的最后日期之前提出。

（四）工程施工

在完成施工准备工作、提交开工报告之后，才能按批准的日期开始正式施工。施工应严格按照设计图纸进行，如需要变更，必须事先按规定程序报经建设单位或监理工程师批准，方可进行施工。各分项工程，特别是地下工程和隐蔽工程，要逐道工序检查合格，做好施工原始记录，才能进行下一道工序的施工。施工要严格按照设计要求、施工技术规范和验收规程进行，保证质量，安全操作，不留隐患，不留尾工，发现问题及时解决。

对大、中型工程建设项目，必须严格执行施工监理制度，按监理的规定和要求实行进度控制、质量控制和费用控制。

为确保工程质量，加强施工管理，组织施工时，应有以下基本文件：设计图纸、资料；施工规范和技术操作规程；各种定额；施工图预算；施工组织设计；工程质量检验评定标准和施工验收规范；施工安全操作规程。

公路工程施工是一项复杂的系统工程，必须科学合理地组织，建立正常、文明的施工秩序，有效地使用劳动力、材料、机具、设备、资金等。施工方案的制订要因地制宜、结合实际，施工方法要先进合理、切实可行。施工中既要注意工程质量和施工进度，又要注意环境保护、安全生产，确保优质、高效、低耗、安全地全面完成施工计划任务。

（五）竣工验收

公路基本建设项目的竣工验收是全面考核公路设计成果，检验设计和施工质量的重要环节。做好竣工验收工作，对于确保工程质量，保证工程及时投入使用，发挥投资效益，总结建设经验，提高建设质量和管理水平都有着重要的作用。公路施工企业在竣工验收阶段应做好以下几项工作。

1.竣工验收准备

工程项目按设计的要求建成后，施工企业应自行初验，即交工验收。初验时，要进行竣工测量，编制竣工图表；认真检查各分部工程，发现有不符合设计要求和验收标准之处应及时修竣；整理好原始记录、工程变更设计记录、材料试验记录等施工资料；提出初验报告，按投资隶属关系上报。初验报告一般包括如下内容：

（1）初验工作的组织情况；

（2）工程概况及竣工工程数量；

（3）各单项工程检查情况和工程质量情况；

（4）检查中发现的重大质量问题及处理意见；

（5）遗留问题的处理意见和提交竣工验收时讨论的问题。

2.竣工验收工作

施工企业所承担的工程全部完成后，经初验符合设计要求，并具备相应的施工文件资料，应及时报请上级领导单位组织竣工验收。

根据建设项目的规模大小，分别由国家住房和城乡建设部或交通运输部，或省、直辖市、自治区以及交通主管部门组织验收。参加竣工验收的人员应包括设计、施工、监理、养护、建设单位代表和银行、当地有关部门代表以及特邀专家。

竣工验收的具体工作，由验收委员会负责完成。验收委员会在听取施工单位的施工情况和初验情况汇报并审查各项施工资料之后，采取全面检查、重点复查的办法进行验收。对初验时有争议的工程及确定返工或补做的工程，如大桥、隧道和大型构造物，应全面检查和复测；对高填、深挖、急弯、陡坡路段，应重点抽查；对小桥涵及一般构造物、一般路段路基及路面、排水及安全设施等,可采取随机抽查的方式进行检查。检查过程中,必要时可采用挖探、取样试验等手段。

验收工作以设计文件为依据,按照国家有关规定,分析检查结果,评定工程质量等级,形成竣工验收鉴定书,并经监理工程师签认。对需要返工的工程,应查明原因,提出处理意见,由施工单位负责按期修竣。

3.技术总结

竣工验收通过后,施工单位应认真做好工程施工的技术总结,以利于不断提高施工技术水平和管理水平,吸取经验教训,促进企业的发展。对于施工中采用的新技术和重大技术革新项目,以及施工组织、技术管理、工程质量、安全工作等方面的成绩,应进行专题总结。

4.建立技术档案

技术档案包括设计文件、施工图表、原始记录、竣工文件、验收资料、专题施工技术总结等。

这些文件在工程竣工验收后由施工单位汇集整理、装订成册并按管理等级建档保存。保密工程的图纸资料,按有关保密制度办理。

四、路面基层的特点

在路面结构中,基层是位于面层下的结构层,主要起承重、扩散荷载应力以及改善路基水温状况的作用。基层的强弱和好坏对整个路面(无论是沥青路面还是水泥混凝土路面)的整体强度、使用质量和使用寿命都有十分重要的影响。

(一)基层的分类

基层一般分为四种类型:柔性基层、半刚性基层、刚性基层和复合式基层。《公路沥青路面施工技术规范》(JTG F40—2004)规定,新建沥青路面的基层按结构组合设计要求,根据实际情况选择使用合理的基层结构。沥青稳定碎石、沥青贯入式、级配碎石、级配砂砾等为柔性基层;水泥稳定土或粒料、石灰与粉煤灰稳定土或粒料等为半刚性基层;碾压式水泥混凝土、贫混凝土等为刚性基层;上部使用柔性基层,下部使用半刚性基层的为复合式基层。长期以来,我国的沥青路面结构形式非常单一,高速公路、一级公路几乎千篇一律地使用半刚性基层沥青路面。

(二)基层须满足的基本要求

作为路面的基层,一般必须具备以下几个基本条件。

1.具有足够的强度和刚度

1)强度

基层必须能够承受车轮荷载的反复作用,即在预定设计标准轴载反复作用下,基层不会产生过多的残余变形,更不会产生剪切破坏(无结合料的粒料基层)或疲劳弯拉破坏(用各种结合料处治的基层)。基层要满足上述的技术要求,除必需的厚度外,主要取决于基层材料本身的强度。对基层材料的强度要求,在重交通道路上要比一般道路上的高。材料的强度包括两个主要方面:一方面是石料颗粒本身的硬度或强度,可用集料压碎值或集料磨耗值表示,我国也用岩石的抗压强度表示;另一方面是材料整体(混合料)的强度和刚度,如回弹模量、承载比、抗压强度、抗剪切强度、抗弯拉强度或间接抗拉强度(劈裂强度等)。

在我国路面基层施工技术规范中，对于集料，采用集料压碎值作为选择粒料的技术指标，集料压碎值既可用来检验碎石，也可以用来检验砾石以及其他粒料。测定该技术指标的仪器构造简单、操作方便且试验精度高。对于用水硬性结合料处治的材料，仅采用抗压强度指标，而没有采用其他指标。这一方面是因为抗压强度是一个已使用了数十年的大家熟悉的指标，从试件的制备到试验本身，都是比较简单易行的，长期以来也积累了丰富的资料和经验。另外，不同强度指标是相互关联的，同种材料的不同强度指标间具有较好的统计关系。

2)刚度

基层的刚度（回弹模量）必须与面层的刚度相匹配。如面层和基层的刚度差别过大，则面层会由于过大的拉应力或拉应变而过早开裂破坏。

各种基层材料，就其强度和刚度而言，大致可分为三个等级：强度和刚度最高的一级中可包括水泥稳定粒料（土）、石灰粉煤灰稳定粉料（土）、石灰土稳定碎石（或砂砾）或石灰稳定砂砾土、沥青碎石（混合料）及沥青贯入式碎石（该两种含沥青的材料仅指在较低温度下）；强度和刚度中等的一级中可包括水泥土、石灰粉煤灰土、石灰土、级配碎石和填隙碎石；强度和刚度最低的是级配砾石和级配碎砾石。当然，在同一等级中的不同材料的强度和刚度也是有明显差别的。例如，水泥稳定粒料和石灰粉煤灰粒料的强度和刚度大致相同，但它们的强度却明显高于石灰土碎石和石灰砂砾土。又如，同样是石灰粉煤灰粒料，石灰粉煤灰矿渣的强度大于石灰粉煤灰碎石的强度，而后者的强度又大于石灰粉煤灰砂砾。因此，在沥青面层下，应该选用结合料稳定材料做基层，特别是用水泥或石灰粉煤灰等稳定的粒料。

在普通道路上，沥青面层一般较薄，整个路面的承载能力将主要依靠基层来满足。这就要求基层材料具有较高的强度和刚度，而且基层的厚度也要求较大。使用强度大、承载能力高的基层，以适应较薄的沥青面层，或适当减薄沥青面层，在我国的具体情况下具有很大的现实意义和经济意义。对于普通道路，采用水泥混凝土路面时，也希望采用强度大、承载能力高的基层。

在重交通道路、一级公路和高速公路上，基层材料还应该有高的抗疲劳破坏能力。就各种材料的抗疲劳破坏能力而言，由强到弱的排序为：沥青混凝土、沥青碎石、石灰粉煤灰粒料（矿渣、碎石、砾石）、水泥粒料（碎石、砾石、砂砾土）以及石灰土粒料或石灰粒料土。

目前，在我国的高等级道路上，特别是在高速公路上，无论是沥青面层，还是水泥混凝土面层，几乎全部采用半刚性材料做基层。这是因为半刚性材料，特别是厚层的半刚性材料（它可以是同一种材料，也可以是两种不同半刚性材料的组合），可使路面具有很高的承载能力。国内高级公路基层多采用水泥稳定粒料或二灰碎石（粒料），但该种结构组合也是有争议的，主要是全柔性路面（即沥青面层采用级配碎石或级配碎砾石，或采用沥青碎石作为基层）以及刚性路面柔性基层（即水泥混凝土路板下采用级配碎石或级配碎砾石或沥青碎石），级配集料基层国内采用得少。国内慎用的原因，主要是集料规格级配掌握不当、控制不严、施工机械化程度低。柔性基层的最大特点在于粉细料含量低，排水效果好，抗冲刷。

2. 具有足够的水稳性和冰冻稳定性

沥青面层，特别是喷洒型（即俗称的层铺法）的沥青表面处治和沥青贯入式面层，往往是透水的，尤其在使用初期，其透水性较大。因此，雨季时表面水有可能透过沥青面层进入基层和底基层，也可能从两侧路肩或路面与路肩的结合处，以及中央分隔带缘石（通常是预制混凝土块）与路面结合处透入路面结合层中。如果沥青面层产生了裂缝，表面水更将从裂缝透入路面结构层中。在地下水位接近地表的地段，特别在路基填土不高时，地下水可通过毛细作用进入路面结构层；在冰冻地区，由于冬季水分重分布的结果，路基上层和路面底基层都可能处于潮湿或过分潮湿状态。沥青面层虽不是完全不透水的，但却能阻碍路面结构层和土基中的水分蒸发。调查试验表明，水分从沥青面层蒸发出来，要比透进去困难得多、慢得多。

水泥混凝土路面面板，由于横缝、纵缝及胀缝的存在，尽管广泛采取填缝料灌缝密封，但事实上表面水不可避免地沿缝进入基层、底基层甚至路基。通常情况下，水进入基层顶面，并滞留在那里，在高速行车作用下产生高压水，对基层顶面产生冲刷，致使板下脱空、碎裂、断板。

进入路面结构层的水（包括气态水）能使含土较多、土的塑性指数较大的基层或底基层材料的含水率增大及强度大大降低，从而导致沥青路面过早破坏，或使刚性路面损坏。在冰冻地区，这种水造成的危害更大。因此，必须用水稳性好的材料做路面的基层和底基层。

就各种基层材料的水稳性而言，水泥粒料的水稳性最好，石灰粉煤灰粒料次之，细土含量多且塑性指数大的级配碎石和级配砾石的水稳性最差。水泥处治粒料及石灰处治粒料土的水稳性随其中细土含量的增加及其塑性指数的增大而降低。

必须特别注意，在确定基层材料的强度时，必须考虑表面水不可避免地要进入基层的最不利情况。

用于冰冻地区，特别是重冰冻地区的路面基层材料，还应该有足够的冰冻稳定性。在冰冻地区，地下水位接近地表或路基两侧有长期积水的情况下，如果路基填土高度不大，在冬季土路基中会发生水分重分布，在0～-3℃下，长期滞留水的土层会形成严重的聚冰现象，土层会有很多冰晶体，甚至冰夹层，这层土常称作路基中的聚冰带。到春融期间该聚冰带化冻时，上层变得过分潮湿，使土基的强度急剧下降。如果在这种可能变得过分潮湿的土基上（例如含细土较多的粒料土、石灰土、水泥土等）直接铺筑与土基相接触的路面结构层的材料，将产生明显的毛细水作用。在这种材料层内也会发生水分重分布现象。如这些材料层又位于冰冻深度范围，在这些材料层内也可能发生聚冰带，到春融化冻期间，这些材料层强度也会明显下降，导致路面整体承载能力明显下降，甚至发生破坏。

在冰冻地区，当石灰土用在过分潮湿路段时，常发生路面破坏，就是因为石灰土的冰冻稳定性不好。因此，在冰冻地区的潮湿路段上，在路面的底基层或基层内有可能产生聚冰带时，应该采用冰冻稳定性好的材料。各种粒料、含土少的粒料土、结合料稳定粒料和稳定粒料土都是冰冻稳定性好的材料。在冰冻地区的潮湿路段上，当只能使用石灰土时，应采用隔水措施，使冰冻期间水分不会明显进入石灰土层中。

特别注意，在重冰冻地区，即使在干燥路段上，石灰土和水泥土，特别是剂量不足或强度达不到要求的上层石灰土和水泥土，经过冬季的冰冻作用，其强度也会明显降低。

3. 具有足够的抗冲刷能力

随着交通量和汽车载质量的增加，对路面基层材料提出了新的抗冲刷要求。

1）冲刷唧浆现象

国内外的调查研究表明，基层材料的冲刷及由此而产生的唧浆现象是经常存在的。前面已经说明，表面水会通过多种途径进入沥青路面结构层内，同样也会进入水泥混凝土路面结构层内。如果进入的水不能及时排出，而是停留在面层与基层的交界面上，就会使得基层局部潮湿甚至接近饱和。例如，从沥青面层的裂缝进入的自由水，往往使裂缝附近的基层材料过分潮湿，特别是面层裂缝下无机结合料稳定基层也开裂的情况，基层裂缝中往往充满自由水，在行车荷载作用下，路面结构层内或基层材料中的自由水会产生相当大的水压力。这种有压力的水会冲刷基层材料中的细料，一次冲刷的量是很小的，在行车荷载作用下反复多次冲刷，就会积少成多，在裂缝中形成细料浆。细料浆被逐渐挤压挤出裂缝，形成沥青面层上裂缝处的唧浆现象。显然，路面结构层内自由水产生的水压力随行车荷载的增加而增加，同时冲刷量随行车反复作用次数的增多而增加。因此，在轻交通道路上不易发生的冲刷唧浆现象，在重交通道路上就容易发生。

行车荷载在路面结构层内引起的水压力是如此之大，它不但可以冲刷级配集料基层中的细料，而且可以冲刷石灰稳定基层材料中的细料。虽然水泥稳定基层材料的7d龄期无侧限抗压强度超过2MPa，但只要原集料中含有较多的细料（特别是粒径小于0.075mm的颗粒），仍然会产生冲刷现象。

半刚性基层沥青路面的唧浆现象，多雨地区较为常见，在干旱地区也有发生。我国的高速公路沥青路面几乎全部采用水泥稳定级配集料或石灰粉煤灰稳定级配集料做基层，冲刷唧浆现象是一些高速公路沥青路面早期损坏的主要现象之一。无论是多雨地区，还是干旱地区，都有此现象，一般都在雨后发生。

水泥混凝土路面的混凝土面板下的基层同样会产生冲刷现象，早在20世纪50年代，美国等一些国家就有报道。20世纪70年代以来，我国各省，特别是水泥混凝土路面较多的省份，如浙江、安徽、湖南、广东等，都有类似情况。在混凝土板的接缝处，由于板在行车作用下的泵吸作用造成唧浆现象，由于唧浆使混凝土板的边、角脱空而造成边、角断裂。为了避免这种现象，改善水泥混凝土路面的使用性能和延长其使用寿命，现在普遍地采用水泥稳定碎石集料或水泥稳定砾石集料作为水泥混凝土路面的基层。在美国，为了建设优质水泥混凝土路面，采用贫混凝土做基层，以避免基层产生冲刷和导致混凝土面板错台等损坏现象的发生。在国内，安徽等省也有采用碾压混凝土或经济碾压混凝土做基层的；在一些机场、码头堆场也有采用贫混凝土做基层的。

2）影响冲刷程度的因素

基层的冲刷程度与进入路面结构的水量大小有很大关系。进入的水越多，冲刷程度越大，冲刷程度还与基层材料本身有很大关系，对于未处治的级配集料来说，集料中小于0.075mm的粉粒与黏粒越多，冲刷越严重。对于无机结合料处治基层材料，稳定细粒土（如石灰土、水泥土和石灰粉煤灰土）的冲刷最严重；稳定粒料土（中粒土或粗粒土）的冲刷程度随集料中0.075mm以下的颗粒含量而变，细料含量越多，冲刷越严重。对于同一种稳定粒料土而言，其冲刷程度随水泥剂量的增加而减少，水泥剂量在4%以上时，抗冲刷能力将大幅度提高。

应该指出，无机结合料处治材料用做基层时的冲刷问题是多个因素综合作用的结果，因此，它不是绝对的。对于稳定细粒土，例如石灰土，也并不是必然会产生冲刷和唧浆现象。

石灰土组成设计合适，施工质量好，施工后经过夏季高温天气，强度形成得好、强度得到充分发展，气候较干燥（雨量不大）以及交通量不大等有利因素综合在一起，即使是开裂严重的薄沥青面层，也不一定产生明显的唧浆现象，这在多条试验路和生产路段上得到了验证。

3）提高基层抗冲刷性的措施

为了提高高等级道路上路面基层的抗冲刷性能，应采取以下措施：

（1）在采用水泥稳定粒料基层时，粒料的级配应依照基层施工规范中规定的级配碎石或级配砾石基层的集料级配范围而定，同时限制集料中小于0.075mm的颗粒含量不超过5%（有塑性指数）或7%（无塑性指数）。

（2）在采用石灰粉煤灰粒料基层时，混合料中粒料的比例应是80%～90%，同时粒料需具有良好的级配，且其中小于0.075mm的颗粒含量应为零。

（3）在采用石灰稳定级配粒料土或石灰土稳定级配粒料时，混合料中粒料的比例应接近85%。

4. 具有良好的抗裂性能

基层材料随着温度和湿度的变化，产生一定的拉应变，如果超过材料容许拉应变，基层就会开裂。基层的收缩开裂不仅破坏基层结构的整体性而降低其强度，并且这种裂缝很容易在面层上形成反射裂缝，因此，基层的收缩量越小越好。基层材料的收缩主要包括由于失水而产生的干燥收缩和因温度降低而产生的温度收缩两大方面。一般认为基层材料的两类收缩中以温度收缩较为重要，这是因为：

（1）一般道路建筑条件下，路面开裂现象主要发生在气温低于－5℃时，细的横向裂缝宽度在0.2～2mm之间。这种情况下，致使路面结构层变形的主要原因是温度收缩。

（2）施工中若能认真地控制二灰碎石基层的水分散失，便能够减小甚至完全消除干缩裂缝的发生。基层一旦覆盖上面层之后，其水分散失变得困难。

5. 具有良好的抗疲劳性能

疲劳是在小于材料极限强度的应力反复作用下材料所产生的累计破坏。混合料在使用期间经受车轮荷载的反复作用，加上气温环境的影响，使其长期处于应力应变交叠变化状态，致使路面结构强度逐渐下降。当荷载重复作用超过一定次数后，在荷载作用下路面内产生的应力就会超过强度下降后的结构抗力，当混合料内的弯拉应力接近或达到抗弯拉强度值时，裂缝迅速发展并贯穿全截面，继而发生断裂。因此，在重交通道路、一级公路和高速公路上，要求混合料还应该具有较强的抗疲劳破坏能力。

6. 有足够的平整度

基层的平整度对薄沥青面层的平整度有十分重大的影响，薄沥青面层的平整度取决于基层的平整度。基层的平整度对较厚沥青混凝土面层的平整度的影响虽不如对薄沥青面层的影响那么大，但基层的不平整会引起沥青混凝土面层厚薄不匀，使沥青面层在使用过程中的平整度降低较快，并导致沥青混凝土面层产生一些薄弱面。它会成为路面使用期间产生温度收缩裂缝的起点。因此，基层的平整度对较厚沥青面层的使用性能也有很重要的影响。

7. 与面层结合良好

面层与基层间的良好结合，对于沥青面层的使用质量是非常重要的。与不结合的情况比较，它可以减少面层底面由于行车荷载引起的拉应力和拉应变（一般情况下可减小50%

以上，有时甚至可减小到1/4），它还可以明显减小由温度变化引起的沥青面层内的拉应力和拉应变。基层与面层良好结合可以使薄沥青面层不产生滑动、推移等破坏。因此，基层表面应该稳定并且具有一定的粗糙度，表面还应该结构均匀、无松散颗粒。对于无机结合料处治基层，不应有局部松散不结合的情况。基层上的局部松散常是沥青面层碎裂破坏的祸根。含有石灰土或石灰粉煤灰的稳定粒料基层表面，应使粒料颗粒外露，在喷洒透层或黏层沥青前，应将表面的浮尘及粒料颗粒表面的薄层石灰粉煤灰或石灰土清除。级配碎（砾）石基层表面不能有薄层砂土，无机结合料处治基层的表层不应有薄层找补，薄层找补往往是薄沥青面层在使用过程中产生推移破坏的根源。

高等级公路和其他等级公路上的石灰粉煤灰稳定级配集料基层和石灰土级配集料基层在竣工后，表面往往有一层石灰粉煤灰或石灰土覆盖，这种薄面细料通常与其下整体结合不好，即使在有透层沥青或下封层的情况下，它实际上也妨碍沥青面层与基层间的黏结。开放交通后，雨水一旦浸入，此薄层细料容易形成浆，导致产生唧浆现象，并使面层与基层脱开。

综上所述，为了使其发挥作为基层应起到的承重、扩散荷载应力和改善路基水温状况的作用，基层必须具有良好的力学性能、水稳定性能、耐久性能、抗冲刷性能及抗疲劳性能等。

五、本课程的常用术语

1. 基层（base）

直接位于沥青面层下、用高质量材料铺筑的主要承重层或直接位于水泥混凝土面板下、用高质量材料铺筑的路面结构层称作基层。基层可以是一层或两层，可以是一种或两种材料。

2. 底基层（subbase）

在沥青路面基层下，用质量较次材料铺筑的次要承重层，或在水泥混凝土路面基层下、用质量较次材料铺筑的辅助层称作底基层。底基层可以是一层或两层以上，可以是一种或两种材料。

3. 细粒土（fine grained soil）

颗粒的最大粒径小于9.5mm，且其中小于2.36mm的颗粒含量不少于90%（如塑性指数不同的各种黏性土、粉性土、砂性土、砂和石屑等）。

4. 中粒土（medium grained soil）

颗粒的最大粒径小于26.5mm，且其中小于19mm的颗粒含量不少于90%（如塑性指数不同的各种黏性土、粉性土、砂性土、砂和石屑等）。

5. 粗粒土（coarse grained soil）

颗粒的最大粒径小于37.5mm，且其中小于31.5mm的颗粒含量不少于90%（如砂砾土、碎石土、级配砂砾、级配碎石等）。

6. 水泥稳定土（cement stabilized soil）

用水泥做结合料所得混合料的一个广义的名称，它既包括用水泥稳定各种细粒土，也包括用水泥稳定各种中粒土和粗粒土。在经过粉碎的或原来松散的土中，掺入足量的水泥和水，经拌和得到的混合料在压实和养生后，当其抗压强度符合规定的要求时，称为水泥稳定土。

用水泥稳定细粒土得到的强度符合要求的混合料，视所用的土类而定，可简称为水泥土、水泥砂或水泥石屑等。

用水泥稳定中粒土和粗粒土得到的强度符合要求的混合料，视所用原材料而定，可简称为水泥碎石、水泥砂砾等。

7. 综合稳定土（composite stabilized soil）

同时用水泥和石灰稳定某种土得到的强度符合要求的混合料，简称为综合稳定土。

8. 水泥改善土（cement improved soil）

仅使用少量水泥改善级配砾石的塑性指数或提高级配砾石的强度，使其能适合做轻交通道路上沥青面层的基层，而达不到有关规定的强度要求时，这种材料称作水泥改善土。

9. 土的均匀系数（coefficient of uniformity of soil）

筛分土的颗粒组成时，通过量为60%的筛孔尺寸与通过量为10%的筛孔尺寸之比值，称作土的均匀系数。

10. 集料（aggregate）

由碎石（或砾石）、砂粒和粉粒（有时还可能有黏料）组成的，并以碎石（或砾石）和砂粒为主的矿料混合料，统称其为集料。

粒径大于2.36mm的集料，称作粗集料；粒径小于2.36mm的集料，称作细集料。

11. 石灰稳定土（lime stabilized soil）

在粉碎的或原来松散的土（包括各种粗、中、细粒土）中，掺入足量的石灰和水，经拌和、压实及养生后得到的混合料，当其抗压强度符合规定的要求时，称为石灰稳定土。

用石灰稳定细粒土得到的强度符合要求的混合料，称为石灰土。

用石灰稳定中粒土和粗粒土得到的强度符合要求的混合料，视所用原材料而定，原材料为天然砂砾土或级配砂砾时，称为石灰砂砾土；原材料为碎石土或级配碎石时，称为石灰碎石土。

用石灰稳定原中级路面，使其适应做沥青路面和水泥混凝土路面的基层时，属于石灰砂砾土或石灰碎石土。

12. 石灰改善土（lime improved soil）

仅使用少量石灰改善级配砾石的塑性指数或提高级配砾石的强度，使其能适应做轻交通道路上沥青面层的基层，但达不到有关规定的强度要求时，这种材料称作石灰改善土。

13. 石灰工业废渣稳定土（lime industrial waste stabilized soil）

一定数量的石灰和粉煤灰或石灰和煤渣与其他集料相配合，加入适量的水（通常为最佳含水率），经拌和、压实及养生后得到的混合料，当其抗压强度符合规定的要求时，称为石灰工业废渣稳定土（简称为石灰工业废渣）。

一定数量的石灰和粉煤灰，一定数量的石灰、粉煤灰和土以及一定数量的石灰、粉煤灰和砂相配合，加入适量的水（通常为最佳含水率），经拌和、压实及养生后得到的混合料，当其抗压强度符合规定的要求时，分别简称为二灰、二灰土、二灰砂。

用石灰和粉煤灰稳定级配碎石或级配砾石得到的混合料，当其强度符合要求时，分别称为石灰、粉煤灰级配碎石和石灰、粉煤灰级配砾石。这两种混合料又统称为石灰、粉煤灰级配集料，或分别简称二灰级配碎石、二灰级配砾石、二灰级配集料。

用石灰、煤渣和土以及石灰、煤渣和集料得到的强度符合要求的混合料，分别称为石灰煤渣土和石灰煤渣集料。

14. 级配碎石(graded crushed rock)

粗、中、小碎石集料和石屑各占一定比例的混合料,当其颗粒组成符合规定的密实级配要求时,称作级配碎石。

15. 级配砾石(graded gravel)

粗、中、小砾石和砂各占一定比例的混合料,当其颗粒组成符合规定的密实级配要求且塑性指数和承载比均符合规定要求时,称为级配砾石。

16. 未筛分碎石(crushed run rock)

轧石机轧出来的粒径大小不一的碎石混合料,仅用一个筛孔尺寸与规定最大粒径相符的筛筛去超尺寸颗粒后得到的碎石混合料,称作未筛分碎石。它的理论颗粒组成为 $1 \sim D$(D 为最大粒径),并具有较好的级配。

17. 石屑(screenings)

轧石场通过筛分设备最小筛孔(通常为5mm或3mm)的细筛余料,称作石屑。其理论颗粒组成为 $0 \sim d$(d 为轧石场用最小筛孔的尺寸,单位 mm)。实际上,石屑中常有部分粒径大于 d 的超尺寸颗粒。

18. 填隙碎石(dry bound macadam)

用单一尺寸的粗碎石做主骨料,形成嵌锁结构,起承受和传递车轮荷载的作用,用石屑做填隙料,填满碎石间的孔隙,增加密实度和稳定性,这种材料称作填隙碎石。

19. 松铺厚度(thickness of uncompacted layer)

用各种不同方法摊铺任何一种混合料时,其密实度经常显著小于碾压后达到的规定密实度,这种未经压实的材料层厚度称为松铺厚度。

20. 松铺系数(coefficient of loose paving material)

材料的松铺厚度与达到规定压实度的压实厚度之比值称为松铺系数,常精确到小数点后两位。

学习情境1 识读路面基层施工图和核算工程量

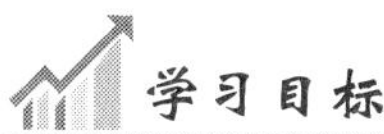

学习目标

【知识目标】 完成本学习情境的学习，学生应能够熟练掌握路面的基本概念，结合实训场地，理解施工图纸所代表的具体意义；熟练掌握工程量计算方法。

【能力目标】 学生应能够正确地使用图纸，合理地填写工程量清单。

情境设计

【实施时间】 (1)投标时，利用工程量清单编制商务标；

(2)开工前；

(3)施工过程中，根据工程量清单进行计量。

【实施地点】 项目部、施工现场。

【实施人员】 计量员、预算员、施工员、测量员。

【实施内容】 (1)熟悉施工图，提取施工测量数据；

(2)计算工程量，为投标、计量与支付提供依据。

项 目 引 导

行车荷载和自然因素对路面的影响，随深度的增加而逐渐减弱。因此，对路面材料的强度、抗变形能力和稳定性的要求也随深度的增加而逐渐降低。为了适应这一特点，充分发挥各结构层材料的性能，降低成本，路面结构通常按照使用要求、受力状况、土基支承条件和自然因素影响程度的不同，把整个路面结构自上而下分成面层、基层和垫层等若干层次来铺筑。

1. 面层

面层是直接同行车和大气接触的表面层次，它承受较大的行车荷载的垂直力、水平力和冲击力的作用以及雨水和气温变化的不利影响。因此，同其他层次相比，面层应具备较高的结构强度、抗变形能力和稳定性，而且应当耐磨、不透水；其表面还应有良好的抗滑性和平整度。

修筑面层所用的材料主要有：水泥混凝土、沥青混凝土、沥青碎(砾)石混合料、砂砾或碎石掺土或不掺土的混合料以及块料等。

面层应根据使用要求、公路等级、沥青层厚度、气候条件等分为1~3层设置。当高等级沥青路面的面层为三层结构时，上面层以满足抗滑、防噪声、抗低温缩裂、抗剪切滑移、排水为主，中面层以抗车辙、抗低温缩裂、抗渗为主，下面层则以抗疲劳、抗渗为主，分别进行材料组成设计，这样可以根据不同层位的功能设计沥青混合料，最大限度地缓解对路面多功能要求后引起的矛盾，充分发挥材料的潜力，确保工程质量，延长路面的使用寿命。

水泥混凝土路面也可由两层或两层以上不同强度或不同类型的水泥混凝土或沥青混凝土复合而成。但在砂石路面上所铺的2~3cm厚的磨耗层或1cm厚的保护层，以及厚度不超过1cm的简易沥青表面处治，不能作为一个独立的结构层次，而应视为面层的一部分。

2. 基层

基层是路面结构层中的承重部分，主要承受由面层传来的车辆荷载的垂直力，并将其扩散到下面的垫层和土基中去。因此，它应具有足够的强度和稳定性，同时应具有良好的扩散应力的性能。由于基层不直接与车轮接触，故一般对基层材料的耐磨性可不予严格要求。基层也应有平整的表面，以保证面层厚度均匀。基层遭受大气因素的影响虽比面层小，但难于阻止地下水的侵入；当面层透水时，也不能阻止雨水的渗入，所以基层结构应有足够的水稳性。

修筑基层所用的材料主要有：各种结合料（如石灰、水泥或沥青等）稳定土或稳定碎（砾）石、贫水泥混凝土、天然砂砾，各种碎石、砾石、片石、块石或圆石，各种工业废渣（如煤渣、粉煤灰、矿渣、石灰渣等）和土、砂、石所组成的混合料等。

为保证工程施工质量，当基层厚度偏厚时，常分两层或三层铺筑，上面一层仍称基层，下面一层或两层分别称为底基层或上底基层、下底基层。基层、底基层结构设计，应贯彻就地取材的原则，认真做好当地材料的调查工作，根据不同公路等级、交通量对基层、底基层的技术要求，选择技术可靠、经济合理的基层、底基层结构。一般对底基层所用材料的质量要求可较基层差些。

3. 垫层

垫层是设置在底基层与土基之间的结构层，其功能是改善土基的湿度和温度状况，以保证面层和基层的强度、刚度和稳定性不受土基水温状况变化所造成的不良影响。此外，垫层还能将由面层和基层传来的车轮荷载应力加以扩散，以减小土基产生的应力和变形；同时也能阻止路基土挤入基层中，影响基层结构的性能。垫层往往是为蓄水、排水、隔热、隔水、防冻、防污、整平等目的而设置的，所以通常设在排水不良和有冰冻翻浆路段。如在地下水位较高地区铺设的能起隔水作用的垫层称隔离层；在冰冻较深地区铺设的能起防冻作用的垫层称防冻层等。

修筑垫层的材料强度要求不一定高，但水稳定性和隔温性能要好。常用材料有两类：一类是用松散粒料，如砂、砾石、炉渣、片石或圆石等组成的透水性垫层；另一类是用水泥或石灰稳定土等修筑的稳定类垫层。

任务1　公路工程基本建设项目的划分

一、路面工程划分

任何一项基本建设工程，都有其自身的复杂性，要进行若干项技术的、经济的和物质形态的工作。为了加强对基本建设工作的管理,便于编制设计文件、概(预)算文件和施工组织设计文件,便于工程招投标工作和施工管理,必须对基本建设工程项目进行科学的分解和合理的划分。

根据建设任务、施工管理和质量检验评定的需要,应在施工准备阶段将建设项目划分为单位工程、分部工程和分项工程。施工单位、工程监理单位和建设单位应按相同的工程项目划分进行工程质量的监控和管理。

1. 单位工程

在建设项目中,根据签订的合同,具有独立施工条件的工程为单位工程。公路工程单位工程包括:路基工程、路面工程、桥梁工程、互通立交工程、隧道工程、环保工程、机电工程等。

2. 分部工程

在单位工程中,应按结构部位、路段长度及施工特点或施工任务划分为若干个分部工程。

3. 分项工程

在分部工程中,应按不同的施工方法、材料、工序及路段长度等划分为若干个分项工程。

路基、路面单位工程中分部工程及分项工程的划分见表1-1;单位工程、分部工程、分项工程的划分见表1-2。

路基、路面单位工程中分部工程及分项工程的划分 表1-1

单位工程	分部工程	分项工程
路基工程(每10km或每标段)	路基土石方工程*(1~3km路段)	土方路基*,石方路基,软土地基*,土工合成材料处治层*等
	排水工程(1~3km路段)	管节预制,管道基础及管节安装*,检查(雨水)井砌筑*,土沟,浆砌排水沟*,盲沟,跌水,急流槽*,水簸箕,排水泵站等
路基工程(每10km或每标段)	小桥及符合小桥标准的通道*,人行天桥,渡槽(每座)	基础及下部构造*,上部构造预制、安装或浇筑*,桥面*,栏杆,人行道等
	涵洞、通道(1~3km路段)	基础及下部构造*,主要构件预制、安装或浇筑*,填土,总体等
	砌筑防护工程(1~3km路段)	挡土墙*,墙背填土,抗滑桩*,锚喷防护*,锥、护坡,导流工程,石笼防护等
	大型挡土墙*,组合式挡土墙*(每处)	基础*,墙身*,墙背填土,构件预制*,构件安装*,筋带,锚杆、拉杆,总体*等
路面工程(每10km或每标段)	路面工程(1~3km路段)*	底基层,基层*,面层*,垫层,联结层,路缘石,人行道,路肩,路面边缘排水系统等

注:1. 表内标注*号者为主要工程,评分时给予2的权值;不带*号者为一般工程,权值为1。

2. 按路段长度划分的分部工程,高速公路、一级公路宜取低值,二级及二级以下公路可取高值。

单位工程、分部工程、分项工程划分 表1-2

单位工程	分部工程	（子分部工程）	分 项 工 程	（子分项工程）
路基工程（LJ）	大型挡土墙，组合式挡土墙（F）	以桩号每处为单元划分子分部（F01，F02…）	基础（A）	
			墙身（B）	
			墙背填土（C）	
			构件预制（D）	
			构件安装（E）	
			筋带（F）	
			锚杆（G）	
			拉杆（H）	
			总体（I）	
路面工程（LM）	路面工程（A）	按桩号每3km路段为单元划分子分部（A01，A02…）	底基层（A）	按整公里左右幅分
			基层（B）	按整公里左右幅分
			面层（C）	按整公里左右幅分
			垫层（D）	按整公里左右幅分
			联结层（E）	按整公里左右幅分
			路缘石（F）	按整公里左右幅分
			路肩（G）	按整公里左右幅分
			路面边缘排水设施（H）	按整公里左右幅分
桥梁工程（桩号）（Q1，Q2…）	基础及下部构造（A）	以每个墩台为单元划分子分部（A01，A02…）	明挖基础（A）	明挖基础
			桩基（B）	桩基钢筋加工及安装
				桩基
			系梁（C）	系梁钢筋加工及安装
				系梁
			侧墙（D）	侧墙钢筋加工及安装
				侧墙
			台（墩）身、柱（E）	台（墩）身、柱钢筋加工及安装
				台（墩）身、柱
			台（墩）帽（F）	台（墩）帽钢筋加工及安装
				台（墩）帽
			盖梁（G）	盖梁钢筋加工及安装
				盖梁
			台背填土（H）	
			支座、垫石和挡块（I）	

二、路面工程划分示例(表 1-3)

路面工程划分示例 表 1-3

<table>
<tr><th colspan="7">路　面　工　程</th></tr>
<tr><th rowspan="2">工程项目</th><th colspan="2">分 部 工 程</th><th colspan="3">分 项 工 程</th><th rowspan="2">所采用评定标准*表号</th></tr>
<tr><th>编号</th><th>名　称</th><th>编号</th><th colspan="2">细 目 名 称</th></tr>
<tr><td rowspan="12">路面底基层工程 M1</td><td rowspan="4">M1·1</td><td rowspan="4">K10+500~K13+000段路面底基层工程</td><td>M1·1·1</td><td colspan="2">K10+500~K11+000 段路面底基层</td><td rowspan="3">表 5.11.2</td></tr>
<tr><td>M1·1·2</td><td colspan="2">K11+000~K12+000 段路面底基层</td></tr>
<tr><td>M1·1·3</td><td colspan="2">K12+000~K13+000 段路面底基层</td></tr>
<tr><td colspan="3">小计:3 个</td><td></td></tr>
<tr><td rowspan="4">M1·2</td><td rowspan="4">K13+000~K16+000段路面底基层工程</td><td>M1·2·1</td><td colspan="2">K13+000~K14+000 段路面底基层</td><td rowspan="3">表 5.11.2</td></tr>
<tr><td>M1·2·2</td><td colspan="2">K14+000~K15+000 段路面底基层</td></tr>
<tr><td>M1·2·3</td><td colspan="2">K15+000~K16+000 段路面底基层</td></tr>
<tr><td colspan="3">小计:3 个</td><td></td></tr>
<tr><td rowspan="4">M1·3</td><td rowspan="4">K16+000~K19+100段路面底基层工程</td><td>M1·3·1</td><td colspan="2">K16+000~K17+070 段路面底基层</td><td rowspan="3">表 5.11.2</td></tr>
<tr><td>M1·3·2</td><td colspan="2">K17+070~K18+000 段路面底基层</td></tr>
<tr><td>M1·3·3</td><td colspan="2">K18+000~K19+100 段路面底基层</td></tr>
<tr><td colspan="3">小计:3 个</td><td></td></tr>
</table>

注:* 所指评定标准为现行《公路工程质量检验评定标准(土建工程)》(JTG F80/1—2004)。

任务 2　编制路面基层工程量清单

工程量清单是工程招标文件的重要组成部分[招标文件包括:投标人须知,合同条件,技术规范,工程量清单图纸,勘察资料,投标书及附件,投标担保书(格式),辅助资料表(或质询表),投标书附表,其他合同格式],是与招标文件中技术规范相对应的文件,它详细说明技术规范中各工程细目的数量,它的正确编制,对做好招标工作有着重要意义,它编写质量的高低体现了招投标工作的公平性和可操作性。

工程量清单,又叫工程数量清单,有的书上也称工程量表,它是工程招标及实施工程时计量与支付的重要依据,在工程施工期间,对工程费用起着控制作用。但工程量清单中所列的工程数量,是在实际施工生产前根据设计施工图纸和说明及工程量计算规则所得到的一种准确性较高的预算数量,并不是中标者在施工时应予完成的实际准确的工程量。因为在实际施工过程中,工程会因各种原因与设计条件不一致,从而产生工程数量变化,业主应按实际工程量支付工程费用。

一、编制工程量清单应遵循的原则

编制工程量清单应遵循以下原则:

(1)与技术规范保持一致;

(2)便于计量与支付;

(3)便于合同管理及处理工程变更；

(4)保持合同的公平性。

按上述原则编制的工程量清单，其主要内容与要求如下：

(1)工程量清单由封面签署页、编制说明和工程量清单三部分组成。

(2)编制说明内容包括：编制依据，分部、分项工程项目工作内容的补充要求，施工工艺特殊要求，主要材料品牌、质量、产地的要求，新材料及未确定档次材料的价格设定，拟使用商品混凝土情况及其他需要说明的问题。

(3)工程量清单应按照招标施工项目设计图纸、招标文件要求和现行的工程量计算规则、项目划分、计量单位的规定进行编制。

(4)分部、分项工程项目名称应使用规范术语定义，对允许合并列项的工程在工程量清单列项中需作准确描述。

(5)按现行项目划分规定，在工程量清单中开列建筑脚手架费、垂运费、超高费、机械进出厂及安拆费等有关技术性措施项目。

(6)工程量清单应采用统一制式表格，计量单位执行现行预算定额规定的单位标准，工程数量保留两位小数。

二、公路工程工程量清单汇总表

在公路工程工程量清单汇总表(表1-4)中，工程量清单100章总则反映的是直接为施工准备、组织施工生产和管理所需的费用，如工程保险费，竣工文件编制费，施工安全环保费，承包人驻地建设、临时道路修建、临时工程用地、临时电力电信设施等费用。这些费用直接服务于路基、路面、桥梁涵洞、安全设施、绿化及环保等工程，在概算、预算中属于现场经费，应当按照一定的分摊规则摊入到该工程承包合同所包含的工程项目中去。

工程量清单汇总表 表1-4

工程名称：

序 号	章 次	科目名称	金 额 （元）
1	100	总则	
2	200	路基	
3	300	路面	
4	400	桥梁、涵洞	
5	500	隧道	
6	600	安全设施及预埋管线	
7	700	绿化及环境保护	
8	第100章至700章清单合计		
9	按上项(8)金额的10%作为不可预见费(暂定金额)		
10	投标价(10) = (8) + (9)		

工程量清单200章路基的工作内容包括：路基土石方工程、排水工程及路基防护工程的施工及其有关作业。它包括了桥梁涵洞工程和交叉工程界面中的相同作业，例如桥梁涵洞工程中的结构物台背回填、锥坡填土及防护等；交叉工程中的路基土石方工程、排水工程、防

护工程等。工程计划统计和财务核算时,应将这一部分工程量和投资剥离出来,纳入相应工程中进行统计和核算,并加上应在100章分摊的金额。

工程量清单300章路面工作内容包括:在已完成并经监理工程师验收合格的路基上铺筑各种垫层、底基层、基层和面层;路面及中央分隔带排水工程施工;路肩培土、中央分隔带回填及路缘石设置,以及修筑路面附属设施等有关作业。它包括了桥梁涵洞工程和交叉工程界面中的相同作业,例如桥梁涵洞工程中的桥面铺装(沥青混凝土面层);交叉工程中的各种垫层、底基层、基层(表1-5)和面层,路面及中央分隔带排水施工,路肩培土、中央分隔带回填及路缘石设置,以及修筑路面附属设施等有关作业等。工程计划统计和财务核算时,应将这一部分工程量投资剥离出来,纳入相应工程中进行统计和核算,并加上应在100章分摊的金额。

工程量清单300章路面工程中有关垫层、基层的清单细目 表1-5

细 目 号	细 目 名 称	单 位
302-1	碎石垫层	
-a	厚…mm	m^2
302-2	砂砾垫层	
-a	厚…mm	m^2
302-3	水泥稳定土垫层	
-a	厚…mm	m^2
302-4	石灰稳定土垫层	
-a	厚…mm	m^2
303-1	石灰稳定土底基层	
-a	厚…mm	m^2
303-2	搭板、埋板下石灰稳定土底基层	m^3
304-1	水泥稳定碎石底基层	
-a	厚…mm	m^2
304-2	搭板、埋板下水泥稳定碎石基层	m^3
304-3	水泥稳定土基层	
-a	厚…mm	m^2
305-1	石灰粉煤灰稳定土底基层	
-a	厚…mm	m^2
305-2	搭板、埋板下石灰粉煤灰稳定土底基层	m^3
305-3	石灰粉煤灰稳定土基层	
-a	厚…mm	m^2
306-1	级配碎石底基层	
-a	厚…mm	m^2

续上表

细 目 号	细 目 名 称	单 位
306-2	搭板、埋板下级配碎石底基层	m^3
-a	厚…mm	m^2
306-3	级配碎石基层	
-a	厚…mm	m^2
306-4	级配砾石底基层	
-a	厚…mm	m^2
306-5	搭板、埋板下级配砾石底基层	m^3
-a	厚…mm	m^2
306-6	级配砾石基层	
-a	厚…mm	m^2
307-1	沥青稳定碎石基层(ATB—25)	
-a	厚…mm	m^2

注:此清单细目内容自2009年8月1日起实施,与原清单细目内容相比有改动。

工程量清单400章桥梁涵洞中包括:路线主体工程中所有的桥涵通道结构物的施工,包括了交叉工程中的桥梁涵洞、通道,应将这一部分工程量和投资进行剥离;但是400章不包含桥梁涵洞的结构物台背回填、锥坡填土及防护、桥面铺装(沥青混凝土面层)等工程作业,应将200章和300章相应工程量和投资纳入进行统计和核算,并加上应在100章分摊的金额。交叉工程的统计和核算需要从200章、300章、400章提取数据,并加上应在100章分摊的金额。

三、公路工程工程量清单编制说明

1.工程量清单编制说明

(1)工程量清单应与投标人须知、合同条款、技术规范及图纸等文件结合起来查阅与理解。

(2)工程量清单中所列工程数量是估算的或设计的预计数量,仅作为投标的共同基础,不能作为最终结算与支付的依据。实际支付应按实际完成的工程量,由承包人按技术规范规定的计量方法,以监理工程师认可的尺寸、断面计量,按工程量清单的单价和总额价计算支付金额;或者,根据具体情况,按合同条款第52条的规定,由监理工程师确定的单价或总额价计算支付额。

(3)除非合同另有规定,工程量清单中有标价的单价和总额价均已包括了为实施和完成合同工程所需的劳务、材料、机械、质检(自检)、安装、缺陷修复、管理、保险(工程一切险和第三方责任险除外)、税费、利润等费用,以及合同明示或暗示的所有责任、义务和一般风险。

(4)工程一切险的投保金额为工程量清单第100章(不含工程一切险及第三方责任险的保险费)至第700章的合计金额,保险费率为 ‰;第三方责任险的投保金额为 元,保险费率为 ‰。工程量清单第100章内列有上述保险费的支付细目,投标人根据上述保险费率计算出保险费，填入工程量清单。除上述工程一切险及第三方责任险以外，所投其他保险的保险费均由承包人承担并支付，不在报价中单列。

（5）工程量清单中本合同工程的每一个细目，都需填入单价；对于没有填入单价或总额价的细目，其费用应视为已包括在工程量清单的其他单价或总额价中，承包人必须按监理工程师指令完成工程量清单中未填入单价或总额价的工程细目，但不能得到结算与支付。

（6）符合合同条款规定的全部费用，应认为已被计入有标价的工程量清单所列各细目之中，未列细目不予计量的工作，其费用应视为已分摊在本合同工程的有关细目的单价或总额价之中。

（7）工程量清单各章是按技术规范相应章次编号的，因此，工程量清单中各章的工程细目的范围与计量等，应与技术规范相应章节的范围、计量与支付条款结合起来理解或解释。

（8）对作业和材料的一般说明或规定，未重复写入工程量清单内，在给工程量清单各细目标价前，应参阅招标文件中技术规范的有关部分。

（9）对于符合要求的投标文件，在签订合同协议前，如发现工程量清单中有计算方面的算术性差错，按投标须知的相关条款规定修正。

（10）工程量清单中所列工程量的变动，丝毫不会降低或影响合同条款的效力，也不免除承包人按规定的标准进行施工和修复缺陷的责任。

（11）承包人对用于支付本合同工程的各类装备的提供、运输、维护、拆卸、拼装等的费用，已包括在工程量清单的单价与总额价之中。

（12）在工程量清单中标明的暂定金额（1），除合同另有规定外，应由监理工程师按合同条款第52条和第58条的规定，结合工程具体情况，报经业主批准后指令全部或部分地使用，或者根本不予动用。

（13）计量方法。

①用于支付已完工程的计量方法，应符合技术规范中相应章节的“计量与支付”条款的规定。

②图纸中所列的工程数量表及数量汇总表仅是提供资料，不是工程量清单的外延。当图纸与工程量清单所列数量不一致时，以工程量清单所列数量作为报价的依据。

（14）工程量清单中各项金额均以人民币（元）结算。

2. 编制依据

交通运输部《公路工程基本建设项目概算预算编制办法》（JTG B06—2007）；

交通运输部《公路工程国内招标文件范本》（2009年版）；

各省交通运输厅《关于制定公路基本建设工程估算、概算、预算编制办法补充规定的通知》；

各省交通运输厅《公路工程工程量清单计量规则》；

设计图纸。

3. 定额采用

交通运输部《公路工程预算定额》（JTG/T B06-02—2007）；

交通运输部《公路工程机械台班费用定额》（JTG/T B06-03—2007）；

各省交通运输厅《公路工程预算补充定额》。

链接示例

工程量清单编制

编制路面工程工程量清单[包括工程量清单编制说明、工程量清单汇总表(表1-6)、工程清单(表1-7及表1-8)]。

××××高速公路

路面工程

（第　合同段）

工 程 量 清 单

××××公路建设局

××××年××月××日

A. 工程量清单编制说明

(1)工程量清单应与投标须知、合同条款、技术规范及图纸等文件结合起来查阅与理解。

(2)除非合同另有规定,工程量清单中有标价的单价和总价均已包括了为实施和完成合同工程所需的劳务、材料、机械、质检(自检)、安装、缺陷修复、管理、保险(工程一切险和第三方责任险除外)、税费、利润等费用,以及合同明示或暗示的所有责任、义务和一切风险。

(3)工程险的保险费投标金额为工程量清单第100章(不含工程险的保险费及第三方责任险的保险费)和第300章的合计金额,保险费率为3‰;第三方责任险的投保金额为100万元,保险费率为3.5‰。工程量清单第100章内列有上述保险费的支付细目,投标人根据上述保险费率计算出保险费,填入工程量清单。除上述工程一切险和第三方责任险以外,所投其他保险的保险费均由承包人承担并支付,不在报价中单列。

(4)工程量清单中所列工程数量为投标的基础数据。除规定的工程细目外,在计量支付时按实际完成的工程量,由承包人按技术规范规定的计量方法,以监理工程师认可的尺寸、断面计量,按工程量清单的单价和总额计算支付金额;或者根据具体情况,按合同条款第52条的规定,由监理工程师确定的单价或总额价计算支付金额。

(5)工程量清单中本合同工程的每一个有工程量的细目,都要填入单价;有些细目数量虽未标出而要求填入总额者,投标人亦应按要求将总额价填入。对于没有填入单价或总额价的细目,其费用应视为已包括在工程量清单的其他单价或总价中,承包人必须按监理工程师指令完成工程量清单中未填入单价或总额价的工程细目,但不能得到结算与支付。

(6)符合合同条款规定的全部费用应认为已被计入有标价的工程量清单所列各细目之中,未列细目不予计量,其费用应视为已分摊在本合同工程的有关细目的单价或总额价之中。

(7)对于符合要求的投保文件,在签订合同协议书前,如发现工程量清单有计算方面的算术差错,按投标须知的相关条款规定修正。

(8)工程量清单中所列工程量的变动,丝毫不会降低或影响合同条款的效力,也不免除承包人按规定的标准进行施工和修复缺陷的责任。

(9)承包人用于支付本合同工程的各类装备的提供、运输、维护、拆卸、拼装等的费用，已包括在工程量清单的单价与总额价之中。

(10)在工程量清单中标明的暂定金额，除合同另有规定外，应由监理工程师按合同条款第52条和第58条的规定，结合工程具体情况，报经业主批准后指令全部或部分地使用，或者根本不予动用。工程施工中业主应承担的优质优价费用也含在其中。

(11)中央分隔带开口按每处为单位计量，其费用为完成每处中央分隔带开口的全部费用。

(12)路缘石采用的花岗岩材料应色泽统一；路缘石下的水泥砂浆和C15细粒式混凝土、下垫碎石的费用含在路缘石的报价中；由于施工期间对路缘石造成的污染(如黏层油)，应用砂轮打磨处理，费用应含在路缘石报价中。

(13)伸缩缝按与桥台盖梁或台帽平行方向的长度以延米计量，报价应含完成伸缩缝的全部费用。

(14)排水工程和防护工程中的结构挖方和砂砾垫层不单独计量，其费用含在相应工程报价中。

(15)路基泄水槽进水口按个为单位计量，报价应含完成泄水槽进水口的全部费用。

(16)超高段集水井按座为单位计量，报价应含花岗岩盖板等以及完成集水井的全部费用。

(17)超高段中央分隔带小开口按每处为单位计量，其费用为完成每处中央分隔带开口的全部费用。

(18)挖方段边坡集水井按座为单位计量，报价应包括玻璃钢盖板、土工布以及碎石等费用。当集水井接泄水槽时，报价还应包含泄水槽进水口部分的费用。

(19)搭板处理按横向以延米计量，费用应包含基层切割、半刚性基层、搭板黏层油、硬塑排水管以及搭板上粗粒式沥青混凝土找平层等费用。

(20)进行路面施工前，对路基顶面的找平、碾压等费用不单独计量，其费用含在相应下道工程报价中。

(21)基层在施工时要用土工布覆盖养生，费用含在基层报价中。

(22)第100章中的拌和站建设与拆除费用，含沥青混凝土和基层混合料拌和站的建立、拆除，场地的填垫、硬化、复耕，料堆间的隔离墙、覆盖、机制砂覆盖棚等费用，且沥青混凝土拌和站按5个热料仓、9个冷料斗配备。

(23)木质素纤维添加设备，必须是具有自动电子计量的设备。

(24)表面层、中面层SBS改性的剂量均为5%。改性沥青以现场改性为主，可以采用经过证明没有问题并且经监理工程师批准的成品改性沥青，但改性沥青指标要达到或超过现场改性的指标，造价变化不予以变更。

(25)对施工中有特殊工艺要求的，应将费用考虑在相应项目的报价中，如碎石轴破、玄武岩水洗等。

(26)第100章中103-1项，报价时要考虑设置所承担合同段的施工单位标识牌的费用。

(27)工程量清单中各项金额均以人民币(元)为单位。工程量清单各细目单价最多保留两位小数，合价应取整，并且电子版报价中不得含有多位隐含小数。

(28)本清单中不含服务区场区工程量。

(29)工程量清单各章是按技术规范相应章次编号的，因此，工程量确定时，各章的工程细目的范围与计量等应与技术规范相应章节的范围、计量与支付条款结合起来理解或解释。

(30)对作业和材料的一般说明或规定，未重复写入工程量清单内，在给工程量清单各细目标价前，应参阅招标文件中技术规范的有关部分。

(31)计量方法。

①用于支付已完成工程的计量方法，应符合技术规范中相应章节的"计量与支付"条款的规定。

②图纸中所列的工程数量表及数量汇总表仅是提供资料，不是工程量清单的外延。当图纸与工程量清单所列数量不一致时，以工程量清单所列数量作为报价的依据。

(32)工程量清单中所列工程量的变动，丝毫不会降低或影响合同条款的效力，也不免除承包人按规定的标准进行施工和修复缺陷的责任。

(33)102-1 竣工文件报价中应适当包含《建设项目管理信息系统》维护费用。

工程量清单汇总表 表1-6

合同编号:路面　　合同　　货币单位:人民币(元)

项目		金额
清单100章:总则	________	10 796 083
清单300章:路面	________	212 139 102
	工程量清单小计A:	222 935 185
	不可预见费(8%清单小计,含业主优质优价基金)B:	17 834 815
	投标总价(A+B):	240 770 000
	(转入投标书)	240 770 000

工 程 量 清 单

表1-7

合同编号:路面　　　合同　　　　　　　　　　　　　货币单位:人民币(元)

清单　第100章　总则					
细目号	细 目 名 称	单　位	数　量	单　价	合　价
101-1	保险费				
-1	工程险的保险费	总额			666 795
-2	第三方责任险的保险费	总额			3 500
102-1	竣工文件编制费	总额			110 952
102-2	施工环保费	总额			573 800
102-3	安全生产费用	总额			2 620 000
103-1	路基整形、便道设施的修建及养护费	总额			1 575 886
103-2	临时工程用地费	总额			768 000
103-3	临时供电设施的架设、拆除与维护费	总额			430 000
103-4	电信设施的提供、维护与拆除费	总额			60 000
103-5	供水与排污设施费	总额			180 000
104-1	拌和站建设与拆除费用	总额			3 807 150
清单第100章总计　人民币＿＿＿＿＿＿					10 796 083
清单　第300章　路面					
细目号	细 目 名 称	单　位	数　量	单　价	合　价
302-1	级配碎石垫层				
-1	厚120mm	m^2	10 920		
302-2	级配砂砾垫层				
-1	厚150mm	m^2	922 056		
304-2	厂拌水泥稳定碎石基层				
-1	厚160mm	m^2	10 004		
-2	厚200mm	m^2	790 134		
304-3	厂拌水泥稳定砂砾掺破碎砾石底基层				
-1	厚160mm	m^2	10 441		
-2	厚200mm	m^2	829 236		

续上表

细目号	细目名称	单位	数量	单价	合价
305-1	稀浆封层下封层厚5mm	m^2	769 623		
305-2	黏层	m^2	1 621 952		
305-3	透层	m^2	769 623		
306-1	普通沥青粗粒式沥青混凝土（LAC—25）				
-1	厚80mm	m^2	644 186		
306-2	改性沥青粗粒式沥青混凝土（LAC—25）				
-1	厚80mm	m^2	125 438		
307-1	SBS改性沥青中粒式沥青混凝土（LAC—20）				
-1	厚65mm	m^2	82 707		
-2	厚60mm	m^2	769 623		
308-1	SBS改性沥青玛蹄脂碎石表面层（SMA—13L）				
-1	厚35mm	m^2	852 330		
309-1	路肩加固				
-1	路肩培土	m^3	33 055		
-2	砂砾盲沟	m^3	5 556		
309-2	中央分隔带				
-1	中央分隔带开口	处	18		
310-1	花岗岩路缘石				
-1	路肩缘石	m	69 866		
-2	I型中央分隔带缘石	m	61 485		
-3	II型中央分隔带缘石	m			
-4	桥头搭板处缘石基座处理	m	2 750		
311-1	5%SBS改性沥青桥面防水层	m^2	82 707		
311-2	主线及匝道桥头搭板处理	m	3 020		
312-1	桥面伸缩装置				
-1	60型	m			
-2	80型	m	946		
-3	120型	m			
-4	160型	m	182		
-5	240型	m			
313-1	超高段排水				
-1	现浇混凝土大集水井	座	89		
-2	预制横向排水管	m	1 328		
-3	预制混凝土小集水井	座	354		
-4	纵向UPVC双壁波纹流水管	m	4 751		

续上表

细目号	细目名称	单位	数量	单价	合价
-5	中央分隔带小开口	处	362		
313-2	路面边坡泄水槽				
-1	进水口	个	2 091		
-2	M7.5 浆砌片石	m^3	1 636		
-3	C25 预制混凝土	m^3	3		
-4	接泄水槽集水井	个	527		
-5	不接泄水槽集水井	个	132		
313-3	凹曲线底部盲沟排水				
-1	横向盲沟	m	1 006		
314-1	防护工程				
-1	M7.5 浆砌片石	m^3	38		
-2	C20 混凝土预制块护坡	m^3	991		
-3	C20 现浇混凝土	m^3	42		
315-1	原路面处理				
-1	挖除旧路	m^3			
316-1	碾压混凝土				
-1	厚 140mm	m^2			
清单第 300 章总计 人民币__________					212 139 102

工程量清单 表1-8

D. 安全生产费用报价明细

合同编号:路面 合同 货币单位:人民币(元)

序号	细目名称	单位	合价
-1	施工安全防护用具及设施的采购和更新		
-a	安全施工用具费	总额	524 000
-b	安全施工设施费	总额	524 000
-2	安全施工措施的落实		
-a	安全施工标识费	总额	524 000
-b	安全施工警示费	总额	262 000
-c	安全生产围栏费	总额	262 000
-3	安全生产条件的改善		
-a	安全生产防护费	总额	262 000
-b	安全生产照明费	总额	262 000
安全生产费用合计 人民币 2 620 000 (转入细目 102-3 项)			

任务3 审查基层施工图纸

基层施工图审查是包含在整个路面施工图设计图纸审查中,施工图纸的审查是施工技术准备阶段的工作内容之一,是开工前期的一项重要的准备工作。应全面熟悉施工图纸,了解设计意图和业主的要求,初步提出完成整个施工任务的战略构想。

一、图纸审查的目的

(1)了解工程全貌、工程整体情况和设计意图,形成对所承包工程整体的、全面的印象。在工程投标期间,通常由业主或发包单位对工程概况、工程量、设计标准、重点工程情况等作一般性的介绍,发送用于投标的工程图纸。工程中标后,由业主或发包单位发送完整、详细的设计图纸,作为工程承包合同的一部分。这时,承包人就应组织力量,认真研读设计图纸。

(2)根据设计图纸提出施工部署、施工安排的初步意见,深入施工现场进行详细的调查。在审查设计图纸时,应对施工队伍的部署、驻地、区段划分、材料供应场地等提出初步意见,也可以设计几种方案。根据初步设想,对施工现场的自然环境、客观条件进行调查,了解现场实际情况能否满足初步设想的要求,是否需要调整,是否需要增加新的内容等,作为施工安排和编制施工组织设计的依据。

(3)根据设计图纸的内容,确定应收集的技术资料、标准、国家规范、试验规程等内容,做好技术保障工作。

(4)根据工程内容,选派相应的管理、技术人员。

(5)通过图纸审查,可以找出并收集设计图纸中存在的问题,为在设计交底时提出并解决问题提供资料。

二、图纸审查的方法

审查图纸时,首先应仔细阅读设计说明。在设计说明中,设计人一般对总体设计思想、设计标准、设计中的难点重点、设计图各部分之间的关系、联系及施工人员应注意的问题等作简明扼要的阐述。语句不多,但包含的内容很广泛、很重要,在审图时应引起足够的重视。

图纸审查可采用两种形式进行。

第一种形式:由若干技术人员相互独立地审查设计图纸,提出问题,相互交流、补充,最终达到审查图纸的目的。这种方法的优点是比较完整全面地反映问题,避免个人考虑问题不全面的情况发生;缺点是审查图纸的时间相对较长一些。

第二种形式:按工程内容、施工区段划分由技术人员分别审图,这种方法时间短、完成任务快,但个人有时考虑问题不全面,有遗漏与不足得不到补充。采用这种方式,应选择有相当经验的技术人员才能胜任。

审查图纸时,可同时绘制一些辅助性图表及主要工程量一览表等,通过绘制这些图表,进一步熟悉图纸,了解工程内容,同时提炼出简单、清楚、有指导作用的内容,供决策者、管理人员、技术人员使用;应对主要工程量、主要设计内容进行必要的计算和工程量清单中的数量对照,若有出入及时向业主反映情况,待优化清单工程量时改正;对图纸中存在的问题进行记录,根据施工单位的机械设备、施工工艺等情况,对设计图纸中存在的不相适应的内容提出修改意见，以便在设计交底会上进行讨论。

三、图纸审查中应注意的一些问题

(1)图纸审查人员应为有丰富实践经验的工程技术人员，应对设计方法有一定的了解，并具有与工程相关的专业知识及工程实践经验。

(2)图纸审查要有一定的成果，如图纸审查报告、设计图纸存在的问题、疑点一览表等，供有关人员参考，同时也作为今后工作的参考资料。

(3)图纸审查工作一般由专业技术人员进行，在审图时应注意征求计划、物资、设备行政等各方面的意见，集思广益，提出较为全面、切实可行的意见。

另外，在进行了图纸审查和会审的基础上，要按照技术管理程序，在施工前对工程或分部、分项工程进行逐级技术交底，并把逐级交底文件作为指导施工生产的技术依据。对路面基层工程量进行核算时，要注意将除暗涵或暗桥外的桥梁部分的工程量扣除(此部分不铺设基层)。

学习情境2 无机结合料稳定土配合比设计

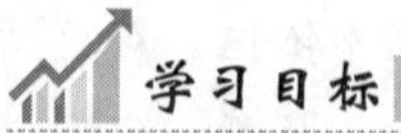

学习目标

【知识目标】 完成本学习情境的学习，学生应能够熟练掌握并了解无机结合料稳定类基层原材料的物理、化学性质；合理选择原材料及集料级配组成；确定合理的配合比。

【能力目标】 学生应具有独立判断原材料质量的能力；具有通过试验确定材料和混合料质量的能力；具有独立设计混合料配合比的能力。

情境设计

【实施时间】 (1)开工前；

(2)施工过程中。

【实施地点】 料场、施工现场、工地试验室。

【实施人员】 材料员、试验员。

【实施内容】 (1)确定材料是否可用于基层施工；

(2)对于可用的材料，确定施工相关的技术指标。

项 目 引 导

粉碎的或原状松散的土中掺入一定量的无机结合料(包括水泥、石灰或工业废渣等)和水，经拌和得到的混合料，经压实与养生后，其抗压强度符合规定要求的材料称为无机结合料稳定材料，以此修筑的路面称为无机结合料稳定路面。粉碎的或原状松散的土按照土中单个颗粒(指碎石、砾石、砂和土颗粒)粒径的大小和组成，将土分成细粒土、中粒土和粗粒土。

(1)细粒土：颗粒的最大粒径小于10mm，且其中小于2mm的颗粒含量不少于90%。

(2)中粒土：颗粒的最大粒径小于30mm，且其中小于20mm的颗粒含量不少于85%。

(3)粗粒土：颗粒的最大粒径小于50mm，且其中小于40mm的颗粒含量不少于85%。

不同的土与无机结合料拌和得到不同的稳定材料。例如石灰土、水泥土、水泥砂砾、石灰粉煤灰碎石等。

无机结合料稳定路面，具有稳定性好、抗冻性能强、结构本身自成板体等特点，但其耐磨性差，因此，广泛用于修筑路面结构的基层和底基层。由于无机结合料稳定材料的刚度介于柔性路面材料和刚性路面材料之间，因此常称此为半刚性材料，以此修筑的基层或底基层亦称为半刚性基层（底基层）。

无机结合料稳定类基层与底基层，主要有：水泥稳定土、石灰稳定土、石灰工业废渣稳定土等。其中，土作为基层材料的骨架，水泥和石灰则属于基层材料的胶凝物质。由于胶凝的机理不同，水泥属于水硬性胶凝材料，而石灰属于气硬性胶凝材料。无机结合料稳定材料种类较多，其物理、力学性质各有特点，使用时应根据结构要求、掺加剂和原材料的供应情况及施工条件进行综合技术、经济比较后选定。

在我国已建成的高速公路和一级公路中，大多数路面采用了无机结合料稳定类基层。半刚性基层之所以在我国甚至在世界范围内被广泛地应用，主要有以下几个原因。

第一，车辆轴载的增加和交通量的增大对路面的承载能力要求越来越高，而半刚性基层都具有很高的抗压强度和刚度，还具有一定的抗弯拉强度，且都随龄期而不断增长，因此，以其为基层的沥青路面通常具有较小的变形和较强的荷载扩散能力。

第二，半刚性基层刚度大、整体性强，使得其上沥青面层所受弯拉应力值较小，从而提高了沥青面层抵抗行车荷载疲劳破坏的能力，甚至可以认为其上的沥青面层不会产生行车疲劳破坏。

第三，虽然早期采用优质的级配碎石和级配砾石作为道路路基其性能良好，但是，随着建筑业对原材料的需求，优质石料的来源日益减少，而半刚性基层可以使用质量较差的石料，甚至可以就地取材采用当地的土，这样就可以避免大量远运优质石料。

第四，半刚性基层材料与以前使用的道路基层材料相比有着更大的灵活性和适应性。例如：用水泥稳定的半刚性基层材料，其7D的无侧限抗压强度可以随着水泥剂量的变化达到1~6MPa。除具有以上优点外，二灰类半刚性基层材料的广泛应用还有利于我国环保事业的发展，既变废为宝，又减少了环境污染，具有很大的社会效益。因此，本课程重点介绍半刚性基层的有关知识和内容。

下面是关于无机结合料稳定材料力学特性的描述。无机结合料稳定材料的力学特性，包括应力—应变关系、疲劳特性、收缩（温缩和干缩）特性。

一、无机结合料稳定材料的应力—应变特性

无机结合料稳定路面的重要特点之一是强度和模量随龄期的增长而不断增长，逐渐具有一定的刚性性质。一般规定，水泥稳定类材料设计龄期为3个月，石灰或石灰粉煤灰（简称二灰）稳定类材料设计龄期为6个月。

半刚性材料应力—应变特性试验方法有顶面法、粘贴法、夹具法和承载板法等。试件有圆柱体试件和梁式（分大、中、小梁）试件。试验内容有抗压强度、抗压回弹模量、劈裂强度和劈裂模量、抗弯拉强度和抗弯拉模量试验等。

由于材料的变异性和试验过程的不稳定性，同一种材料有不同的试验方法。同一种试验方法不同的材料及同一种试验方法不同龄期，试验结果存在差异性。通过各种试验方法的综合比较，认为抗压试验和劈裂试验较符合实际。表2-1给出了水泥稳定碎石抗压强度（R）、抗压回弹模量（E_{p}）、劈裂强度（σ_{sp}）和劈裂模量（E_{sp}）与龄期之间的关系。表2-2则为石灰粉煤灰稳定碎石的测试结果。

水泥稳定碎石的力学特性指标与龄期的关系　　表 2-1

力学参数	28d	90d	180d	28d/180d	90d/180d
R(MPa)	4.49	5.57	6.33	0.71	0.88
E_p(MPa)	2 093	3 097	3 872	0.54	0.80
σ_{sp}(MPa)	0.413	0.634	0.813	0.51	0.78
E_{sp}(MPa)	533	926	1287	0.41	0.72

石灰粉煤灰稳定碎石的力学特性指标与龄期的关系　　表 2-2

力学参数	28d	90d	180d	28d/180d	90d/180d
R(MPa)	3.10	5.75	8.36	0.37	0.69
E_p(MPa)	1 086	1 993	2 859	0.38	0.70
σ_{sp}(MPa)	0.219	0.536	0.913	0.41	0.59
E_{sp}(MPa)	359	960	1 720	0.37	0.56

无机结合料稳定材料的应力—应变特性与原材料的性质、结合料的性质和剂量及密实度、含水率、龄期、温度等有关。

二、无机结合料稳定材料的疲劳特性

材料的抗压强度是材料组成设计的主要依据，由于无机结合料稳定材料的抗拉强度远小于其抗压强度，材料的抗拉强度是路面结构设计的控制指标。

抗拉强度试验方法有直接抗拉试验、间接抗拉试验和弯拉试验。常用的疲劳试验有弯拉疲劳试验和劈裂疲劳试验。

无机结合料稳定材料的疲劳寿命主要取决于重复应力与极限应力之比 σ_f/σ_s，原则上当 σ_f/σ_s 小于 50% 时，无机结合料稳定材料可经受无限次重复加荷次数而无疲劳破裂。但是，由于材料的变异性，实际试验时其疲劳寿命要小得多。

疲劳性能通常用 σ_f/σ_s 与达到破坏时反复作用次数（N_f）所绘成的散点图（图 2-1、图 2-2）来表示。试验证明，σ_f/σ_s 与 N_f 之间的关系通常用双对数疲劳方程（$\lg N_f = a + b\lg\sigma_f/\sigma_s$）及单对数疲劳方程（$\lg N_f = a + b\sigma_f/\sigma_s$）来表示比较合理。

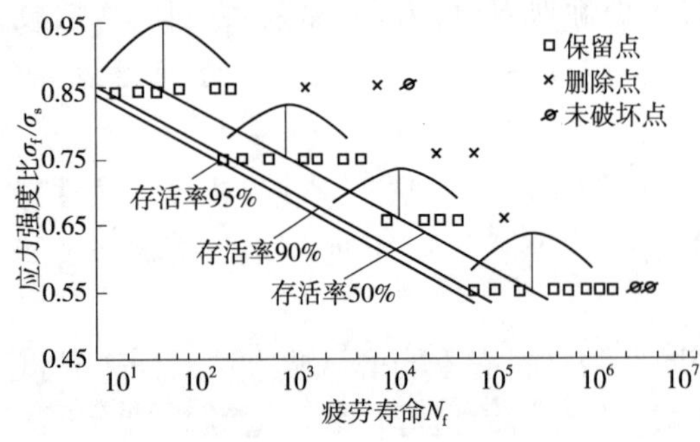

图 2-1　二灰砂砾（小梁）应力强度比疲劳寿命曲线

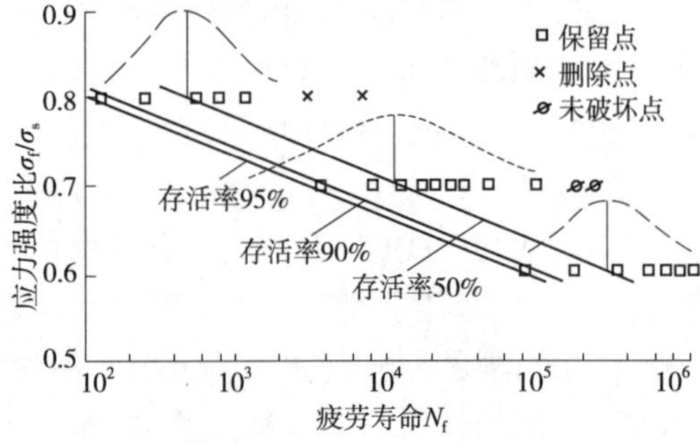

图 2-2　水泥砂砾（小梁）应力强度比疲劳寿命曲线

在一定的应力条件下，材料的疲劳寿命取决于材料的强度和刚度。强度越大、刚度越小，其疲劳寿命就越长。

由于材料的不均匀性，无机结合料稳定材料的疲劳方程还与材料试验的变异性有关。不同的存活率（到达疲劳寿命时出现破坏的概率）将得出不同的疲劳方程。

三、无机结合料稳定材料的干缩特性

无机结合料稳定材料经拌和压实后，由于水分挥发和混合料内部的水化作用，混合料的水分会不断减少。由此发生的毛细管作用、吸附作用、分子间力的作用、材料矿物晶体或凝胶体间层间水的作用和碳化收缩作用等会引起无机结合料稳定材料体积收缩。

描述材料干缩特性的指标，主要有干缩应变、干缩系数、干缩量、失水量、失水率和平均干缩系数。

干缩应变 ε_d 是水分损失引起的试件单位长度的收缩量（$\times10^{-6}$）；干缩系数是某失水量时，试件单位失水率的干缩应变（$\times10^{-6}$）；平均干缩系数 α_d 是某失水量时，试件的干缩应变与试件的失水率之比（$\times10^{-6}$）；失水量是试件失去水分的质量（g）；失水率是试件单位质量的失水量（%）；干缩量是水分损失时试件的收缩量（10^{-3}mm）。

$$\varepsilon_d = \frac{\Delta l}{l}$$

$$\alpha_d = \frac{\varepsilon_d}{\Delta W} \tag{2-1}$$

式中：Δl——含水率损失 ΔW 时，试件的整体收缩量；

l——试件的长度。

无机结合料稳定材料的干缩特性（最大干缩应变和平均干缩系数）的大小与结合料的类型、剂量、被稳定材料的类别、粒料含量、小于0.5mm的细颗粒的含量、试件含水率和龄期等有关。

例如，二灰（石灰+粉煤灰）：碎石=15：85（质量比）与二灰（石灰+粉煤灰）：碎石=20：80，7d龄期的最大干缩应变分别为 273×10^{-6}、233×10^{-6}，而平均干缩系数分别为 65×10^{-6}、55×10^{-6}。

对稳定粒料类，三类半刚性材料干缩特性的大小排列为：石灰稳定类 > 水泥稳定类 > 石灰粉煤灰稳定类。

对于稳定细粒土，三类半刚性材料收缩性的大小排列为：石灰土 > 水泥土和水泥石灰土 > 石灰粉煤灰土。

四、半刚性材料的温度收缩特性

半刚性材料是由固相（组成其空间骨架的原材料的颗粒和其间的胶结物）、液相（存在于固相表面与空隙中的水和水溶液）和气相（存在于空隙中的气体）组成。所以，半刚性材料的外观胀缩性是三相不同的温度收缩性的综合效应的结果。一般气相大部分与大气贯通，在综合效应中影响较小，可以忽略。原材料中砂粒以上颗粒的温度收缩性较小，粉粒以下的颗粒温度收缩性较大。

半刚性材料温度收缩的大小与结合料类型和剂量、被稳定材料的类别、粒料含量、龄期等有关。试验结果表明，半刚性材料温度收缩的大小排序如下：

石灰土砂砾(16.7×10^{-6})>悬浮式石灰粉煤灰粒料(15.3×10^{-6})>密实式石灰粉煤灰粒料(11.4×10^{-6})和水泥砂砾(5%~7%水泥剂量为$10\times10^{-6}\sim15\times10^{-6}$)。

半刚性基层一般在高温季节修建，成型初期基层内部含水率大，且尚未被沥青面层封闭，基层内部的水分必然要蒸发，从而发生由表及里的干燥收缩，同时，环境温度也存在昼夜温度差。因此，修建初期的半刚性基层同时受到干燥收缩和温度收缩的综合作用，必须注意养生保护，但此时以干燥收缩为主。

经过一定龄期的养生，半刚性基层上铺筑沥青面层后，基层内相对湿度略有增大，使材料的含水率由回升趋于平衡，这时半刚性基层的变形以温度收缩为主。

任务1　水泥稳定类基层配合比设计

在粉碎的或原状松散的土(包括各种粗、中、细粒土)中，掺入适当水泥和水，按照技术要求，经拌和摊铺，在最佳含水率时压实及养护成型，其抗压强度符合规定要求，以此修建的路面基层称为水泥稳定类基层。

当用水泥稳定细粒土黏性土、粉性土、黄土等时，简称水泥土。用水泥稳定砂得到的混合料，简称水泥砂；用水泥稳定粗粒土和中粒土得到的混合料，视所用原材料，可简称水泥稳定碎石(级配碎石和未筛分碎石)、水泥稳定砂砾等。

水泥是水硬性结合料，绝大多数的土类(高塑性黏土和有机质较多的土除外)都可以用水泥来稳定，改善其物理力学性质，适应各种不同的气候条件与水文地质条件。水泥稳定类基层具有良好的整体性、足够的力学强度、抗水性和耐冻性，其初期强度较高，且随龄期增长而增长，所以应用范围很广。

一、水泥稳定类基层强度形成原理

在利用水泥来稳定土的过程中，水泥、土和水之间发生了多种复杂的作用，使土的性能发生了明显的变化。但由于水的用量很少，水泥的水化完全是在土中进行的，故作用速度比在水泥混凝土中进行得缓慢。水泥在稳定土中的作用，从工程观点来看，一是改变了土的塑性，二是增加了土的强度和稳定性。作用的形式归纳起来有以下几种。

1. 水泥的水化作用

水泥的水化作用反应简式如下。

硅酸三钙：

$$2C_3S+6H_2O-C_3S_2H_3+3CH$$

硅酸二钙：

$$2C_2S+4H_2O-C_3S_2H_3+CH$$

铝酸三钙：

$$C_3a+6H_2O-C_3aH_6$$

铁铝酸四钙：

$$C_4aF+7H_2O+C_4aFH_7$$

水化反应产生出具有胶结能力的水化产物，是水泥稳定土强度的主要来源。水化产物在土的孔隙中相互交织搭接，将土颗粒包覆连接起来，使土逐渐丧失了原有的塑性。但此水化反应与水泥混凝土中的水化反应有所不同:①土具有非常高的比表面积和亲水性;②水泥含量少;③土对水化产物有强烈的吸附性;④土中存在酸性介质环境。特别是由于黏土矿物对水化产物中的 $Ca(OH)_2$ 极强的吸附和吸收作用,使溶液中的碱度降低,影响了水化产物的稳定性;水化硅酸钙中的 C/S 会逐渐降低析出 $Ca(OH)_2$,使水化产物的结构和性能发生变化,从而影响到混合料的性能。因此,在选用水泥时,应优先选用硅酸盐水泥,必要时还应对水泥稳定土进行"补钙",以提高混合料中的碱度。

2. 离子交换作用

黏土颗粒表面通常带有一定量的负电荷,进而吸引周围溶液中正离子,如 K^+、Na^+ 等。硅酸盐水泥中,硅酸三钙和硅酸二钙占主要部分,其水化产物中 $Ca(OH)_2$ 占 25%。大量的氢氧化钙溶于水后,在土中形成一个富含 Ca^{2+} 的碱性溶液环境,Ca^{2+} 取代了 K^+、Na^+,成为反离子。同时,Ca^{2+} 双电层电位的降低速度加快,双电层厚度降低,黏土颗粒间距离减小,相互靠拢,导致土的凝聚,从而改变土的塑性,使土具有一定的强度和稳定性。

3. 化学激发作用

随着水泥水化反应的深入,Ca^{2+} 数量超过上述离子交换的需要量后,使混合料呈现出一种碱性环境,从而激发出 SiO_2 和 Al_2O_3 的活性,与溶液中的 Ca^{2+} 进行反应,生成新的矿物。这些矿物主要是硅酸钙和铝酸钙系列,如 $4CaO \cdot 5SiO_2 \cdot 5H_2O$、$4CaO \cdot Al_2O_3 \cdot 19H_2O$、$3CaO \cdot Al_2O_3 \cdot 16H_2O$、$CaO \cdot Al_2O_3 \cdot 10H_2O$ 等。这些生成物同样也具有胶凝能力,并包裹在黏土颗粒表面,与水泥的水化产物一起,将黏土颗粒凝结成一个整体。因此,氢氧化钙对黏土矿物的激发作用,进一步提高了水泥稳定土的强度和水稳定性。

4. 碳酸化作用

水泥水化生成的 $Ca(OH)_2$,除了可与黏土矿物发生化学反应外,还可以进一步与空气中的 CO_2 反应生成碳酸钙晶体:

$$Ca(OH)_2 + CO_2 + nH_2O = CaCO_3 + (n+1)H_2O$$

碳酸钙生成过程中,产生体积膨胀,可以对土体起到填充和加固作用,提高了土的强度,但这种作用相对来讲比较弱,并且反应过程缓慢。

二、影响强度的因素

1. 土质

土的类别和性质是影响水泥稳定土强度的重要因素。凡是能被经济地粉碎的土,都可用水泥稳定,但稳定效果不同。实践证明,用水泥稳定级配良好的碎(砾)石和砂砾,效果最好,不但强度高,而且水泥用量少,其次是砂性土,再次之是粉性土和黏性土。一般土的塑性指数不应超过 17,实际工作中往往选用塑性指数小于 12 的土。重黏土由于难以粉碎和拌和,不宜单独用水泥稳定。有机质含量超过 2% 或硫酸盐含量超过 0.25% 的土,不应用水泥稳定。

2. 水泥的类型及剂量

普通硅酸盐水泥、矿渣硅酸盐水泥和火山灰质硅酸盐水泥都可用于稳定土。通常情况下,硅酸盐水泥的稳定效果较好,铝酸盐水泥虽可用于稳定但效果较差,终凝时间较长(6h 以上)的低强度等级水泥应优先选用。

水泥稳定土的强度随水泥剂量的增加而增长，不存在最佳剂量。但过多的水泥用量，虽获得强度的增加，但经济上却不一定合理，且容易开裂。试验和研究证明，水泥剂量为4% ~ 8%较为合理。

3. 施工及养生

首先，要保证稳定土具有一定的含水率，既要达到最佳密实度的含水率，又能满足水泥完全水化和水解作用的需要；其次是混合料需拌和均匀并充分压实。水泥土从开始加水拌和，到完成压实的延迟时间要尽可能短，一般要在6h以内。若时间过长，水泥开始凝结，碾压时不但达不到压实度要求，而且会破坏已结硬水泥的胶凝作用，反而使水泥稳定土强度下降。

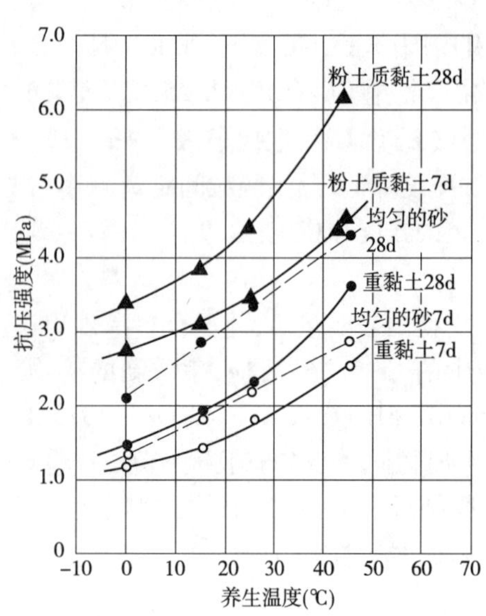

图2-3 养生温度对水泥稳定土强度的影响

一定的水分是水泥稳定土形成强度的必要条件，湿法养生可满足水泥水化形成强度的需要。而养生温度越高，强度增长得越快，见图2-3。

三、水泥稳定类基层原材料的选择

1. 水泥的选择

普通硅酸盐水泥、矿渣硅酸盐水泥和火山灰质硅酸盐水泥均可用于稳定土，但不应使用快硬水泥、早强水泥以及已受潮变质的水泥；宜采用强度等级为32.5级或42.5级的水泥；应选用初凝时间3h以上和终凝时间较长（宜6h以上）的水泥；要求施工的延迟时间应小于水泥的终凝时间。

1）水泥的品种和强度等级

水泥的种类决定了水泥的矿物成分，也直接影响混合料的强度。一般情况下，硅酸盐水泥的稳定效果较好。水泥的强度等级也不宜过高（用32.5级），因为一般情况下高强度等级的水泥其凝结时间比较快，这样不利于混合料的施工；同时也避免在达到强度目标值的前提下，因水泥强度等级高而导致用量少，降低了混合料的浆集比和致密性。因此，使用低强度等级水泥主要是考虑强度限制，另外，还有慢凝的性质。地方小水泥厂生产的水泥往往性质不稳定，活性不均匀并容易出现偏差，又因小水泥厂化验水泥质量的手段落后，按批量抽验的方法很难控制其均匀性和稳定性。

因此使用要求为：采用安定性好，强度等级、终凝时间、不溶物和烧失量符合国家标准规定的32.5级硅酸盐、普通硅酸盐旋转窑水泥（安定性好、性能有保障），禁止使用立窑和地方小水泥厂生产的水泥。对于二级和二级以上公路，不得采用地方小水泥厂生产的水泥，快硬水泥、早强水泥、受潮变质的水泥不应使用，建议使用旋窑水泥；对于高速公路和一级公路，规定必须采用旋窑水泥。

2）水泥的初凝时间和终凝时间

凝结时间是水泥从加水开始到水泥浆失去可塑性的时间。凝结时间分为初凝时间和终凝时间。初凝时间是从水泥加水到水泥浆开始失去塑性的时间，终凝时间是从水泥加水到水泥浆完全失去塑性的时间。水泥的凝结时间对水泥稳定碎石基层的施工具有重要的意义。初凝时间和终凝时间太短,将影响水泥稳定碎石拌和料的运输、摊铺和碾压,并将最终影响水泥稳定碎石基层强度的形成。终凝时间太长,则影响工程的施工进度。从加水拌和到碾压终了的延迟时间对水泥稳定碎石混合料的强度和其所能达到的干密度有明显的影响。延迟时间越长,混合料强度和干密度的损失越大,见图 2-4。国外通常规定延迟时间为 2h,考虑到我国公路施工中采用路拌法的实际情况,为了能合适地确定延迟时间,需要在施工前做延迟时间对混合料强度影响的试验,并通过试验确定应该控制的延迟时间。

水泥从加入水后就开始发生水化反应,如果施工的延迟时间过长,大于水泥的初凝时间,碾压时就会破坏已形成的水泥胶体,额外耗费压实功,影响压实度,而且已形成的水泥胶结体被破坏后就再不能发挥其胶凝作用,结果造成强度损失。从具体情况可以看出,只要使用正确的施工方法和施工程序,水泥稳定土的延迟时间一般都能控制在 3h 的初凝时间之内,如个别地方还不能作厂拌与机铺,则建议使用缓凝水泥或掺加缓凝剂。

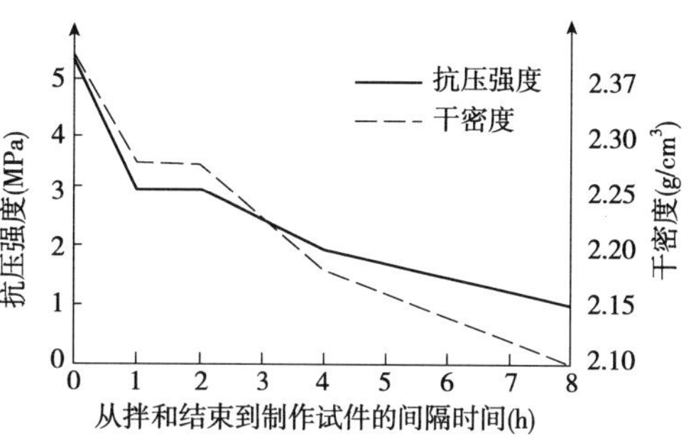

图 2-4 延迟时间对混合料的强度和干密度的影响

因此,对水泥初凝和终凝时间都应提出要求:初凝应在 3h 以上,终凝时间不小于 6h,且施工中从加水拌和到碾压成型完成的时间(即延迟时间)应小于水泥的初凝时间。

2. 集料的选择

1)集料的最大粒径和级配要求

(1)对于二级和二级以下的公路,水泥稳定土所用的粗粒土、中粒土、细粒土应满足如下要求:水泥稳定土用做底基层时,单个颗粒的最大粒径不应超过 53mm①,水泥稳定土的颗粒组成应在表 2-3 所列范围内,土的均匀系数应大于 5。细粒土的液限不应超过 40,塑性指数不应超过 17。对于中粒土和粗粒土,如土中小于 0.6mm 的颗粒含量在 30% 以下,塑性指数可稍大。实际工作中,宜选用均匀系数大于 10、塑性指数小于 12 的土。塑性指数大于 17 的土,宜采用石灰稳定,或用水泥和石灰综合稳定。

注:①指方孔筛。如为圆孔筛,则最大粒径可为所列数值的 1.2 ~ 1.25 倍,下同。

用做底基层时水泥稳定土的颗粒组成范围 表 2-3

筛孔尺寸(mm)	53	4.75	0.6	0.075	0.002
通过质量百分率(%)	100	50 ~ 100	17 ~ 100	0 ~ 50	0 ~ 30

注:本表中所列用筛均为方孔筛。在无相应尺寸方孔筛的情况下,可先将颗粒组成在半对数坐标纸上画出两根级配曲线,然后在对数坐标上查找所需筛孔的位置或点,从此点引一垂直线向上与两根曲线相交。从此两交点画水平线与垂直坐标相交,即可得到所需颗粒尺寸的通过百分率。

(2)水泥稳定土用做基层时,单个颗粒的最大粒径不应超过 37.5mm。水泥稳定土的颗粒组成应在表 2-4 范围内。集料中不宜含有塑性指数的土。对于二级公路宜按接近级配范围的下限组配混合料或采用表 2-5 中的 2 号级配。

(3)级配碎石、未筛分碎石、砂砾、碎石土、砂砾土、煤矸石和各种粒状矿渣均适宜用水泥稳定。碎石包括岩石碎石、矿渣碎石、破碎砾石等。

用做基层时水泥稳定土的颗粒组成范围　　表2-4

筛孔尺寸(mm)	通过质量百分率(%)	筛孔尺寸(mm)	通过质量百分率(%)
37.5	90~100	2.36	20~70
26.5	66~100	1.18	14~57
19	54~100	0.6	8~47
9.5	39~100	0.075	0~30
4.75	28~84		

水泥稳定土的颗粒组成范围　　表2-5

项目 \ 通过百分率(%) \ 编号		1	2	3
筛孔尺寸(mm)	37.5	100	100	
	31.5		90~100	100
	26.5			90~100
	19		67~90	72~89
	9.5		45~68	47~67
	4.75	50~100	29~50	29~49
	2.36		18~38	17~35
	0.6	17~100	8~22	8~22
	0.075	0~30	0~7①	0~7①
液限(%)				<28
塑性指数				<9

注：①集料中0.5mm以下细粒土有塑性指数时，小于0.075mm的颗粒含量不应超过5%；细粒土无塑性指数时，小于0.075mm的颗粒含量不应超过7%。

2）水泥稳定土中粗粒土和中粒土应满足的要求

对于高速公路和一级公路，水泥稳定土所用的粗粒土和中粒土应满足如下要求：

（1）水泥稳定土用做底基层时，单个颗粒的最大粒径不应超过37.5mm。水泥稳定土的颗粒组成应在表2-5所列1号级配范围内，土的均匀系数应大于5。细粒土的液限不应超过40%，塑性指数不应超过17。对于中粒土和粗粒土，如土中小于0.6mm的颗粒含量在30%以下，塑性指数可稍大。实际工作中，宜选用均匀系数大于10、塑性指数小于12的土。塑性指数大于17的土，宜采用石灰稳定，或用水泥和石灰综合稳定。对于中粒土和粗粒土，宜采用表2-5中2号级配，但小于0.075mm的颗粒含量和塑性指数可不受限制。

（2）水泥稳定土用做基层时，单个颗粒的最大粒径不应超过31.5mm。水泥稳定土的颗粒组成应在表2-5所列3号级配范围内。

（3）水泥稳定土用做基层时，对所用的碎石或砾石，应预先筛分成3~4个不同粒级，然后配合，使颗粒组成符合表2-5所列级配范围。

水泥稳定粒径较均匀的砂时，宜在砂中添加少部分塑性指数小于10的黏性土或石灰土，也可添加部分粉煤灰，加入比例可按使混合料的标准干密度接近最大值确定，一般为20%～40%。

3）集料的压碎值

水泥稳定土中碎石或砾石的压碎值应符合下列要求。

基层：

高速公路和一级公路不大于30%；

二级和二级以下公路不大于35%。

底基层：

高速公路和一级公路不大于30%；

二级和二级以下公路不大于40%。

4）集料含泥量和针片状颗粒含量的要求

由于调查发现碎石集料中含有较多杂质，常含有泥土和泥块，或由于质量控制不严，导致集料中的含泥量和风化岩含量大大增加，级配变化较大。因此建议，粗集料含泥量≤3%；碎石针片状颗粒含量：高速和一级公路≤15%，二级及二级以下≤20%。

5）对有机质含量的要求

土中含有有机质对水泥稳定是很有害的。含有少量有机质的水泥稳定碎石，早期强度很低，约只有0.2MPa，过一个星期后，强度才逐渐增长。而不含有机质的水泥稳定碎石，其强度一开始就增长，而且其强度最高可达4.2MPa，为含有机质的21倍。为此，现行规范规定，在用水泥稳定碎石做底基层时，有机质的含量不得超过2%；做基层时，有机质的含量不得超过0.5%。对有机质含量超过2%的土，必须先用石灰进行处理，闷料一夜后再用水泥稳定。

6）硫酸盐含量的要求

某些地区的土中以及工业废料中可能含有硫酸盐。硫酸盐能与结硬水泥中铝酸三钙结合而产生硫酸铝酸钙。这一新生物能膨胀，使原来的体积增大，从而破坏水泥稳定碎石的胶结，影响水泥稳定碎石的强度。因此，硫酸盐含量达到一定的程度，就不能用水泥稳定。现行规范中规定，硫酸盐的含量不得超过0.25%。但规范中对原材料的试验中提到，在“有必要的时候”才对有机质含量和硫酸盐含量进行测定，对什么情况下进行或不进行有机质含量和硫酸盐含量测定没有明确说明。因此，建议在选用水泥稳定土之前对硫酸盐的含量进行测定，对于硫酸盐含量超过0.25%的土，不应用水泥稳定。

7）小于0.075mm颗粒含量的要求

碎石中0.075mm以下颗粒的含量对水泥稳定混合料的弯拉强度、抗压强度和弹性模量有明显的影响。通常是0.075mm以下颗粒的含量越多，水泥稳定混合料的强度和弹性模量就越小。因此，施工现场对于集料的级配控制一定要把好关，严格限制粉料（粒径小于0.075mm）的含量，0.075mm筛孔通过率宜控制在3%～5%。

3. 石灰的选择

综合稳定土中用的石灰应是消石灰粉或生石灰粉。

4. 水的选择

凡是饮用水（含牲畜饮用水）均可用于水泥稳定土施工。

四、水泥稳定类基层配合比设计

1. 一般规定

(1)各级公路用水泥稳定土的7d浸水抗压强度应符合表2-6的规定。

(2)水泥稳定土的组成设计应根据表2-6的强度标准,通过试验选取最适宜于稳定的土,确定必需的水泥剂量和混合料的最佳含水率,在需要改善混合料的物理力学性质时,还应确定掺加料的比例。

水泥稳定土的抗压强度标准(单位:MPa) 表2-6

层位＼公路等级	二级和二级以下公路	高速公路和一级公路
基层	2.5～3②	3～5①
底基层	1.5～2.0②	1.5～2.5①

注:①设计累计标准轴次小于 12×10^6 的公路可采用低限值;设计累计标准轴次超过 12×10^6 的公路可用中值;主要行驶重载车辆的公路应用高限值。某一具体公路应采用一个值,而不是某一范围。

②二级以下公路可取低限值;行驶重载车辆的公路,应取较高的值;二级公路可取中值;行驶重载车辆的二级公路应取高限值。某一具体公路应采用一个值,而不用某一范围。

(3)综合稳定土的组成设计应通过试验选取最适宜于稳定的土,确定必需的水泥和石灰剂量以及混合料的最佳含水率。

(4)采用综合稳定时,如水泥用量占结合料总量的30%以上,应按本章的技术要求进行组成设计。水泥和石灰的比例宜取60:40、50:50或40:60。

(5)水泥稳定土的各项试验应按《公路工程无机结合料稳定材料试验规程》(JTG E51—2009)进行。

2. 原材料的试验

(1)在水泥稳定土层施工前,应取所定料场中有代表性的土样按《公路土工试验规程》(JTG E40—2007)进行下列试验:

①颗粒分析;

②液限和塑性指数;

③相对密度;

④击实试验;

⑤碎石或砾石的压碎值;

⑥有机质含量(必要时做);

⑦硫酸盐含量(必要时做)。

(2)对级配不良的碎石、碎石土、砂砾、砂砾土、砂等,宜改善其级配。

(3)应检验水泥的强度等级和终凝时间。

3. 混合料配合比的设计步骤

(1)分别按下列五种水泥剂量[①]配制同一种土样、不同水泥剂量的混合料。

①做基层用。

中粒土和粗粒土:3%,4%,5%,6%,7%[②];

塑性指数小于12的细粒土:5%,7%,8%,9%,11%;

其他细粒土:8%,10%,12%,14%,16%。

②做底基层用。

中粒土和粗粒土:3%,4%,5%,6%,7%;

塑性指数小于12的细粒土:4%,5%,6%,7%,9%;

其他细粒土:6%,8%,9%,10%,12%。

注:①在能估计合适剂量的情况下,可以将5个不同剂量缩减到3个或4个。

②如要求用做基层的混合料有较高强度时,水泥剂量可用4%,5%,6%,7%,8%。

(2)确定各种混合料的最佳含水率和最大干(压实)密度,至少应做3个不同水泥剂量混合料的击实试验,即最小剂量、中间剂量和最大剂量。其他两个剂量混合料的最佳含水率和最大干密度用内插法确定。

(3)按规定压实度分别计算不同水泥剂量的试件应有的干密度。

(4)按最佳含水率和计算得的干密度制备试件。进行强度试验时,作为平行试验的最少试件数量应不小于表2-7的规定。如试验结果的偏差系数大于表中规定的值,则应重做试验,并找出原因,加以解决。如不能降低偏差系数,则应增加试件数量。

最少试件数量 表2-7

试件数量(件) 偏差系数 / 土类	<10%	10%~15%	15%~20%
细粒土	6	9	
中粒土	6	9	13
粗粒土		9	13

(5)试件在规定温度下保湿养生6d,浸水24h后,按《公路工程无机结合料稳定材料试验规程》(JTG E51—2009)进行无侧限抗压强度试验。

(6)计算试验结果的平均值和偏差系数。

(7)根据表2-6的强度标准,选定合适的水泥剂量。此剂量试件室内试验结果的平均抗压强度 $\overline{R}$ 应符合式(2-2)的要求:

$$\overline{R} \geqslant \frac{R_d}{1-Z_a C_v} \tag{2-2}$$

式中:R_d——水泥稳定土设计抗压强度(表2-6);

Z_a——标准正态分布表中随保证率(或置信度 a)而变的系数,高速公路和一级公路应取保证率95%,$Z_a=1.645$;其他公路应取保证率90%,即 $Z_a=1.282$;

C_v——试验结果的偏差系数(以小数计)。

(8)工地实际采用的水泥剂量应比室内试验确定的剂量多0.5%~1.0%。采用集中厂拌法施工时,可只增加0.5%;采用路拌法施工时,宜增加1%。

(9)水泥的最小剂量应符合表2-8的规定。

水泥的最小剂量 表2-8

拌和方法 / 土类	路拌法	集中厂拌法
中粒土和粗粒土	4%	3%
细粒土	5%	4%

(10)综合稳定土的组成设计与上述步骤相同。

任务2 石灰稳定类基层配合比设计

在粉碎的或原状松散的土(包括各种粗、中、细粒土)中,掺入适量的石灰和水,按照一定技术要求,经拌和,在最佳含水率下摊铺、压实及养生,其抗压强度符合规定要求的路面基层称为石灰稳定类基层。用石灰稳定细粒土时,简称石灰土;用石灰稳定天然砂砾土或级配砂砾时,简称石灰砂砾土;用石灰稳定天然碎石或级配碎石时简称为石灰碎石土。

石灰剂量是石灰质量占全部土颗粒干质量的百分率,即

$$石灰剂量=\frac{石灰质量}{干土质量}$$

一、石灰稳定土强度形成原理

在土中掺入适量的石灰,并在最佳含水率下拌匀压实,使石灰与土发生一系列的物理、化学作用,从而使土的性质发生根本的变化。一般分四个方面,第一是离子交换作用,第二是结晶硬化作用,第三是火山灰作用,第四是碳酸化作用。

1. 离子交换作用

土的微小颗粒具有一定的胶体性质,它们一般都带有负电荷,表面吸附着一定数量的钠、氢、钾等低价阳离子(Na^+、H^+、K^+)。石灰是一种强电解质,在土加入石灰和水后,石灰在溶液中电离出来的钙离子(Ca^{2+})就与土中的钠、氢、钾离子产生离子交换作用。原来的钠(钾)土变成钙土,土颗粒表面所吸附的离子由一价变成了二价,减少了土颗粒表面吸附水膜的厚度,使土粒相互之间更为接近,分子引力随之增加,许多单个土粒聚成小团粒,组成一个稳定结构。

2. 结晶硬化作用

在石灰土中只有一部分熟石灰 $Ca(OH)_2$ 进行离子交换作用,绝大部分饱和的 $Ca(OH)_2$ 自行结晶。熟石灰与水作用生成熟石灰结晶网格。其化学反应式为:

$$Ca(OH)_2+nH_2O \rightarrow Ca(OH)_2 \cdot nH_2O$$

3. 火山灰作用

熟石灰的游离 Ca^{2+} 与土中的活性氧化硅 SiO_2 和氧化铝 Al_2O_3 作用生成含水的硅酸钙和铝酸钙的化学反应就是火山灰作用,其反应式为:

$$xCa(OH)_2+SiO_2+nH_2O \rightarrow xCaO \cdot SiO_2(n+1)H_2O$$

$$xCa(OH)_2+Al_2O_3+nH_2O \rightarrow xCaO \cdot Al_2O_3(n+1)H_2O$$

上述所形成的熟石灰结晶网格和含水的硅酸钙和铝酸钙结晶都是胶凝物质,它具有水硬性并能在固体和水两相环境下发生硬化。这些胶凝物质在土微粒团外围形成一层稳定保护膜,填充颗粒空隙,使颗粒间产生结合料,减少了颗粒间的空隙与透水性,同时提高密实度。这是石灰土获得强度和水稳定性的基本原因,但这种作用比较缓慢。

4. 碳酸化作用

在土中的 $Ca(OH)_2$ 与空气中的二氧化碳作用,其化学反应式为:

$$Ca(OH)_2+CO_2 \rightarrow CaCO_3+H_2O$$

$CaCO_3$ 是坚硬的结晶体，它和其他生成的复杂盐类把土粒胶结起来，从而大大提高了土的强度和整体性。

由于石灰与土发生了一系列的相互作用，从而使土的性质发生根本的改变。在初期，主要表现为土的结团、塑性降低、最佳含水率增大和最大密实度减小等。后期主要表现为结晶结构的形成，从而提高其板体性、强度和稳定性。

二、影响强度的因素

1. 土质

各种成因的土都可以用石灰来稳定，土质对石灰稳定土抗压强度的影响见图2-5。生产实践也说明，黏性土较好，其稳定的效果显著，强度也高。当采用高液限黏土时，施工不易粉碎；采用粉性土的石灰土早期强度较低，但后期强度也可满足行车要求；采用低液限土质时易拌和，但难以碾压成形，稳定的效果不显著。采用的土质，既要考虑其强度，还要考虑到施工时易于粉碎便于碾压成形。一般采用塑性指数12～18（100g平衡锥测液限，搓条法测塑限）的黏性土为好。塑性指数偏大的黏性土，要加强粉碎，粉碎后，土中15～25mm的土块不宜超过5%。经验证明，塑性指数小于12的土不宜用石灰稳定。对于硫酸盐类含量超过0.8%或腐殖质含量超过10%的土，对强度有显著影响，不宜直接采用。

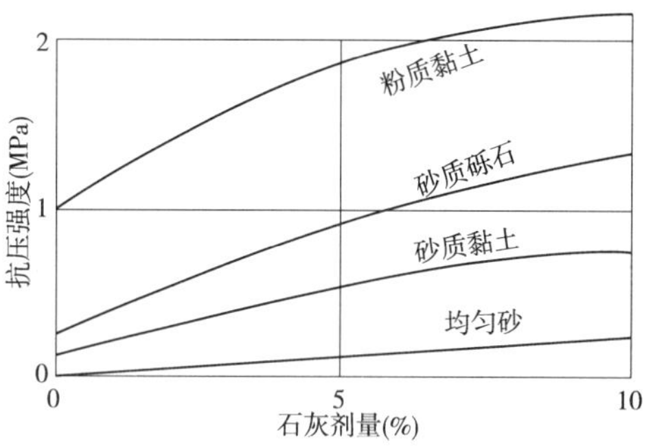

图2-5 土质对石灰稳定土抗压强度的影响

2. 灰质

石灰应是消石灰粉或生石灰粉，对高速公路或一级公路宜用磨细生石灰粉。

石灰质量应符合III级以上的技术指标，并要尽量缩短石灰的存放时间。在同等石灰剂量下，质量好的石灰稳定效果好。如采用质量差的石灰，为了满足石灰土的技术要求，就得适当增加石灰剂量。

3. 石灰剂量

石灰剂量对石灰土强度影响显著，石灰剂量较低（3%～4%）时，石灰主要起稳定作用，土的塑性、膨胀、吸水量减小，使土的密实度、强度得到改善。随着剂量的增加，强度和稳定性均提高，但剂量超过一定范围时，强度反而降低。生产实践中常用的最佳剂量范围，对于黏性土及粉性土为8%～14%，对砂性土则为9%～16%。石灰剂量的确定，应根据结构层技术要求进行混合料组成设计。

4. 含水率

水是石灰土的重要组成部分，它促使石灰土发生物理化学变化，形成强度；便于土的粉碎、拌和与压实，并且有利于养生。不同土质的石灰土有不同的最佳含水率，需通过标准击实试验确定，并用以控制施工中的实际加水量。所用水应是干净可供饮用的水。

5. 密实度

石灰土的强度随密实度的增加而增长。实践证明，石灰土的密实度每增减 1%，强度约增减 4% 左右。而密实的石灰土，其抗冻性、水稳定性也较好，缩裂现象也较少。

6. 石灰土的龄期

石灰土强度具有随龄期增长的特点。一般石灰土初期强度低，前期（1～2 个月）增长速率较后期为快。石灰土强度与龄期关系可表示为：

$$R_t = R_i t^{\beta} \tag{2-3}$$

式中：R_i——一个月龄期抗压强度；

R_t——t 个月龄期抗压强度；

β——系数，约为 0.1～0.5。

7. 养生条件

养生条件主要指温度与湿度。养生条件不同，其强度也有差异。当温度高时，物理化学反应、硬化、强度增长快，反之则慢，在负温条件下甚至不增长，见图 2-6。因此，要求施工期的最低温度应在 5℃以上，并在第一次重冰冻（－3～－5℃）到来之前一个月至一个半月完成。

多年的施工经验证明，热季施工的灰土强度高，质量可以保证，一般在使用中很少损坏。

养生的湿度条件对石灰土的强度也有很大影响。实践证明，在一定潮湿条件下养生，强度的形成比在一般空气中养生要好。

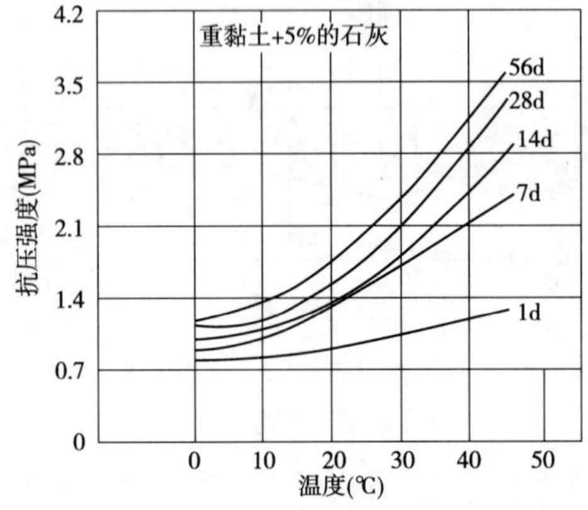

图 2-6　养生温度对石灰稳定土抗压强度的影响

三、石灰稳定类基层原材料的选择

1. 土的选择

塑性指数为 15～20 的黏性土以及含有一定数量黏性土的中粒土和粗粒土，均适宜于用石灰稳定。

用石灰稳定无塑性指数的级配砂砾、级配碎石和未筛分碎石时，应添加 15% 左右的黏性土。

塑性指数在 15 以上的黏性土，更适宜于用石灰和水泥综合稳定。

塑性指数在 10 以下的亚砂土和砂土用石灰稳定时，应采取适当的措施或采用水泥稳定。

塑性指数偏大的黏性土，应加强粉碎，粉碎后土块的最大尺寸不应大于 15mm。可以采用两次拌和法，第一次加部分石灰拌和后，闷放 1～2d，再加入其余石灰，进行第二次拌和。

2. 集料的选择

（1）石灰稳定土用做高速公路和一级公路的底基层时，颗粒的最大粒径不应超过 37.5mm，用做其他等级公路的底基层时，颗粒的最大粒径不应超过 53mm。

(2)石灰稳定土用做基层时,颗粒的最大粒径不应超过37.5mm。

级配碎石、未筛分碎石、砂砾、碎石土、砂砾土、煤矸石和各种粒状矿渣等均适宜用做石灰稳定土的材料。石灰稳定土中碎石、砂砾或其他粒状材料的含量应在80%以上,并应具有良好的级配。

(3)石灰稳定土中碎石或砾石的压碎值应符合下列要求。

基层:

二级公路不大于30%;

二级以下公路不大于35%。

底基层:

高速公路和一级公路不大于30%;

二级和二级以下公路不大于35%。

(4)硫酸盐含量超过0.8%的土和有机质含量超过10%的土,不宜用石灰稳定。

3. 石灰的选择

1)影响石灰活性的主要因素

(1)有效钙加氧化镁含量。石灰中有效钙和氧化镁的含量对二灰类材料的强度有明显的影响,有效钙镁含量越高,其活性就越高。有效钙含量小于20%时,二灰混合料的强度就会明显下降,所以应该严格监控生石灰粉的生产质量,保证出厂的生石灰粉的有效含量。严格执行对生石灰粉的化验制度,进场生石灰粉的有效钙加氧化镁含量应符合《公路路面基层施工技术规范》(JTJ 034—2000)的要求。

(2)石灰粉细度。颗粒越细,能与粉煤灰反应的表面积就越大,其活性就越高。石灰细度应符合《公路路面基层施工技术规范》(JTJ 034—2000)的要求。

(3)石灰的消解程度。石灰消解过程:

①生石灰消解时每吨用水0.7t左右;

②将水管插入生石灰底部,从下往上消解,水管采用钢管,头部封死,管壁钻孔(5mm)间距10cm,梅花形布置;

③生石灰消解后用机械翻捣一遍,进行闷料,充分消解后过筛;

④石灰消解≥7d。

消解得越充分,粉状颗粒就越多,其活性就越高;当使用消石灰粉时,生石灰应在使用前7~10d消解(指钙石灰)。由于镁石灰不容易消解,在使用镁石灰时,一定要延长消解时间(以提前10~15d为宜)。消解后的石灰应过筛(筛孔一般为5mm,用钢筋焊制),以剔除石头和未充分消解的石灰块。石灰有结团现象时需用振动筛过筛。消解石灰应大于48h。

(4)消石灰粉的含水率。石灰应加水充分消解,用水应均匀。加水速度应当缓慢,陆续加入,以润湿为主,不可用大水浸泡,也要防止结团和消解不充分的现象。同时,消石灰应保持一定的湿度,使其成为粉状,但其含水率不能超过25%。由于粉状颗粒中含有较多水分时,容易絮凝成团,影响石灰活性的发挥,因此,当施工现场按体积铺料时,应做消石灰的密度随含水率变化的试验,绘出曲线,供施工时查对,以减少剂量误差。

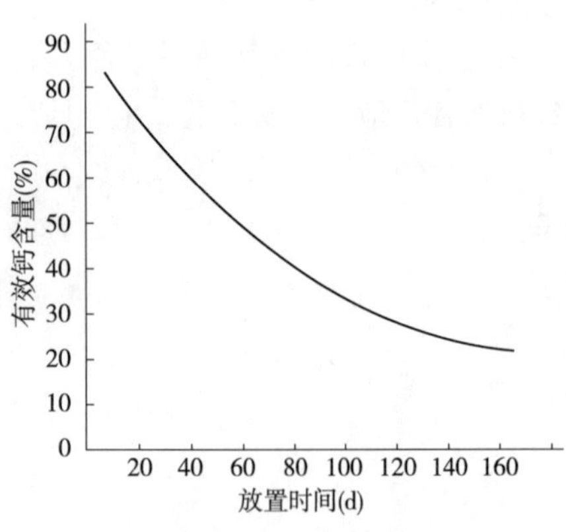

图 2-7　存放时间对水泥有效钙含量的影响

(5)石灰的存放时间。石灰粉的存放时间和存放方式也影响其有效含量的变化,见图 2-7。这是由于其在空气中存放时,空气中的二氧化碳会与石灰中的 $Ca(OH)_2$ 发生反应,使石灰的活性降低,所以存放时间越长,其活性就越低。表 2-9 是生石灰粉中有效含量随时间损失情况试验记录表。因此,合格的石灰应对其妥善保管,并采取覆盖封存措施。对不能立即进入工地的生石灰粉存放时最好加盖塑料布或塑料薄膜,并尽量缩短其存放时间。而且使用前应重新化验其有效含量,不合格的生石灰粉禁止使用。因存放不当或存放时间过长而导致质量变化时,可以在满足混合料强度要求的前提下,提高石灰剂量后再使用。

生石灰粉中有效含量随时间损失表　　表 2-9

存放时间(d)	露天存放时含有量(%)	露天存放时损失量(%)	塑料布覆盖含有量(%)	塑料布覆盖损失量(%)
1	71.5	0	71.5	0
2	70.3	1.2	71.1	0.4
3	68.1	3.4	69.4	2.1
4	66.4	5.1	68.3	3.2
5	62.1	9.4	65.1	6.4
6	59.8	11.7	63.6	7.9
7	57.7	13.8	60.9	10.6
8	55.5	16.0	58.8	12.7

(6)消石灰的筛余量。石灰中的残渣包括未消化的生石灰及欠火石灰颗粒。生石灰中常含有或多或少的欠火石灰和过火石灰。欠火石灰不能全部消解,降低石灰的利用率。过火石灰的颜色变深,表面常被黏土杂质融化形成的玻璃釉状物质所包裹,消解很慢。在石灰已经硬化后,过火石灰的颗粒才会渐渐消解,体积膨胀,造成做好的基层隆起和开裂。所以,应对消石灰的筛余量进行控制,石灰在使用前必须过筛(10mm)并尽快使用。用在高等级公路中时,大于 25mm 的颗粒应小于 40%,具体应符合《公路工程质量检验评定标准(土建工程)》(JTG F80/1—2004)的要求。

(7)对于二级和二级以上的公路基层,建议必须使用二级以上的石灰。

2)石灰的使用要求

石灰的技术指标,应符合表 2-10 的规定。应尽量缩短石灰的存放时间。石灰在野外堆放时间较长时,应覆盖防潮。

石灰的技术指标　　　　表 2-10

项目 \ 指标 \ 类别		钙质生石灰			镁质生石灰			钙质消石灰			镁质消石灰		
		等级											
		Ⅰ	Ⅱ	Ⅲ	Ⅰ	Ⅱ	Ⅲ	Ⅰ	Ⅱ	Ⅲ	Ⅰ	Ⅱ	Ⅲ
有效钙加氧化镁含量(%)		≥85	≥80	≥70	≥80	≥75	≥65	≥65	≥60	≥55	≥60	≥55	≥50
未消化残渣含量(5mm 圆孔筛的筛余,%)		≤7	≤11	≤17	≤10	≤14	≤20						
含水率(%)								≤4	≤4	≤4	≤4	≤4	≤4
细度	0.71mm 方孔筛的筛余(%)							0	≤1	≤1	0	≤1	≤1
	0.125mm 方孔筛的筛余(%)							≤13	≤20		≤13	≤20	—
钙镁石灰的分类界限,氧化镁含量(%)		≤5			>5			≤4			>4		

注:硅、铝、镁氧化物含量之和大于 5% 的生石灰,有效钙加氧化镁含量指标,Ⅰ等≥75%,Ⅱ等≥70%,Ⅲ等≥60%;未消化残渣含量指标与镁质生石灰指标相同。

使用等外石灰、贝壳石灰、珊瑚石灰时,应进行试验,如混合料的强度符合表 2-11 的标准,即可使用。

目前施工中使用的石灰基本上都是消石灰粉,并且是用块状生石灰在现场消解而成,早期强度不高,而且浪费水源。因此,对于高速公路和一级公路,宜采用磨细生石灰粉代替消石灰;对于二级和二级以上的公路基层,必须使用二级以上的石灰。

4. 水的选择

凡饮用水(含牲畜饮用水)均可用于石灰土施工。

四、石灰稳定土混合料组成设计

1. 一般规定

(1)各级公路用石灰稳定土的 7d 浸水抗压强度应符合表 2-11 的规定。

石灰稳定土的抗压强度标准(单位:MPa)　　　　表 2-11

层位 \ 公路等级	二级和二级以下公路	高速公路和一级公路
基层	≥0.8①	—
底基层	0.5 ~ 0.7②	≥0.8

注:①在低塑性土(塑性指数小于 7)地区,石灰稳定砂砾土和碎石土的 7d 浸水抗压强度应大于 0.5MPa(100g 平衡锥测液限)。

②低限用于塑性指数小于 7 的黏性土,且低限值仅用于二级以下公路;高限用于塑性指数大于 7 的黏性土。

(2)石灰稳定土的组成设计应根据表 2-11 的强度标准,通过试验选取最适宜于稳定的土,确定必需的或最佳的石灰剂量和混合料的最佳含水率,在需要改善混合料的物理力学性质时,还应确定掺加料的比例。

(3)采用综合稳定土时,如水泥用量占结合料总量的 30% 以下,则按本章的技术要求进行组成设计。

(4)石灰稳定土的各项试验应按《公路工程无机结合料稳定材料试验规程》(JTG E51—

2009）进行。

2. 原材料试验

（1）在石灰稳定土层施工前，应取所定料场中有代表性的土样进行下列试验：

①颗粒分析；

②液限和塑性指数；

③击实试验；

④碎石或砾石的压碎值；

⑤有机质含量（必要时做）；

⑥硫酸盐含量（必要时做）。

（2）如碎石、碎石土、砂砾、砂砾土等的级配不好，宜先改善其级配。

（3）应检验石灰的有效钙和氧化镁含量。

3. 混合料的设计步骤

（1）按下列石灰剂量配制同一种土样、不同石灰剂量的混合料。

①做基层用。

砂砾土和碎石土：3%，4%，5%，6%，7%；

塑性指数小于12的黏性土：10%，12%，13%，14%，16%；

塑性指数小于12的黏性土：5%，7%，9%，11%，13%。

②做底基层用。

塑性指数小于12的黏性土：8%，10%，11%，12%，14%；

塑性指数小于12的黏性土：5%，7%，8%，9%，11%。

（2）确定混合料的最佳含水率和最大干（压实）密度，至少应做3个不同石灰剂量混合料的击实试验，即最小剂量、中间剂量和最大剂量。其余两个混合料的最佳含水率和最大干密度用内插法确定。

（3）按规定的压实度，分别计算不同石灰剂量的试件应有的干密度。

（4）按最佳含水率和计算得的干密度制备试件。进行强度试验时，作为平行试验的最少试件数量应不小于表2-12中的规定。如试验结果的偏差系数大于表中规定的值，则应重做试验，并找出原因，加以解决。如不能降低偏差系数，则应增加试件数量。

最少试件数量 表2-12

试件数量（件） 偏差系数 / 土类	<10%	10%～15%	15%～20%
细粒土	6	9	
中粒土	6	9	13
粗粒土		9	13

（5）试件在规定温度下保湿养生6d，浸水24h后，按《公路工程无机结合料稳定材料试验规程》（JTG E51—2009）进行无侧限抗压强度试验。

（6）计算试验结果的平均值和偏差系数。

（7）根据表2-11的强度标准，选定合适的石灰剂量。此剂量试件室内试验结果的平均

抗压强度 $\overline{R}$ 应符合式(2-4)的要求。

$$\overline{R} \geqslant \frac{R_d}{1 - Z_a C_v} \tag{2-4}$$

式中：R_d——石灰稳定土设计抗压强度(表2-11)；

Z_a——标准正态分布表中随保证率(或置信度 a)而变的系数，高速公路和一级公路应取保证率95%，即 $Z_a = 1.645$；其他公路应取保证率90%，即 $Z_a = 1.282$；

C_v——试验结果的偏差系数(以小数计)。

(8)工地实际采用的石灰剂量应比室内试验确定的剂量多0.5%～1.0%。采用集中厂拌法施工时，可只增加0.5%；采用路拌法施工时，宜增加1%。

(9)石灰稳定不含黏性土的级配碎石、未筛分碎石和级配砂砾用做高级沥青路面的基层时，碎石和砂砾的颗粒组成应符合规范要求的级配碎石或未筛分碎石或级配砾石的级配范围，并应添加黏性土。石灰和所加土的总质量与碎石或砂砾的质量比宜为1:4～1:5，即碎石或砾石在混合料中的质量应不少于80%。

(10)综合稳定土的组成设计与上述步骤相同。

任务3 石灰工业废渣稳定土基层配合比设计

随着工业的发展，工业废渣逐渐增多，怎样综合利用工业废渣引起了国内外重视。近年来，我国利用工业废渣铺筑路面基层，取得显著成效，不但提高了路面使用品质，而且降低了工程造价，“变废为宝”，具有很大的经济意义。公路上常用的工业废渣有：火力发电厂的粉煤灰和煤渣，钢铁厂的高炉渣和钢渣，化肥厂的电石渣，以及煤矿的煤矸石等。粉煤灰和煤渣中含有较多的二氧化硅、氧化钙或氧化铝等活性物质。

工业废渣材料主要用石灰与之综合稳定，即石灰工业废渣材料，主要有石灰粉煤灰类及石灰其他废渣类。用石灰稳定工业废渣时，石灰在水的作用下形成饱和的 $Ca(OH)_2$ 溶液。废渣的活性氧化硅和氧化铝在 $Ca(OH)_2$ 溶液中产生火山灰反应，生成水化硅酸钙和铝酸钙凝胶，把颗粒胶凝在一起，随水化物不断产生而结晶硬化，具有水硬性。温度较高时，强度增长快，因此，石灰稳定工业废渣最好在夏季施工，并加强保湿养生。

石灰煤渣(简称二渣)基层是用石灰和煤渣按一定配合比，加水拌和、摊铺、碾压、养生而成形的基层。二渣中如掺入一定量的粗集料便称三渣。掺入一定量的土，便成为石灰煤渣土。石灰煤渣、石灰煤渣土和三渣皆具有水硬性，物理力学性质基本上与石灰土相似，但其强度与水稳定性都比石灰土好。石灰煤渣的28d强度可达1.5～3.0MPa，并随龄期增长而增长。初期强度增长慢，尚有一定的塑性，但达到一定龄期后，处于弹性工作状态，成板体具有刚性，当冷缩和干缩时，易产生裂缝。研究表明，当采用石灰煤渣粒料时，抗缩裂能力有所改善。

石灰粉煤灰(简称二灰)基层是用石灰和粉煤灰按一定配比，加水拌和、摊铺、碾压及养生而成形的基层。在二灰中掺入一定量的土，经加水拌和、摊铺、碾压及养生成形的基层，称二灰稳定土基层。

石灰工业废渣混合料采用质量配合比计算，以石灰:粉煤灰:集料(或土)的质量比表示。

石灰稳定工业废渣基层具有：水硬性、缓凝性、强度高、稳定性好、成板体、强度随龄期增长不断增加、抗水、抗冻、抗裂而且收缩性小、适应各种气候环境和水文地质条件等特点。所以，近几年来，修筑高等级公路，常选用石灰稳定工业废渣做高级或次高级路面的基层或底基层。

一、石灰工业废渣稳定土基层原材料选择

1. 石灰的选择

(1)石灰工业废渣稳定土所用石灰质量应符合表2-10规定的Ⅲ级消石灰或Ⅲ级生石灰的技术指标，应尽量缩短石灰的存放时间，如存放时间较长，应采取覆盖封存措施，妥善保管。

(2)有效钙含量在20%以上的等外石灰、贝壳石灰、珊瑚石灰、电石渣等，当其混合料的强度通过试验符合表2-17的标准时，可以使用。

(3)对于高速公路和一级公路，宜采用磨细生石灰粉代替消石灰；对于二级和二级以上的公路基层，必须使用二级以上的石灰。

2. 粉煤灰的选择

1)影响粉煤灰活性的主要因素

粉煤灰是热电厂排出的废渣，通过调研发现目前工地上大多采用湿排灰。粉煤灰本身并无胶凝性，但是它在石灰中$Ca(OH)_2$的作用下，能够产生胶凝性，所以它是一种具有潜在活性的材料，其活性对二灰级配集料基层强度有较大的影响。它的活性主要取决于以下因素：

(1)活性氧化物的含量。通常用$SiO_2 + Al_2O_3 + Fe_2O_3$的总含量表示，其值越大，活性越高，抗压强度也越高。我国的《公路路面基层施工技术规范》(JTJ 034—2000)规定粉煤灰中氧化物的总含量要大于70%。

(2)颗粒粗细程度。粉煤灰颗粒的粗细程度直接影响与石灰混合后反应生成物的数量，从而影响混合料的强度。粉煤灰的颗粒越细，比表面积越大，其活性越高。一些国家规定粉煤灰的颗粒组成宜符合表2-13的要求。

国外一些国家对粉煤灰细度的要求　　表2-13

筛孔尺寸(mm)	1.18	0.15	0.075
通过百分率(%)	100	75	45

我国的《公路路面基层施工技术规范》(JTJ 034—2000)也规定粉煤灰的比表面积宜大于2 500cm^2/g(或90%通过0.3mm筛孔，70%通过0.075mm筛孔)。

(3)含水率。在露天中的粉煤灰堆，为了防止干灰在空气中飞扬，往往向干灰堆浇水。在某些情况下，粉煤灰被排放在池中，会有很多水，需用时从池中回收。一般认为干粉煤灰和湿粉煤灰都可应用，但由于粉煤灰中含水率太高时，容易产生黏结性并絮凝成团，这样其活性会降低。因此，我国的《公路路面基层施工技术规范》(JTJ 034—2000)和国外都规定湿粉煤灰的含水率不宜超过35%。在国外，有些国家也对干粉煤灰提出了要求，见表2-14。

国外有些国家对干粉煤灰的要求　　表2-14

筛孔尺寸(mm)	12.5	9.5	2.0
最小通过量(%)	100	95	75

(4)存放时间。由于存放过程中粉煤灰中的 SiO_2、Al_2O_3、Fe_2O_3 会与 CaO 反应,同时吸收空气中的 CO_2 产生碳化作用,使活性氧化物的含量减少,所以存放时间越长,其活性就越低。就这一点而言,低钙粉煤灰(CaO 含量小于 5%)的影响比高钙粉煤灰要小。

(5)含碳量(在 800~900℃下的烧失量)。由于粉煤灰中的含碳量过多会影响其活性,所以美国一些州的运输部规定最大烧失量不超过 10%,也有一些州不作规定。我国《公路路面基层施工技术规范》(JTJ 034—2000)规定烧失量不应超过 20%,这是因为有些地区粉煤灰中的含碳量高达 18% 以上,在与石灰一起稳定集料和土时,仍能达到规定的强度要求。《高等级公路半刚性基层沥青路面》一书中谈到,室内试验表明,只有含碳量超过 30% 时,才对混合料的强度有明显的影响。

2)粉煤灰的使用要求

(1)不宜使用存放时间较长的粉煤灰。

(2)粉煤灰品质的要求应符合《公路路面基层施工技术规范》(JTJ 034—2000)的规定:粉煤灰中 SiO_2、Al_2O_3 和 Fe_2O_3 的总含量应大于 70%,粉煤灰的烧失量不应超过 20%;粉煤灰的比表面积宜大于 2 500cm^2/g(或 90% 通过 0.3mm 筛孔,70% 通过 0.075mm 筛孔)。干粉煤灰和湿粉煤灰都可以应用。湿粉煤灰的含水率不宜超过 35%。

(3)粉煤灰进场后应集中堆放,由于粉煤灰过潮会结块,影响混合料拌和均匀,并影响最佳含水率控制,故使用前应人工晾晒并捣碎结块。

(4)对于活性较低的粉煤灰,若掺加早强剂后可以显著改善其混合料强度,则允许使用。

(5)粉煤灰是一种碱胶凝性材料,根据这类材料稳定原理,可用碱性外掺剂激发以对其性能进行改善。

3. 煤渣的选择

煤渣的最大粒径不应大于 30mm,颗粒组成宜有一定级配,且不宜含杂质。

4. 土的选择

(1)宜采用塑性指数 12~20 的黏性土(亚黏土)。土块的最大粒径不应大于 15mm。有机质含量超过 10% 的土不宜选用。

(2)二灰稳定的中粒土和粗粒土不宜含有塑性指数的土。

(3)用于二级及二级以下公路的二灰稳定土应符合下列要求。

①二灰稳定土用做底基层时,石料颗粒的最大粒径不应超过 53mm。

②二灰稳定土用做基层时,石料颗粒的最大粒径不应超过 37.5mm;碎石、砾石或其他粒状材料的质量宜占 80% 以上,并符合表 2-15 或表 2-16 的级配范围。

二灰级配砂砾中集料的颗粒组成范围　　表 2-15

通过质量百分率(%)　编号 筛孔尺寸(mm)	1	2
37.5	100	
31.5	85~100	100
19.0	65~85	85~100

续上表

筛孔尺寸(mm) \ 通过质量百分率(%) \ 编号	1	2
9.50	50~70	55~75
4.75	35~55	39~59
2.36	25~45	27~47
1.18	17~35	17~35
0.60	10~27	10~25
0.075	0~15	0~10

二灰级配砂砾石中集料的颗粒组成范围 表2-16

筛孔尺寸(mm) \ 通过质量百分率(%) \ 编号	1	2
37.5	100	
31.5	90~100	100
19.0	72~90	81~98
9.50	48~68	52~70
4.75	30~50	30~50
2.36	18~38	18~38
1.18	10~27	10~27
0.60	6~20	6~20
0.075	0~7	0~7

(4)用于高速公路和一级公路的二灰稳定土应符合下列要求。

①二灰稳定土用做底基层时,土中碎石、砾石颗粒的最大粒径不应超过37.5mm。各种细粒土、中粒土和粗粒土都可用二灰稳定后用做底基层。

②二灰稳定土用做基层时,二灰的质量应占15%,最多不超过20%,石料颗粒的最大粒径不应超过31.5mm,其颗粒组成宜符合表2-15或表2-16中2号级配的范围①,粒径小于0.075mm的颗粒含量宜接近0。

注:①表中所列级配的颗粒组成范围是根据强度高、干缩性小和抗冲刷能力强提出的。此颗粒组成范围可作改变,但改变后的二灰级配集料的强度,特别是干缩性和抗冲刷能力,应优于按表列颗粒组成范围配合的二灰级配集料的性质。

③对所用的砾石或碎石,应预先筛分成3~4个不同粒级,然后再配合成颗粒组成符合表2-15或表2-16所列级配范围的混合料。

(5)碎石或砾石的压碎值应符合下列要求。

基层:

高速公路和一级公路不大于30%；

二级和二级以下公路不大于35%。

底基层：

高速公路和一级公路不大于35%；

二级和二级以下公路不大于40%。

5. 水的选择

凡饮用水(含牲畜饮用水)均可使用。

二、石灰工业废渣稳定土混合料配合比设计

1. 一般规定

(1)石灰工业废渣稳定土的7d浸水抗压强度应符合表2-17的规定。

(2)石灰工业废渣稳定土的组成设计应根据表2-17的强度标准,通过试验选取最适宜于稳定的土,确定石灰与粉煤灰或石灰与煤渣的比例,确定石灰粉煤灰或石灰煤渣与土的质量比例,确定混合料的最佳含水率。

二灰混合料的抗压强度标准(单位:MPa) 表2-17

层位＼公路等级	二级和二级以下公路	高速公路和一级公路
基层	0.6～0.8	0.8～1.1①
底基层	≥0.5	≥0.6

注:①设计累计标准轴次小于 12×10^6 的高速公路用低限值;设计累计标准轴次大于 12×10^6 的高速公路用中值;主要行驶重载车辆的高速公路用高限值。对于具体一条高速公路,应根据交通状况采用某一强度标准。

(3)对于CaO含量为2%～6%的硅铝粉煤灰,采用石灰粉煤灰做基层或底基层时,石灰与粉煤灰的比例可以是1∶2～1∶9。

(4)采用二灰土做基层或底基层时,石灰与粉煤灰的比例可用1∶2～1∶4(对于粉土,以1∶2为宜),石灰粉煤灰与细粒土的比例可以是30∶70①～90∶10。

注:①采用此比例时,石灰与粉煤灰之比宜为1∶2～1∶3。

(5)采用二灰级配集料做基层时,石灰与粉煤灰的比例可用1∶2～1∶4,石灰粉煤灰与集料的比应是20∶80～15∶85。

(6)采用石灰煤渣做基层或底基层时,石灰与煤渣的比例可用20∶80～15∶85。

(7)采用石灰煤渣土做基层或底基层时,石灰与煤渣的比例可选用1∶1～1∶4,石灰煤渣与细粒土的比例可以是1∶1～1∶4。混合料中石灰不应少于10%,或通过试验选取强度较高的配合比。

(8)采用石灰煤渣集料做基层或底基层时,石灰∶煤渣∶集料可选用(7～9)∶(26～33)∶(67～58)。

(9)为提高石灰工业废渣的早期强度,可外加1%～2%的水泥。

(10)各种混合料的各项试验应按《公路工程无机结合料稳定材料试验规程》(JTG E51—2009)进行。

2. 原材料试验

在石灰工业废渣稳定土施工前，应取有代表性的样品进行下列试验：

(1)土的颗粒分析；

(2)液限和塑性指数；

(3)石料的压碎值试验；

(4)有机质含量(必要时做)；

(5)石灰的有效钙和氧化镁含量；

(6)收集或试验粉煤灰的化学成分、细度和烧失量。

3. 混合料配合比设计步骤

(1)制备不同比例的石灰粉煤灰混合料(如 10∶90、15∶85、20∶80、25∶75、30∶70、35∶65、40∶60、45∶55 和 50∶50)，确定其各自的最佳含水率和最大干密度，确定同一龄期和同一压实度试件的抗压强度，选用强度最大时的石灰粉煤灰比例。

(2)根据上款所得的二灰比例，制备同一种土样的 4 ~ 5 种不同配合比的二灰土或二灰级配集料。其配合比宜位于以下①款或②款所列范围内。

①采用二灰土做基层或底基层时，石灰与粉煤灰的比例可用 1∶2 ~ 1∶4(对于粉土，以 1∶2为宜)，石灰粉煤灰与细粒土的比例可以是 30∶70① ~ 90∶10。

注：①采用此比例时，石灰与粉煤灰之比宜为 1∶2 ~ 1∶3。

②采用二灰级配集料做基层时，石灰与粉煤灰的比例可用 1∶2 ~ 1∶4，石灰粉煤灰与集料的比应是 20∶80 ~ 15∶85。

(3)确定各种二灰土或二灰级配集料的最佳含水率和最大干密度(用重型击实试验法)。

(4)按规定达到的压实度，分别计算不同配合比时二灰土、二灰级配集料试件应有的干密度。

(5)按最佳含水率和计算得的干密度制备试件。进行强度试验时，作为平行试验的试件数量应符合表 2-18 的规定。如试验结果的偏差系数大于表中规定的值，则应重做试验，并找出原因，加以解决。如不能降低偏差系数，则应增加试件数量。

最少试件数量 表 2-18

土类 \ 试件数量 \ 偏差系数	<10%	10% ~ 15%	15% ~ 20%
细粒土	6	9	
中粒土	6	9	13
粗粒土		9	13

(6)试件在规定温度下保湿养生 6d，浸水 24h 后，按《公路工程无机结合料稳定材料试验规程》(JTG E51—2009)进行无侧限抗压强度试验。

(7)计算试验结果的平均值和偏差系数。

(8)根据表 2-17 的强度标准，选定混合料的配合比。在此配合比下试件室内试验结果的平均抗压强度 $\overline{R}$ 应符合式(2-5)的要求。

$$\overline{R} \geqslant \frac{R_d}{1 - Z_a C_v} \tag{2-5}$$

式中：R_d——二灰稳定土设计抗压强度（表2-17）；

Z_a——标准正态分布表中随保证率（或置信度 a）而变的系数，高速公路和一级公路应取保证率95%，即 $Z_a = 1.645$；其他公路应取保证率90%，即 $Z_a = 1.282$；

C_v——试验结果的偏差系数（以小数计）。

（9）石灰煤渣混合料的设计可参照上述石灰粉煤灰混合料的设计步骤。

任务4 测定水泥或石灰稳定土中石灰和水泥的剂量

一、概述

无机结合料稳定土是整体性半刚性材料，它具有强度高、板体性能好的独有特性，广泛地被用于路面承重层基层上，尤其是石灰稳定土。而稳定土的效果，即强度形成有许多影响因素，其中无机结合料（石灰、水泥）的剂量起着决定性的作用。稳定土无机结合料剂量的测定方法，常用的有 EDTA 滴定法、钙电极快速测定法两种。前者适用于工地快速测定稳定土的无机结合料的剂量，并可检查拌和的均匀性。后者适用于测定新拌石灰土和水泥土的结合料剂量。

二、EDTA 滴定法

1. 目的和使用范围

本试验方法适用于在工地快速测定水泥和石灰稳定土中水泥和石灰的剂量，并可以检查拌和的均匀性。

本办法适用于在水泥终凝之前的水泥含量测定，现场土样的石灰剂量应在路拌后尽快测试，否则需要用相应龄期的 EDTA 二钠标准溶液消耗量的标准曲线确定。

本方法也可以用来测定水泥和石灰综合稳定材料中的结合料的剂量。

2. 仪器设备

滴定管（酸式）：50mL，1 支。

滴定台：1 个。

滴定管夹：1 个。

大肚移液管：10mL、50mL，10 支。

锥形瓶（三角瓶）：200mL，20 支。

烧杯：2 000mL 或 1 000mL，1 只；300mL，10 只。

容量瓶：1 000mL，1 个。

搪瓷杯：容量大于 1 200mL，10 只。

不锈钢棒（或粗玻璃棒）：10 根。

量筒：100mL 和 5mL，各 1 只；50mL，2 只。

棕色广口瓶：60mL，1 只（装钙红指示剂）。

电子天平：量程不小于 1 500g，感量 0.01g。

秒表:1 只。

表面皿:ϕ9cm,10 个。

研钵:ϕ12 ~ 13cm,1 个。

洗耳球:1 个。

精密试纸:pH12 ~ 14。

聚乙烯桶:20L(装蒸馏水和氯化氨及 EDTA 二钠标准液)3 个;5L(装氢氧化钠),1 个;5L(大口桶),10 个。

毛刷、去污粉、吸水管、塑料勺、特种铅笔、厘米纸、洗瓶(塑料)。

3. 试剂的配制

(1)0.1mol/m^3 乙二胺四乙酸二钠(简称 EDTA 二钠)标准液:准确称取 EDTA 二钠(分析纯)37.23g,用 40 ~ 50℃的无二氧化碳蒸馏水溶解,待全部溶解并冷却至室温后,定容至 1 000mL。

(2)10%氯化铵(NH_4CL)溶液:将 500g 氯化铵(分析纯或化学纯)放在 10L 的聚乙烯桶内。加蒸馏水 4 500mL,充分振荡,使氯化铵完全溶解。也可以分批在 1 000mL 的烧杯中配制,然后倒入塑料桶内摇匀。

(3)1.8%氢氧化钠(内含三乙醇胺)溶液:用电子天平称取 18g 氢氧化钠(NaOH)分析纯,放入洁净干燥的 1 000mL 烧杯中,加 1 000mL 蒸馏水使其全部溶解,待溶液冷至室温后,加入 2mL 三乙醇胺(分析纯),搅拌均匀后储于塑料桶中。

(4)钙红指示剂:将 0.2g 钙试剂羟酸钠(分子式 $C_{21}H_{13}N_2NaO_7S$)与 20g 预先在 105℃烘箱中烘 1h 的硫酸钾混合。一起放入研钵中,研成极细粉末,储于棕色的广口瓶中,以防吸潮。

4. 准备标准曲线

(1)取样:取工地用石灰和土。风干后用烘干法测其含水率(如为水泥可假定其含水率为 0)。

(2)混合料组成的计算。

公式:

$$\text{干料质量} = \frac{\text{湿料质量}}{1 + \text{含水率}}$$

计算步骤:

$$\text{干混合料质量} = \frac{\text{湿混合料质量}}{1 + \text{最佳含水率}}$$

$$\text{干土质量} = \frac{\text{干混合料质量}}{1 + \text{水泥或石灰剂量}}$$

$$\text{水泥(或石灰)质量} = \text{干混合料质量} - \text{干土质量}$$

$$\text{湿土质量} = \text{干土质量} \times (1 + \text{土的风干含水率})$$

$$\text{湿石灰质量} = \text{干石灰质量} \times (1 + \text{石灰的风干含水率})$$

$$\text{石灰土中应加水的质量} = \text{湿混合料质量} - \text{湿土质量} - \text{湿石灰质量}$$

(3)准备 5 种试样,每种 2 个样品(以水泥稳定材料为例)。如为水泥稳定中、粗料土,每个样品取 1 000g 左右(如为细粒土,则可称取 300g 左右)准备试验。为了减少中、粗粒土的离散，宜按设计级配单份掺配的方式备料。

5 种混合料的水泥剂量应为：水泥剂量为 0，最佳水泥剂量左右、最佳水泥剂量 ±2% 和 +4%①，每种剂量取两个（为湿质量）试样，共 10 个试样，并分别放在 10 个大口聚乙烯桶（如为稳定细粒土，可用搪瓷杯或 1 000mL 具塞三角瓶；如为粗粒土，可用 5L 的大口聚乙烯桶）内。土的含水率应等于工地预期达到的最佳含水率，土中所加的水应与工地所用的水相同。

注：①在此，准备标准曲线的水泥剂量可为 0、2%、4%、6%、8%，如水泥剂量较高或较低，应保证工地实际所用水泥或石灰的剂量位于标准曲线时所用剂量的中间。

（4）取一个盛有试样的盛样器，在盛样器内加入 2 倍试样质量（湿料质量）体积的 10% 氯化铵溶液，（如湿料质量为 300g，则氯化铵溶液为 600mL；如湿料质量为 1 000g，则氯化铵溶液为 2 000mL）。料为 300g，则搅拌 3min（每分钟搅拌 110 ~ 120 次）；料为 1 000g，则搅拌 5min。如用 1 000mL 具塞三角瓶，则手握三角瓶（瓶口向上）用力振荡 3min（每分钟 120 次 ±15次），以代替搅拌棒搅拌，放置沉淀 10min（如 10min 后得到的是浑浊液，则应增加放置沉淀时间，直到出现澄清悬浮液为止，并记录所需的时间），以后所有该种水泥（或石灰）土混合料的试验，均应以同一时间为准。

（5）用移液管吸取上层（液面下 1 ~ 2cm）悬浮液 10.0mL 放入 200mL 的三角瓶内，用量管量取 1.8% 氢氧化钠（内含三乙醇胺）溶液 50mL 倒入三角瓶中，此时溶液 pH 值为 12.5 ~ 13.0（可用 pH12 ~ 14 精密试纸检验），然后加入钙红指示剂（质量约为 0.2g），摇匀，溶液呈玫瑰红色。记录滴定管中 EDTA 二钠标准溶液的体积 V_1，然后用 EDTA 二钠标准溶液滴定，边滴定边摇匀，并仔细观察溶液的颜色；在溶液颜色变为紫色时，放慢滴定速度，并摇匀；直到纯蓝色为终点，记录滴定管中 EDTA 二钠标准溶液体积 V_2（以 mL 计，读至 0.1mL）。计算 $V_1 - V_2$，即为 EDTA 二钠标准溶液的消耗量。

（6）对其他几个盛样器中的试样，用同样的方法进行试验，并记录各自的 EDTA 二钠标准溶液的消耗量。

（7）以同一水泥或石灰剂量稳定材料 EDTA 二钠标准溶液消耗量（mL）的平均值为纵坐标，以水泥或石灰剂量（%）为横坐标制图，两者的关系应是一条顺滑的曲线，如果素土或水泥或石灰改变，必须重做标准曲线。

5. 现场试验步骤

（1）选取有代表性的无机结合料稳定材料，对稳定中、粗料土取试样约 3 000g，对稳定细粒土取试样约 1 000g。

（2）对水泥或石灰稳定细粒土称 300g 放在搪瓷杯中，用搅拌棒将结块搅散，加 10% 氯化铵溶液 600mL；对水泥或石灰稳定中粗粒土，可直接称取 1 000g 左右加入 10% 氯化铵溶液 2 000mL，然后如前述步骤进行试验。

（3）利用所绘制的标准曲线，根据所消耗的 EDTA 二钠毫升数，确定混合料中的水泥或石灰剂量，参见图 2-8。

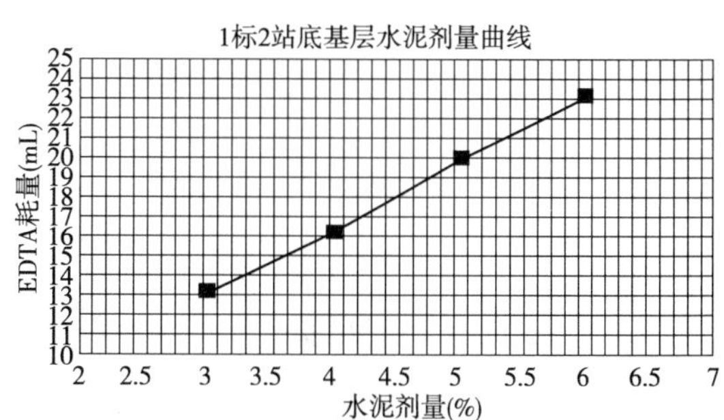

图 2-8 标准曲线

6. 结果整理

本试验应进行两次平行测定，取算术平均值，精确至0.1mL。允许重复性误差不得大于均值的5%，否则，重新进行试验。

7. 报告

试验报告应包括以下内容：

(1)无机结合料稳定材料名称；

(2)试验方法名称；

(3)试验数量 n；

(4)试验结果极小值和极大值；

(5)试验结果平均值 X；

(6)试验结果标准差 S；

(7)试验结果变异系数 C_y。

8. 记录

本试验的记录格式见表2-19。

水泥或石灰剂量测定记录表 表2-19

工 程 名 称__________ 试验方法__________

结构层名称__________ 试 验 者__________

稳定剂种类__________ 校 核 者__________

试 样 编 号__________ 试验日期__________

标准曲线制定

平行试样	1			2			平均EDTA二钠标准溶液消耗量(mL)
剂量	V_1 (mL)	V_2 (mL)	EDTA二钠标准溶液消耗量(mL)	V_1 (mL)	V_2 (mL)	EDTA二钠标准溶液消耗量(mL)	
标准曲线公式							

试样编号	V_1 (mL)	V_2 (mL)	EDTA二钠标准溶液消耗量(mL)	平均EDTA二钠标准溶液消耗量(mL)	结合料剂量(%)
1					
2					

任务5 无机结合料稳定类材料的含水率试验

含水率对无机结合料稳定材料的强度有很大影响，当含水率过小时，其发生化学与物理作用不充分，不能保证土团得到最大限度粉碎和均匀拌和，也不能保证达到最大压实度要求。对于无机结合料稳定类结构层,均存在一个最佳含水率,因此,必须对含水率的试验方法有所了解。目前测定含水率的方法有:烘干法、砂浴法、酒精燃烧法等。

一、烘干法

1. 适用范围

本方法适用于测定水泥、石灰、粉煤灰及无机结合料稳定材料的含水率。

2. 仪器设备

1)对于水泥、粉煤灰、生石灰粉、消石灰和消石灰粉、稳定细粒土

烘箱:量程不小于110℃,控温精度为±12℃。

铝盒:直径约50mm,高25~30mm。

电子天平:量程不小于150g,感量0.01g。

干燥器:直径200~250mm,并用硅胶做干燥剂。

2)对于稳定中粒土

烘箱:量程不小于110℃,控温精度为±12℃。

铝盒:能放样品500g以上。

电子天平:量程不小于1 000g,感量0.1g。

干燥器:直径200~250mm,并用硅胶做干燥剂。

3)对于稳定粗粒土

烘箱:量程不小于110℃,控温精度为±12℃。

大铝盒:能放样品2 000g以上。

电子天平:量程不小于3 000g,感量0.1g。

干燥器:直径200~250mm,并用硅胶做干燥剂。

3. 试验步骤

1)水泥、粉煤灰、生石灰粉、消石灰和消石灰粉、稳定细粒土

(1)取清洁干燥的铝盒,称其质量m_1,并精确至0.01g;取约50g试样(对生石灰粉、消石灰和消石灰粉取100g),经手工木槌粉碎后松放在铝盒中,应尽快盖上盒盖,尽量避免水分散失,称其质量m_2,并精确至0.01g。

(2)对于水泥稳定材料,将烘箱温度调到110℃;对于其他材料①,将烘箱调到105℃。待烘箱达到设定的温度后,取下盒盖,并将盛有试样的铝盒放在盒盖上,然后一起放入烘箱中进行烘干,需要的烘干时间随试样种类和试样数量而改变。当冷却试样连续2次称量的差(每次间隔4h)不超过原试样质量的0.1%②时,即认为样品已烘干。

(3)烘干后,从烘箱中取出盛有试样的铝盒,并将盒盖盖紧。

(4)将盛有烘干试样的铝盒放入干燥器内冷却③。然后称铝盒和烘干试样的质量m_3,并精确至0.01g。

注:①某些含有石膏的土在烘干时会损失其结晶水,用此方法测定对其含水量有影响。每1%石膏对含水量的影响约为0.2%。如果土中有石膏,则试样应该在不超过80℃的温度下烘干,并可能要烘更长的时间。

②对于大多数土,通常烘干16~24h就足够了。但是,某些土或试样数量过多或试样很潮湿,可能需要烘更长的时间。烘干的时间也与烘箱内试样的总质量、烘箱的尺寸及其通风系统的效率有关。

③如铝盒的盖密闭,而且试样在称量前放置时间较短,则可以不放在干燥器中冷却。

2）稳定中粒土

（1）取清洁干燥的铝盒，称其质量 m_1，并精确至0.1g。取500g试样（至少300g）经粉碎后松放在铝盒中，盖上盒盖，称其质量 m_2，并精确至0.1g。

（2）对于水泥稳定材料，将烘箱温度调到110℃；对于其他材料，将烘箱调到105℃。待烘箱达到设定的温度后，取下盒盖，并将盛有试样的铝盒放在盒盖上，然后一起放入烘箱中进行烘干，需要的烘干时间随土类和试样数量而改变。当冷却试样连续两次称量的差（每次间隔4h）不超过原试样质量的0.1%时，即认为样品已烘干。

（3）烘干后，从烘箱中取出盛有试样的铝盒，并将盒盖盖紧，放置冷却。

（4）称铝盒和烘干试样的质量 m_3，并精确至0.1g。

3）稳定粗粒土

（1）取清洁干燥的铝盒，称其质量 m_1，并精确至0.1g。取2 000g试样经粉碎后松放在铝盒中，盖上盒盖，称其质量 m_2，并精确至0.1g。

（2）对于水泥稳定材料，将烘箱温度调到110℃；对于其他材料，将烘箱调到105℃。待烘箱达到设定的温度后，取下盒盖，并将盛有试样的铝盒放在盒盖上，然后一起放入烘箱中进行烘干，需要的烘干时间随土类和试样数量而改变。当冷却试样连续两次称量的差（每次间隔4h）不超过原试样质量的0.1%时，即认为样品已烘干。

（3）烘干后，从烘箱中取出盛有试样的铝盒，并将盒盖盖紧，放置冷却。

（4）称铝盒和烘干试样的质量 m_3，并精确至0.1g。

4. 计算

用式（2-6）计算无机结合料稳定材料的含水率。

$$w = \frac{m_2 - m_3}{m_3 - m_1} \times 100\% \tag{2-6}$$

式中：w——无机结合料稳定材料的含水率（%）；

m_1——铝盒的质量（g）；

m_2——铝盒和湿稳定材料的合计质量（g）；

m_3——铝盒和干稳定材料的合计质量（g）。

5. 结果整理

本试验应进行2次平行测定，取算术平均值，保留至小数点后两位。允许重复性误差应符合表2-20的要求。

含水率测定的允许重复性误差值 表2-20

含水率（%）	允许误差（%）	含水率（%）	允许误差（%）
≤7	≤0.5	>40	≤2
>7，≤40	≤1		

6. 记录

本试验的记录格式见表2-21。

无机结合料稳定材料含水且测定记录表(烘干法) 表2-21

工程名称______________ 试 验 者______________

试样位置______________ 校 核 者______________

试样编号______________ 试验日期______________

试验方法______________

盒号		
盒的质量 m_1(g) 盒+湿试样的质量 m_2(g)		
盒+干试样的质量 m_3(g)		
水的质量 m_2-m_3(g)		
干试样的质量 m_3-m_1(g)		
含水率(%)		

二、砂浴法(略)

三、酒精燃烧法

1.目的和适用范围

本试验方法适用于快速测定无机结合料稳定材料的含水率。当土中含有大量黏土、石膏、石灰质或有机质时,不应使用本方法。

2.仪器设备

(1)蒸发皿:硅石蒸发皿,对于细粒土,采用直径100mm;对于中粒土,采用直径150mL对于粗粒土,可用方盘。

(2)天平:量程不小于150g,感量0.01g;量程不小于1 000g,感量0.1g;量程不小于3 000g,感量0.1g。

(3)酒精:乙醇体积分数大于或等于95%。

(4)刮刀:长100mm、宽20mm。

(5)搅拌棒:长200~250mm,直径约3mm。

3.试验步骤

(1)将蒸发皿洗净、烘干,称其质量 m_1,并精确至0.01g。

(2)对于细粒土,取试样30g左右放在蒸发皿内;对于中粒土,取试样300g左右放在蒸发皿内;对于粗粒土,取2 000g放在蒸发皿或方盘中。对蒸发皿和试样的合质量 m_2,细粒土精确至0.01g,中粒土、粗粒土精确至0.1g。

(3)对于细粒土,取约25mL酒精;对于中粒土,取约200mL酒精;对于粗粒土,取约1 500mL酒精。将酒精倒在试样上,使其浸没试样,用刮土刀搅拌酒精和土样,并将大土块破碎。

(4)将蒸发皿放在不怕热的表面上,点火燃烧。

(5)在酒精燃烧过程中,用搅拌棒经常搅拌试样,但应注意勿使试样损失。对细粒土,至少燃烧3遍,对中粗粒土,一般需烧2~3遍。

(6)酒精燃烧完后,使蒸发皿冷却。当蒸发皿冷却至室温时,称蒸发皿和试样的合质量m_3细粒土精确至0.01g,中细粒土精确至0.1g。

任务6 测定活性氧化钙、氧化镁含量

石灰的质量(活性)主要取决于活性CaO与MgO的含量。它们的含量愈高,则石灰黏结性愈好。

测定原理:利用活性氧化钙能与蔗糖化合成在水中溶解度较大的蔗糖钙,而其他钙盐则不与蔗糖作用的条件,用已知浓度的盐酸对石灰进行滴定(用酚酞指示剂),根据达到终点时盐酸的消耗量,可计算出活性CaO的含量,称为中和法。

氧化镁与蔗糖作用反应缓慢,测定时间长,故此法测定的含量实际上以氧化钙为主。若要测定MgO的含量,可采用EDTA综合滴定法。先测定钙、镁总量,然后测定出钙含量,再计算镁含量。

在石灰土中,在同种剂量下石灰的等级愈高,其效果愈好。石灰的细度愈大,比表面积愈大,稳定效果愈好。因此,一般石灰应达到三等以上标准。

1.适用范围

本方法适用于氧化镁含量在5%以下的低镁石灰。

2.仪器设备

(1)方孔筛:0.15mm,1个。

(2)烘箱:50~250℃,1台。

(3)干燥器:ϕ25cm,1个。

(4)称量瓶:ϕ30mm×50mm,10个。

(5)瓷研钵:ϕ12~13cm,1个。

(6)分析天平:量程不小于50g,感量0.000 1g,1台。

(7)电子天平:量程不小于500g,感量0.01g,1台。

(8)电炉:1 500W,1个。

(9)石棉网:20cm×20cm,1块。

(10)玻璃珠:ϕ3mm,1袋(0.25kg)。

(11)具塞三角瓶:250mL,20个。

(12)漏斗:短颈,3个。

(13)塑料洗瓶:1个。

(14)塑料桶:20L,1个。

(15)下口蒸馏水瓶:5 000mL,1个。

(16)三角瓶:300mL,10个。

(17)容量瓶:250mL、1 000mL,各1个。

(18)量筒:200mL、100mL、50mL、5mL,各1个。

(19)试剂瓶:250mL、1 000mL,各5个。

(20)塑料试剂瓶:1L,1个。

(21)烧杯:50mL,5个;250mL(或300mL),10个。

(22)棕色广口瓶:60mL,4个;250mL,5个。

(23)滴瓶:60mL,3个。

(24)酸滴定管:50mL,2支。

(25)滴定台及滴定管夹:各1套。

(26)大肚移液管:25mL、50mL,各1支。

(27)表面皿:7cm,10块。

(28)玻璃棒:8mm×250mm及4mm×180mm,各10支。

(29)试剂勺:5个。

(30)吸水管:8mm×150mm,5支。

(31)洗耳球:大、小各1个。

3.试剂

(1)1mol/L盐酸标准溶液:取83mL(相对密度1.19)浓盐酸以蒸馏水稀释至1 000mL,按下述方法标定其摩尔浓度后备用。

称取已在180℃烘箱内烘干2h的碳酸钠(优级纯或基准级纯)1.5~2.0g(精确至0.000 1g),记录为m_0,置于250mL三角瓶中,加100mL水使其完全溶解;然后加入2~3滴0.1%甲基橙指示剂,记录滴定管中待标定的盐酸标准溶液初始体积V_1,用待标定的盐酸标准溶液滴定,至碳酸钠溶液由黄色变为橙红色;将溶液加热至微沸,并保持微沸3min,然后放在冷水中冷却至室温,如此时橙红色变为黄色,再用盐酸标准溶液滴定,至溶液出现稳定橙红色时为止,记录滴定管中盐酸标准溶液体积V_2。V_1、V_2的差值即为盐酸标准溶液的消耗量V。

盐酸标准溶液的摩尔浓度按式(2-7)计算。

$$N=\frac{m_0}{V\times 0.053} \tag{2-7}$$

式中:N——盐酸标准溶液的摩尔浓度(mol/L);

m_0——称取碳酸钠的质量(g);

V——滴定时消耗盐酸标准溶液的体积(mL);

0.053——与1mL盐酸标准溶液[C(HCL)=1mol/L]相当的以克表示的无水碳酸钠的质量。

(2)1%酚酞指示剂。

4.准备试样

(1)生石灰试样:将生石灰样品打碎,使颗粒不大于1.18mm。拌和均匀后用四分法缩减至200g左右,放入瓷研钵中研细。再经四分法缩减至20g左右。研磨所得石灰样品,应通过0.15mm的方孔筛。从此细样中均匀挑取10余克,置于称量瓶中,在105℃烘箱中烘至恒量,储于干燥器中,供试验用。

(2)消石灰试样:将消石灰样品用四分法缩减至10余克左右。如有大颗粒存在,须在瓷研钵中磨细至无不均匀颗粒存在为止。置于称量瓶中,在105℃烘箱中烘至恒量,储于干燥器中,供试验用。

5.试验步骤

(1)迅速称取石灰试样0.8~1.0g(精确至0.000 1g)放入300mL三角瓶中,记录试样质量m。加入150mL新煮沸并已冷却的蒸馏水和10颗玻璃珠。瓶口上插一短颈漏斗,使用带电阻的电炉加热5min(调到最高挡),但勿使液体沸腾,然后放入冷水中迅速冷却。

(2)向三角瓶中滴入酚酞指示剂2滴,记录滴定管中盐酸标准溶液体积V_3,在不断摇动下以盐酸标准溶液滴定,控制速度为2~3滴/s,至粉红色完全消失,稍停,又出现红色,继续滴入盐酸,如此重复几次,直至5min内不出现红色为止,记录滴定管中盐酸标准溶液体积V_4。V_3、V_4的差值即为盐酸标准溶液的消耗量V_5。如滴定过程持续30min以上,则结果只能做参考。

6.计算

有效氧化钙和氧化镁的含量按式(2-8)计算。

$$X=\frac{V_5\times N\times 0.028}{m}\times 100\% \tag{2-8}$$

式中:X——有效氧化钙和氧化镁的含量(%);

V_5——滴定消耗盐酸标准溶液的体积(mL);

N——盐酸标准溶液的摩尔浓度(mo1/L);

m——样品质量(g);

0.028——氧化钙的毫克当量,因氧化镁含量甚少,并且两者之毫克当量相差不大,故有效氧化钙和氧化镁的毫克当量都以CaO的毫克当量计算。

7.结果整理

(1)读数精确至0.1mL。

(2)对同一石灰样品至少应做2个试样和进行2次测定,并取2次测定结果的平均值代表最终结果。

8.报告

试验报告应包括以下内容:

(1)石灰来源;

(2)试验方法名称;

(3)单个试验结果;

(4)试验结果平均值。

9.记录

本试验的记录格式见表2-22。

石灰有效氧化钙和氧化镁含量试验记录表 表2-22

工程名称________ 试验方法________

路段范围________ 试 验 者________

石灰来源________ 校 核 者________

试样编号________ 试验日期________

盐酸标准溶液的摩尔浓度滴定

碳酸钠质量(g)	滴定管中盐酸标准溶液体积		盐酸标准溶液消耗量 V(mL)	摩尔浓度 N (mol/L)	平均摩尔浓度 $\overline{N}$ (mol/L)
	V_1(mL)	V_2(mL)			

任务7 无机结合料稳定类材料的击实试验

不同的无机结合料稳定土，在不同的无机结合料剂量、不同的含水率、不同的击实功下可以达到不同的密实度，在公路工程的施工质量控制过程中，要求在一定压实功的作用下达到最大的密实度。本试验法适用于在规定的试筒内，对水泥稳定材料(在水泥水化前)、石灰稳定材料及石灰(或水泥)粉煤灰稳定材料进行击实试验，以绘制稳定土的含水率—干密度关系曲线，从而确定其最佳含水率和最大干密度。

1. 目的和适用范围

(1)试验集料的公称最大粒径宜控制在37.5mm以内(方孔筛)。

(2)试验方法类别。本试验方法分三类，各类击实方法的主要参数列于表2-23。

试 验 方 法 类 别 表2-23

类别	锤的质量(kg)	锤击面直径(cm)	落高(cm)	试筒尺寸			锤击次数	每层锤击次数	平均单位击实功(J)	容许最大粒径(mm)
				内径(cm)	高(cm)	容积(cm^3)				
甲	4.5	5.0	45	10.0	12.7	997	5	27	2.687	19.0
乙	4.5	5.0	45	15.2	12.0	2 177	5	59	2.687	19.0
丙	4.5	5.0	45	15.2	12.0	2 177	3	98	2.677	37.5

2. 仪器设备

(1)击实筒：小型，内径100mm、高127mm的金属圆筒，套环高50mm，底座；大型，内径152mm、高170mm的金属圆筒，套环高50mm，直径151mm和高50mm的筒内垫块，底座。

(2)多功能自控电动击实仪：击锤的底面直径50mm，总质量4.5kg。击锤在导管内的总行程为450mm。可设置击实次数，并保证击锤自由垂直落下、落高应为450mm，锤迹均匀分布于试样面。

(3)电子天平：量程4 000g感量0.01g。

(4)台秤：量程15kg，感量0.1g。

(5)方孔筛：孔径53mm、31.5mm或26.5mm、19mm、4.75mm、2.36mm的筛各1个。

(6)量筒：50mL、100mL和500mL的量筒各1个。

(7)直刮刀:长 200 ~ 250mm、宽 30mm 和厚 3mm,一侧开口的直刮刀用以刮平和修饰大粒料试件的表面。

(8)刮土刀:长 150 ~ 200mm、宽约 20mm 的刮刀,用以刮平和修饰小试件的表面。

(9)工字形刮平尺:30mm × 50mm × 310mm,上下两面和侧面均刨平。

(10)拌和工具:约 400mm × 600mm × 70mm 的长方体金属盘,拌和用平头小铲等。

(11)脱模器。

(12)测定含水率用的铝盒、烘箱等其他用具。

(13)游标卡尺。

3. 试料准备

将具有代表性的风干试料(必要时,也可以在 50℃烘箱内烘干)用木槌或木碾捣碎。土团均应捣碎到能通过 4.75mm 的筛孔,但应注意不使粒料的单个颗粒破碎或不使其破碎程度超过施工中拌和机械的破碎率。

如试料是细粒土,将已捣碎的具有代表性的土过 4.75mm 筛备用(用甲法或乙法做试验)。

如试料中含有粒径大于 4.75mm 的颗粒,则先将试料过 19mm 的筛,如存留在筛孔 19mm 筛的颗粒的含量不超过 10%,则过 26.5mm 筛,留作备用(用甲法或乙法做试验)。

如试料中粒径大于 19mm 的颗粒含量超过 10%,则将试料过 37.5mm 的筛,如果存留在 37.5mm 筛上的颗粒的质量不超过 10%,则过 53mm 的筛备用(用丙法试验)。

每次筛分后,均应记录超尺寸颗粒的百分率。

在预定做击实试验的前一天,取有代表性的试料测定其风干含水率。对于细粒土,试样应不少于 100g;对于中粒土,试样应不少于 1 000g;对于粗粒土的各种集料,试样应不少于 2 000g。

4. 试验步骤

1)甲法

(1)将已筛分的试样用四分法逐次分小,至最后取出 10 ~ 15kg 试料。再用四分法将已取出的试料分成 5 ~ 6 份,每份试料的干质量为 2.0kg(对于细粒土)或 2.5kg(对于各种中粒土)。

(2)预定 5 ~ 6 个不同含水的试样,依次相差 0.5% ~ 1.5%,且其中至少有 2 个大于和 2 个小于最佳含水率。

(3)按预定含水率制备试样。将 1 份试料平铺于金属盘内,将事先计算得的该份试料中应加的水量均匀地喷洒在试料上,用小铲将试料充分拌和到均匀状态(如为石灰稳定石灰粉煤灰综合稳定材料、水泥、粉煤灰综合稳定材料和水泥、石灰综合稳定材料,可将石灰、粉煤灰和试料一起拌匀),然后装入密闭容器或塑料口袋内浸润备用。

浸润时间:黏性土 12 ~ 24h,粉性土 6 ~ 8h,砂性土、砂砾土、红土砂砾、级配砂砾等可以缩短到 4h 左右,含土很少的未筛分碎石、砂砾和砂可缩短到 2h。浸润时间一般不超过 24h。

应加水量可按下式计算:

$$m_{w}=\left(\frac{m_{n}}{1+0.01w_{n}}+\frac{m_{c}}{1+0.01w_{c}}\right)\times0.01w-\frac{m_{n}}{1+0.01w_{n}}\times0.01w_{n}-\frac{m_{c}}{1+0.01w_{c}}\times0.01w_{c} \quad (2\text{-}9)$$

式中：m_w——混合料中应加的水量(g)；

m_n——混合料中素土(或集料)的质量(原始含水率为 w_n，即风干含水率)(g)；

m_c——混合料中水泥或石灰的质量(原始含水率为 w_c)(g)；

w——要求达到的混合料的含水率(%)。

(4)将所需要的稳定剂水泥加到浸润后的试料中，并用小铲、泥刀或其他工具充分拌和到均匀状态。加有水泥的试样拌和后，应在1h内完成下述击实试验，拌和后超过1h的试样，应予作废(石灰稳定材料和石灰粉煤灰稳定材料除外)。

(5)试筒套环与击实底板应紧密连接。将击实筒放在坚实地面上，用四分法取制备好的试样400~500g(其量应使击实后的试件等于或略高于筒高的1/5)倒入筒内，整平其表面并稍加压紧，然后按所需击数进行第一层试样的击实。第一层击实完后，检查该层高度是否合适，以便调整以后几层的试样用量。用刮土刀将已击实层的表面"拉毛"，然后重复上述做法，进行其余4层试样的击实。最后一层试样击实后，试样超出试筒顶的高度不得大于6mm，超出高度过大的试件应该作废。

(6)用刮土刀沿套环内壁削挖(使试样与套环脱离)后，扭动并取下套环。齐筒顶细心刮平试样，并拆除底板。如试样底面略凸出筒外或有孔洞，则应细心刮平或修补。最后用工字形刮平尺齐筒顶和筒底将试样刮平。擦净试筒的外壁，称其质量 m_1。

(7)用脱模器推出筒内试样。在试样内部从上到下取两个有代表性的样品(可将脱出试件用锤打碎后，用四分法采取)，测定其含水率，计算至0.1%。两个试样的含水率的差值不得大于1%。所取样品的数量见表2-24(如只取一个样品测定含水率，则样品的质量应为表列数值的2倍)。擦净试筒，称其质量 m_2。

测定含水率样品的数量 表2-24

最大粒径(mm)	样品质量(g)	最大粒径(mm)	样品质量(g)
2.36	约50g	37.5	约1 000g
19	约300g		

烘箱的温度应事先调整到110℃左右，以使放入的试样能立即在105~110℃的温度下烘干。

(8)按第(3)项~第(7)项的步骤进行其余含水率下稳定土的击实和测定工作。凡已用过的试样，一律不再重复使用。

2)乙法

在缺乏内径10cm的试筒时，以及在需要与承载比等试验结合起来进行时，采用乙法进行击实试验。本法更适宜于粒径达19mm的集料。

(1)将已过筛的试料用四分法逐次分小，至最后取出约30kg试料。再用四分法将取出的试料分成5~6份。每份试料的干质量约为4.4kg(细粒土)或5.5kg(中粒土)。

(2)以下各部的做法与甲法第(2)~第(8)项相同，但应该先将垫块放入筒内底板上，然后加料并击实。所不同的是，每层需取制备好的试样约900g(对于水泥或石灰稳定细粒土)或1 100g(对于稳定中粒土)，每层的锤击次数为59次。

3)丙法

(1)将已过筛的试料用四分法逐次分小，至最后取出约33kg试料。再用四分法将取出的试料分成 6 份（至少要 5 份），每份质量（风干质量）约 5.5kg。

（2）预定 5～6 个不同含水率，依次相差 0.5%～1.5%。在估计的最佳含水率左右可只差 0.5%～1%，其余差 2%。

（3）同甲法第（3）项。

（4）同甲法第（4）项。

（5）将试筒、套环与夯击底板紧密地连接在一起，并将垫块放在筒内底板上。击实筒应放在坚实（最好是水泥混凝土）地面上；取制备好的试样 1.8kg 左右［其量应使击实后的试样略高于（高出 1～2mm）筒高的 1/3］倒入筒内，整平其表面，并稍加压紧。然后按所需击数进行第一层试样的击实。第一层击实完后，检查该层的高度是否合适，以便调整以后两层的试样用量。用刮土刀或改锥将已击实的表面“拉毛”，然后重复上述做法，进行其余两层试样的击实。最后一层试样击实后，试样超出试筒顶的高度不得大于 6mm。超出高度过大的试件应该作废。

（6）用刮土刀沿套环内壁削挖（使试样与套环脱离）后，扭动并取下套环。齐筒顶细心刮平试样，并拆除底板，取走垫块。擦净试筒的外壁，称其质量 m_1。

（7）用脱模器推出筒内试样。在试样内部从上到下取两个有代表性的样品（可将脱出试件用锤打碎后，用四分法采取），测定其含水率，计算至 0.1%。两个试样含水率的差值不得大于 1%。所取样品的数量应不少于 700g，如只取一个样品测定含水率，则样品的数量应不少于 1 400g。烘箱的温度应事先调整到 110℃左右，以使放入的试样能立即在 105～110℃的温度下烘干。擦净试筒，称其质量 m_2。

（8）按第（3）项～第（7）项的步骤进行其余含水率下稳定土的击实和测定工作。凡已用过的试料，一律不再重复使用。

5. 计算及制图

（1）按下式计算每次击实后稳定土的湿密度：

$$\rho_w = \frac{m_1 - m_2}{V} \tag{2-10}$$

式中：ρ_w——稳定土的湿密度（g/cm^3）；

m_1——试筒与湿试样的质量和（g）；

m_2——试筒的质量（g）；

V——试筒的容积（cm^3）。

（2）按下式计算每次击实后稳定土的干密度：

$$\rho_d = \frac{\rho_w}{1 + 0.01w} \tag{2-11}$$

式中：ρ_d——土样的干密度（g/cm^3）；

w——土样的含水率（%）。

以含水率为横坐标，以干密度为纵坐标，绘制含水率—干密度曲线。曲线必须为凸形的，如试验点不足以连成完整的凸形曲线，则应该进行补充试验。

将试验各点采用二次曲线方法拟合曲线，曲线的峰值点对应的含水率及干密度即为最佳含水率和最大干密度。

(3)超尺寸颗粒的校正。当试样中大于规定最大粒径的超尺寸颗粒的含量为5%～30%时,按下式对试验所得最大干密度和最佳含水率进行校正(超尺寸颗粒的含量小于5%时,可以不进行校正)。

最大干密度按下式校正:

$$\rho'_{dm} = \rho_{dm}(1 - 0.01p) + 0.9 \times 0.01pG_a \tag{2-12}$$

式中:ρ'_{dm}——校正后的最大干密度(g/cm^3);

ρ_{dm}——试验所得的最大干密度(g/cm^3);

p——试样中超尺寸颗粒的百分率(%);

G_a——超尺寸颗粒的毛体积相对密度。

最佳含水率按下式校正:

$$w'_0 = w_0(1 - 0.01p) + 0.01pw_a \tag{2-13}$$

式中:w'_0——校正后的最佳含水率(%);

w_0——试验所得的最佳含水率(%);

p——试样中超尺寸颗粒的百分率(%);

w_a——超尺寸颗粒的吸水率(%)。

6.精密度或允许误差

(1)应做两次平行试验,取两次试验的平均值作为最大干密度和最佳含水率。两次重复性试验最大干密度的差不应超过0.05g/cm^3(稳定细粒土)和0.08g/cm^3(稳定中粒土和粗粒土),最佳含水率的差不应超过0.5%(最佳含水率小于10%)和1.0%(最佳含水率大于10%)。超过上述规定值,应重做试验,直到满足精度要求。

(2)混合料密度计算应保留小数点后3位数字,含水率应保留小数点后1位数字。

7.报告

报告应包括以下内容:

(1)试样的最大粒径、超尺寸颗粒的百分率;

(2)无机结合料类型及剂量;

(3)所用试验方法类别;

(4)最大干密度(g/cm^3);

(5)最佳含水率(%)并附击实曲线。

任务8 测定无机结合料稳定类材料的无侧限抗压强度

本试验方法适用于测定无机结合料稳定土(包括稳定细粒土、中料土和粗粒土)试件的无侧限抗压强度,从而可以对无机结合料稳定土的施工质量进行检测,还可以利用本试验进行无机结合料稳定土的组成设计。

本试验分三部分内容,分别是:无机结合料稳定材料试件制作、无机结合料稳定材料养生试验和无机结合料稳定材料无侧限抗压强度试验。

一、无机结合料稳定材料试件制作（圆柱形）

1. 适用范围

本方法适用于制作无机结合料稳定材料的无侧限抗压强度、间接抗拉强度、室内抗压回弹模量、动态模量、劈裂模量等试验的圆柱形试件。

2. 仪器设备

(1)方孔筛:孔径53mm、37.5mm、31.5mm、26.5mm、4.75mm和2.36mm的筛各1个。

(2)试模:细粒土,试模的直径×高=ϕ50mm×50mm;中粒土,试模的直径×高=ϕ100mm×100mm;粗粒土,试模的直径×高=ϕ150mm×150mm。圆柱形试件和垫块设计尺寸如图2-9所示。

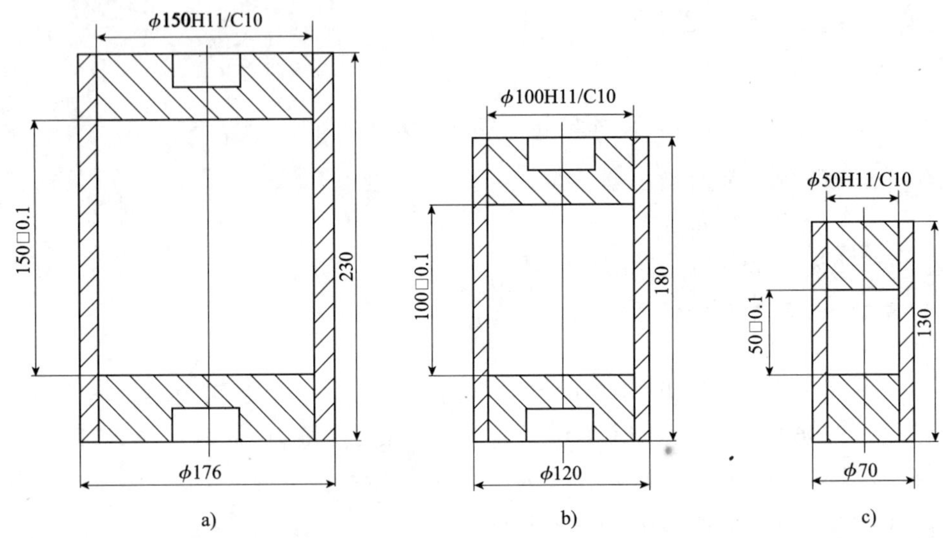

图2-9 圆柱形试件和垫块设计尺寸(尺寸单位:mm)

注:H11/C10表示垫块和试模的配合精度。

(3)电动脱模器。

(4)反力架:反力为400kN以上。

(5)液压千斤顶:200～1 000kN。

(6)钢板尺:量程200mm或300mm,最小刻度1mm。

(7)游标卡尺:量程200mm或300mm。

(8)电子天平:量程15kg,感量0.1g;量程4 000g,感量0.01g。

(9)压力试验机:可替代千斤顶和反力架,量程不小于2 000kN,行程、速度可调。

3. 试验准备

(1)试件的径高比一般为1:1,根据需要也可成型1:1.5或1:2的试件。试件的成型根据需要的压实度水平,按照体积标准,采用静力压实法制备。

(2)将具有代表性的风干试料(必要时,可以在50℃烘箱内烘干),用木槌捣碎或用木碾碾碎,但应避免破坏粒料的原粒径。按照公称最大粒径的大一级筛,将土过筛并进行分类。

(3)在预定做试验的前一天,取有代表性的试料测定其风干含水率。对于细粒土,试样应不少于100g;对于中粒土,试样应不少于1 000kg;对于粗粒土,试样应不少于2 000g。

(4)按照任务7 无机结合料稳定材料击实试验方法确定无机结合料稳定材料的最佳含水率和最大干密度。

(5)根据击实结果,称取一定质量的风干土,其质量随试件大小而变。对 ϕ50mm × 50mm 的试件,1 个试件需干土 180 ~ 210g;对于 ϕ100mm × 100mm 的试件,1 个试件需干土 1 700 ~ 1 900g;对于 ϕ150mm × 150mm 的试件,1 个试件需干土 5 700 ~ 6 000g。

对于细粒土,一次可称取 6 个试件的土;对于中粒土,一次宜称取 1 个试件的土;对于粗粒土,一次只称取 1 个试件的土。

(6)将准备好的试料分别装入塑料袋中备用。

4. 试验步骤

(1)调试成型所需要的各种设备,检查是否运行正常;将成型用的模具擦拭干净,并涂抹机油。成型中、粗粒土时,试模筒的数量应与每组试件的个数相配套。上下垫块应与试模筒相配套,能够刚好放入试筒内上下自由移动(一般来说,上下垫块直径比试筒内径小约 0.2mm)且上下垫块完全放入试筒后,试筒内未被上下垫块占用的空间体积能满足径高比为 1∶1的设计要求。

(2)对于无机结合料稳定细粒土,至少应该制备 6 个试件;对于无机结合料稳定中粒土和粗粒土,至少应该分别制备 9 个和 13 个试件。

(3)根据击实结果和无机结合料的配合比按式(2-9)计算每份料的加水量、无机结合料的质量。

(4)将称好的土放在长方盘(约 400mm × 600mm × 70mm)内,向土中加水拌料、闷料。石灰稳定材料、水泥和石灰综合稳定材料、石灰粉煤灰综合稳定材料、水泥粉煤灰综合稳定材料,可将石灰或粉煤灰和土一起拌和,将拌和均匀后的试料放在密闭容器或塑料袋(封口)内浸润备用。

对于细粒土(特别是黏性土),浸润时的含水率应比最佳含水率小 3%;对于中粒土和粗粒土,可按最佳含水率加水;对于水泥稳定类材料,加水量应比最佳含水率小 1% ~2%。

应加的水量可按式(2-9)计算。

浸润时间要求为:黏质土 12 ~24h,粉质土 6 ~8h,砂类土、砂砾土、红土砂砾、级配砂砾等可以缩短到4h 左右,含土很少的未筛分碎石、砂砾及砂可以缩短到 2h。浸润时间一般不超过 24h。

(5)在试件成型前 1h 内,加入预定数量的水泥并拌和均匀。在拌和过程中,应将预留的水(对于细粒土为 3%,对于水泥稳定类为 1% ~2%)加入土中,使混合料达到最佳含水率。拌和均匀的加有水泥的混合料应在 1h 内按下述方法制成试件,超过 1h 的混合料应该作废。其他结合料稳定材料,混合料虽不受此限,但也应尽快制成试件。

(6)用反力架和液压千斤顶,或采用压力试验机制件。将试模配套的下垫块放入试模的下部,但外露 2cm 左右。将称量的规定数量 m_2 的稳定材料混合料分 2 ~3 次灌入试模中,每次灌入后用夯棒轻轻均匀插实。如制取 ϕ50mm × 50mm 的小试件,则可以将混合料一次倒入试模中,然后将与试模配套的上垫块放入试模内,也应使其外露 2cm 左右(即上、下垫块露出试模外的部分应该相等)。

(7)将整个试模(连同上、下垫块)放到反力架内的千斤顶(千斤顶下应放一扁球座)或压力机上,以1mm/min的加载速率加压,直到上下压柱都压入试模为止。维持压力2min。

(8)解除压力后,取下试模,并放到脱模器上将试件顶出。用水泥稳定有黏结性的材料(如黏质土)时,制件后可以立即脱模;用水泥稳定无黏结性细粒土时,最好过2~4h再脱模;对于中、粗粒土的无机结合料稳定材料,也最好过2~6h脱模。

(9)在脱模器上取试件时,应用双手抱住试件侧面的中下部,然后沿水平方向轻轻旋转,待感觉到试件移动后,再将试件轻轻捧起,放置到试验台上。切勿直接将试件向上捧起。

(10)称试件的质量m_2,小试件、中试件精确至0.01g,大试件精确至0.1g。然后用游标卡尺测量试件高度h,精确至0.1mm。检查试件的高度和质量,不满足成型标准的试件作为废件。

(11)试件称量后应立即放在塑料袋中封闭,并用潮湿的毛巾覆盖,移放至养生室。

5.计算

单个试件的标准质量:

$$m_0 = V \times \rho_{max} \times (1 + w_{opt}) \times \gamma \tag{2-14}$$

考虑到试件成型过程中的质量损耗,实际操作过程中每个试件的质量可增加$\delta = 0 \sim 2\%$,即

$$m'_0 = m_0 \times (1 + \delta) \tag{2-15}$$

每个试件的干料(包括干土和无机结合料)总质量:

$$m_1 = \frac{m'_0}{1 + w_{opt}} \tag{2-16}$$

每个试件中的无机结合料质量:

$$\text{外掺法}\ m_2 = m_1 \times \frac{\alpha}{1 + \alpha} \tag{2-17}$$

$$\text{内掺法}\ m_2 = m_1 \times \alpha \tag{2-18}$$

每个试件中的干土质量:

$$m_3 = m_1 - m_2 \tag{2-19}$$

每个试件中的加水量:

$$m_w = (m_2 + m_3) \times w_{opt} \tag{2-20}$$

验算:

$$m'_0 = m_2 + m_3 + m_w \tag{2-21}$$

式中:V——试件体积(cm^3);

w_{opt}——混合料最佳含水率(%);

ρ_{max}——混合料最大干密度(g/cm^3);

γ——混合料压实度标准(%);

m'_0——混合料质量(g);

m_1——干混合料质量(g);

m_2——无机结合料质量(g);

m_3——干土质量(g);

δ——计算混合料质量的冗余量(%);

α——无机结合料的掺量(%);

m_w——加水质量(g)。

6. 结果整理

(1)小试件的高度误差范围应为 -0.1 ~ 0.1cm,中试件的高度误差范围应为 -0.1 ~ 0.15cm,大试件的高度误差范围应为 -0.1 ~ 0.2cm。

(2)质量损失:对于小试件应不超过标准质量 5g,中试件应不超过 25g,大试件应不超过 50g。

7. 记录

本试验的记录格式见表 2-25。

稳定材料圆柱形试件成型记录表 表 2-25

工程名称________ 混合料名称________

土质类型________ 结合料类型及剂量(%)________

最佳含水率(%)________ 最大干密度(g/cm^3)________

试件压实度(%)________ 试件标准质量(g)________

试验人员________ 试验日期________

编号	直径(mm)				高度(mm)				质量(g)	误差(g)
1										
2										
3										
4										
5										
6										

二、无机结合料稳定材料养生试验

1. 适用范围

(1)本方法适用水泥稳定类材料和石灰、二灰稳定类材料的养生。

(2)标准养生方法是指无机结合料稳定类材料在规定的标准温度和湿度环境下强度增长的过程。快速养生是为了提高试验效率,采用提高养生温度、缩短养生时间的养生方法。

(3)本方法规定了无机结合料稳定材料的标准养生和快速养生的试验方法和步骤。在采用快速养生时,应建立快速养生条件下与标准养生条件下,混合料强度发展的关系曲线,并确定标准养生的长龄期强度对应的快速养生短龄期。

2. 仪器设备

(1)标准养护室:标准养护室温度为 20℃ ±2℃,相对湿度在 95% 以上。

(2)高温养护室:能保持试件养生温度为 60℃ ±1℃,相对湿度为 95% 以上。容积能满足试验要求。

3. 试验步骤

1)标准养生方法

(1)试件从试模内脱出并量高称质量后,中试件和大试件应装入塑料袋内。试件装入塑料袋后,将袋内的空气排除干净,扎紧袋口,将包好的试件放入养护室。

(2)标准养生的温度为20℃ ±2℃,标准养生的湿度为≥95%。试件宜放在铁架或木架上,间距10 ~20mm。试件表面应保持一层水膜,并避免用水直接冲淋。

(3)对无侧限抗压强度试验,标准养生龄期是7d,最后一天浸水。对弯拉强度、间接抗拉强度,水泥稳定类材料的标准养生龄期是90d,石灰稳定类材料的标准养生龄期是180d。

(4)在养生期的最后一天,将试件取出,观察试件的边角有无磨损和缺块,并量高称质量,然后将试件浸泡于20℃ ±2℃水中,应使水面在试件顶上约2.5cm。

2)快速养生方法

(1)快速养生龄期的确定。

①将一组无机结合料稳定材料,在标准养生条件下(20℃ ±2℃,湿度≥95%)养生180d(石灰稳定类材料养生180d,水泥稳定类材料养生90d),测试抗压强度值。

②将同样的一组无机结合料稳定材料,在高温养生条件下(60℃ ±1℃,湿度≥95%)养生7d、14d、21d、28d等,进行不同龄期的抗压强度试验,建立高温养生条件下强度—龄期的相关关系。

③在强度—龄期关系曲线上,找出标准养生长龄期强度对应的高温养生的短龄期,并以此作为快速养生的龄期。

(2)快速养生试验步骤。

①将高温养护室的温度调至规定的温度60℃ ±19℃,湿度也保持在95%以上,并能自动控温控湿。

②将制备的试件量高称质量后,小心装入塑料袋内。试件装入塑料袋后,将袋内的空气排除干净,并将袋口扎紧,将包好的试件放入养护箱中。

③养生期的最后一天,将试件从高温养护室内取出,晾至室温(约2h),再打开塑料袋取出试件,观察试件有无缺损,量高称质量后,浸入20℃ ±2℃恒温水槽中,水面高出试件顶约2.5cm。浸水24h后,取出试件,用软布擦去可见自由水,称质量、量高后,立即进行相关的试验。

4. 结果整理

(1)如养生期间有明显的边角缺损,试件应该作废。

(2)对养生7d的试件,在养生期间,试件质量损失应符合下列规定:小试件不超过1g,中试件不超过4g,大试件不超过10g。质量损失超过此规定的试件,应予作废。

(3)对养生90d和180d的试件,在养生期间,试件质量的损失应符合下列规定:小试件不超过1g,中试件不超过10g,大试件不超过20g。质量损失超过此规定的试件,应予作废。

5. 报告

试验报告应包括以下内容:

(1)材料的颗粒组成;

(2)水泥的种类和强度等级或石灰的等级;

(3)重型击实的最佳含水率(%)和最大干密度(g/cm^3);

(4)无机结合料类型及剂量；

(5)试件干密度(保留小数点后3位，g/cm^3)或压实度；

(6)该材料在高温下龄期与强度的对应关系；

(7)与标准长龄期强度所对应的快速养生的龄期。

6. 记录

本试验的记录格式根据所养生的试件类型，采取相应的梁式试件和圆柱形试件的记录表格。圆柱形试件养生记录见表2-26。在记录内容里增加养生的起始日前和终止日期，养生的温度、湿度和养生结束后的试验内容。

稳定材料圆柱形试件养生记录表 表2-26

工程名称________ 混合料名称________

土质类型________ 结合料类型及剂量(%)________

最佳含水率(%)________ 最大干密度(g/cm^3)________

试件压实度(%)________ 试件标准质量(g)________

养生开始日期________ 饱水日期________

养生温度________ 养生湿度________

试验人员________ 试验目的________

编号	直径(mm)				高度(mm)				质量(g)	误差(%)
	1	2	3	平均	1	2	3	平均		
1										
2										
3										
4										
饱水前质量和尺寸										
1										
2										
3										
4										
饱水后质量和尺寸										
1										
2										
3										
4										

三、无机结合料稳定材料无侧限抗压强度试验

1. 适用范围

本方法适用于测定无机结合料稳定材料(包括稳定细粒土、中粒土和粗粒土)试件的无侧限抗压强度。

2. 仪器设备

(1)标准养护室。

（2）水槽：深度应大于试件高度 50mm。

（3）压力机或万能试验机（也可用路面强度试验仪和测力计）：压力机应符合《液压式万能试验机》（GB/T 3159）及《试验机通用技术要求》（GB/T 2611）中的要求，其测量精度为±1%，同时应具有加载速率指示装置或加载速率控制装置。上下压板平整并有足够刚度，可以均匀地连续加载卸载，可以保持固定荷载。开机停机均灵活自如，能够满足试件吨位要求，且压力机加载速率可以有效控制在 1mm/min。

（4）电子天平：量程 15kg，感量 0.1g；量程 4 000g，感量 0.01g。

（5）量筒、拌和工具、大小铝盒、烘箱等。

（6）球形支座。

（7）机油：若干。

3. 试件制备和养护

（1）细粒土，试模的直径×高 $=\phi 50\text{mm}\times 50\text{mm}$；中粒土，试模的直径×高 $=\phi 100\text{mm}\times 100\text{mm}$；粗粒土，试模的直径×高 $=\phi 150\text{mm}\times 150\text{mm}$。

（2）按照无机结合料稳定材料试件制作方法方法成型径高比为 1∶1 的圆柱形试件。

（3）按照无机结合料稳定材料标准养生方法进行 7d 的标准养生。

（4）将试件两顶面用刮刀刮平，必要时可用快凝水泥砂浆抹平试件顶面。

（5）为保证试验结果的可靠性和准确性，每组试件的数目要求为：小试件不少于 6 个，中试件不少于 9 个，大试件不少于 13 个。

4. 试验步骤

（1）根据试验材料的类型和一般的工程经验，选择合适量程的测力计和压力机，试件破坏荷载应大于测力量程的 20% 且小于测力量程的 80%。球形支座和上下顶板涂上机油，使球形支座能够灵活转动。

（2）将已浸水一昼夜的试件从水中取出，用软布吸去试件表面的水分，并称试件的质量 m_4。

（3）用游标卡尺测量试件的高度 h，精确至 0.1mm。

（4）将试件放在路面材料强度试验仪或压力机上，并在升降台上先放一扁球座，进行抗压试验。试验过程中，应保持加载速率为 1mm/min。记录试件破坏时的最大压力 P（N）。

（5）从试件内部取有代表性的样品（经过打破），按照任务 5 无机结合料稳定类材料的含水率试验方法，测定其含水率 w。

5. 计算

试件的无侧限抗压强度按式（2-22）计算。

$$R_c=\frac{P}{a} \tag{2-22}$$

式中：R_c——试件的无侧限抗压强度（MPa）；

P——试件破坏时的最大压力（N）；

a——试件的截面积（mm^2），$A=\frac{1}{4}\pi D^2$，D 为试件直径（mm）。

6. 结果整理

（1）抗压强度保留 1 位小数。

(2)同一组试件试验中,采用3倍均方差方法剔除异常值,小试件可以允许有1个异常值,中试件可以允许有1~2个异常值,大试件可以允许有2~3个异常值。异常值数量超过上述规定的试验重做。

(3)同一组试验的变异系数 C_v(%)符合下列规定,方为有效试验:小试件 $C_v \leq 6\%$,中试件 $C_v \leq 10\%$,大试件 $C_v \leq 15\%$。如不能保证试验结果的变异系数小于规定的值,则应按允许误差10%和90%概率重新计算所需的试件数量,增加试件数量并另做新试验。新试验结果与老试验结果一并重新进行统计评定,直到变异系数满足上述规定。

7.报告

试验报告应包括以下内容:

(1)材料的颗粒组成;

(2)水泥的种类和强度等级或石灰的等级;

(3)重型击实的最佳含水率(%)和最大干密度(g/cm^3);

(4)无机结合料类型及剂量;

(5)试件干密度(保留3位小数,g/cm^3)或压实度;

(6)吸水量以及测抗压强度时的含水率(%);

(7)抗压强度,保留1位小数;

(8)若干个试验结果的最小值和最大值、平均值Rr,、标准差 S、变异系数 C_v 和95%保证率的值 $R_{c0.95}$($R_{c0.95} = \bar{R}_c - 1.645S$)。

8.记录

本试验的记录格式见表2-27。

无侧限抗压强度试验记录表　　表2-27

工程名称＿＿＿＿	试件尺寸(cm)＿＿＿＿
路段范围＿＿＿＿	养生龄期(d)＿＿＿＿
混合料名称＿＿＿＿	加载速率(mm/min)＿＿＿＿
结合料剂量(%)＿＿＿＿	试验者＿＿＿＿
最大干密度(g/cm^3)＿＿＿＿	校核者＿＿＿＿
试件压实度(%)＿＿＿＿	试验日期＿＿＿＿

	试件号				
试件制备方法					
制件日期					
养生前试件质量 m_2(g)					
浸水前试件质量 m_3(g)					
浸水前试件质量 m_4(g)					
养生期间的质量损失 * $m_2 - m_3$(g)					
吸水量 $m_4 - m_3$(g)					

注:*指水分损失。如养生后试件掉粒或掉块,不作为水分损失。

学习情境3 编制路面基层施工组织设计

学习目标

【知识目标】 完成本学习情境的学习，学生能够熟练地掌握路面基层施工组织设计的编制要求、编制程序、编制内容。

【能力目标】 学生能够编制路面基层施工组织设计。

情境设计

【实施时间】 开工前。

【实施地点】 项目经理部、施工现场。

【实施人员】 工程部技术员。

【实施内容】 编写路面基层施工组织设计。

项目引导

在启动项目管理之前，首先要建立一个能完成管理任务、使项目经理指挥灵便、运转自如的高效项目组织机构——项目经理部。一个好的组织机构，可以有效地完成施工项目管理目标，有效地应对环境的变化，有效地供给组织成员生理、心理和社会的需要，形成组织力，使组织系统正常运转，产生集体思想和意识，完成项目管理任务。项目经理部下设质检、工程技术、财务、材料、机务、政工、安全等管理部门。

项目经理部机构配置图如图3-1所示。工程规模的大小不同，各机构可能有变化。施工管理机构的组建完成后，为保证工程按设计要求的质量、计划规定的进度和低于合同价的成本，安全、顺利地完成施工任务，还应针对施工管理工作复杂、困难的特点，建立一整套完善的施工管理制度，采用科学的管理方法，进行切实有效的工作，才能达到预期的目的。施工计划管理制度是施工管理工作的中心环节，包括编制计划、实施计划、检查和调整计划等环节。项目经理部成立后，首先面临的问题就是如何编制一套合理的施工计划。这些计划包括对工作任务的细化和分解，合理排定的进度计划，相应的材料、机械、劳务供应及配置计划，乃至资金计划等，即进行施工组织设计。

施工组织设计是基本建设中指导施工准备和组织施工必不可少的全面性的技术、经济文件，是保证快捷好省地完成施工任务的有效措施，是指导现场施工的法规。编制施工组织设计必须统筹规划，科学管理，建立正常的施工顺序。充分利用空间，争取时间，推广采用先进施工技术，用最少的人力和物力取得最佳的经济效果。施工组织设计编制的质量，反映建筑施工企业的技术经济实力，也是工程建设招投标的重要内容之一。一个好的施工组织设计为施工企业取得最佳的经济效益提供最大的可能。因此，必须严肃认真、科学合理地做好施工组织设计的编制工作。而做好施工组织设计的编制工作，必须对施工组织设计的编制方法、要求、内容、程序和必备的原始资料，有一个深入细致的了解。只有这样，才能正确地开展工作，收到成效。

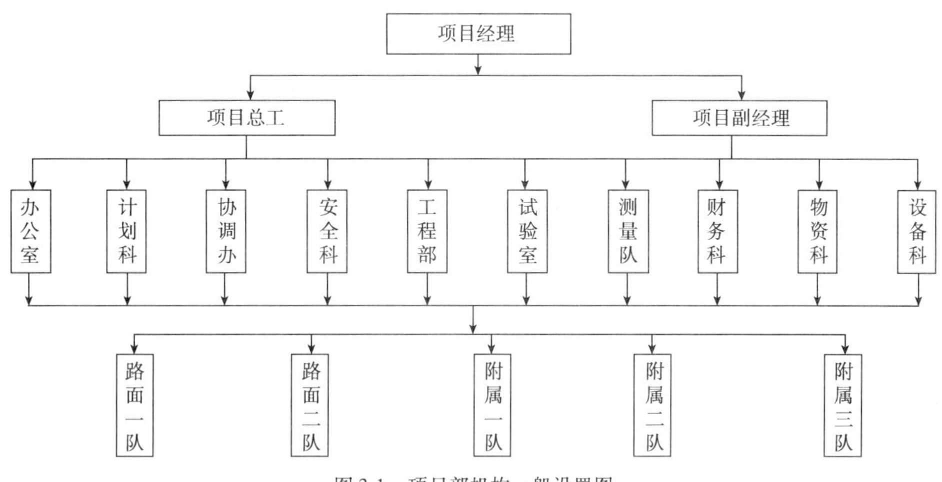

图3-1 项目部机构一般设置图

一、施工组织设计的概念及分类

1. 概念

施工组织设计是以施工工程项目为对象编制的，用以指导工程施工全过程各项施工活动的技术、经济、组织、协调和控制的综合性文件。在编制中要按照施工项目建设的基本规律、施工工艺规律等合理安排施工顺序和进度计划，优化配置人员，合理安排和节约使用材料，做到施工有计划、有节奏。合理的施工组织设计会取得良好的经济效益和社会效益，为施工企业创造尽可能大的利润。

2. 分类

公路工程在设计阶段和施工开始前均要编制施工组织设计，但目的、深度和宽度都不相同，编制是不能一概而论，需要区别对待，以达到预期目的。

1）初步施工组织设计

设计阶段编制的施工组织设计，也称为初步施工组织设计。主要是制订公路施工的轮廓计划，初步拟订施工方法、施工程序及施工时间（工期）。它是由设计人员编制的，是编制施工图预算和招标标底的依据，根据设计阶段的不同，施工组织设计编制深度又有所不同。

2）指导性施工组织设计

施工单位在参加施工投标时，根据工程招标文件要求，结合本单位的具体情况，编制的施工组织设计文件,其目的是让业主了解本单位对该工程项目的施工组织方面的有关计划。指导性施工组织设计是施工单位在深入了解和研究了设计文件,以及调查复核了现场情况之后着手编制的,它不但要制定出设计中拟订的施工方法、付诸实施的具体措施,还要深入研究,加以改进甚至变更。由于投标期限的限制,内容还比较粗略,但它是编制施工预算的依据,是组织施工的总计划。因此,应使其尽可能符合客观实际并随时根据客观情况的变化不断调整和修改,一旦中标,该文件将成为施工阶段施工组织设计编制的依据。

3)实施性施工组织设计

施工阶段编制的施工组织设计也就是实施性施工组织设计,它是指导施工的技术经济文件。对于单位工程和分部工程,应在指导性施工组织设计的基础上分别编制实施性施工组织设计。实施性施工组织设计,必须具体、详细,以达到指导施工的目的,但应避免编制过于复杂、烦琐。

二、施工组织设计编制的依据、原则、程序和方法

1. 编制的依据

(1)招标文件、设计图纸、补遗书等相关资料。计划文件是指国家批准的基本建设计划、工程项目一览表、分期分批投资的期限、投资指标、管理部门的批件及施工任务书等;建设文件施工组织总设计一般应依据批准的初步设计或技术设计、已批准的总概算计划文件等进行编制;单位工程施工组织设计则应依据本工程的全部施工图以及所需的标准图和详细的分部、分项工程量来进行编制。

(2)国家及建设地区现行的有关规范、规程、规定及定额。

(3)现行交通运输部《设计规范》、《施工规范》、《公路工程质量检验评定标准》及相关文件。

(4)现场调查资料:建设地区的工程勘察和技术经济资料如地质、地形、气象、地下水位、地形图、地区条件以及测量控制网等。

(5)施工单位管理制度、技术管理、装备及同类或类似工程的施工经验;有关技术新成果和类似工程的经验资料等。

(6)工期要求包括本工程开竣工时间的规定和工期要求,以及与其他项目穿插施工的要求等。

最后两项主要在编制单位工程施工组织设计中考虑。

2. 编制的原则

在施工组织设计编制过程中,为使拟建工程迅速完成,尽早交付使用,节约劳动资源,提高机械化施工水平,并能在总的工期内连续、均衡地施工,确保工程质量和作业交叉,努力降低工程成本,提高经济效益,必须遵循如下原则:

(1)保证重点,统筹兼顾。根据工程项目实际情况、特点,围绕重点分项工程项目,周密部署,合理安排施工顺序。

(2)采用先进技术,保证施工质量。制订切实可行的施工方案和创优规划,采用新工艺、新材料、新技术、新设备,大力推行技术创新,确保工程质量。

(3)科学安排施工计划,组织连续、均衡的施工。采用均衡施工方法,运用总体及分阶段计划控制施工进度,保证工期。

(4)严格遵守施工技术规范、规程和制度。制订安全保证制度,完善安全管理体系,坚持以“预防为主”的安全管理措施,确保职业健康与安全目标的实现。

(5)因地制宜、扬长避短。合理配备生产要素,优化施工平面布置,减少工程消耗,降低工程成本。选派具有丰富施工经验的人员组成强有力的项目管理机构,安排有同类工程施工经验的专业队伍,按照要求组织专业化施工。

3. 编制方法

施工组织设计的内容用文、图、表三种形式表示,相互结合,相互补充。凡能用图表表示的应尽量采用图表,因为图表便于“上墙”,能形象、准确、直观地说明问题,有利于指导现场施工。

4. 编制内容

(1)工程概况的编制;

(2)施工准备计划,开工前施工准备;

(3)施工组织管理机构;

(4)选择和制订施工方案,确定主要技术经济指标;

(5)施工进度计划及资源调配计划的编制:劳动力、机械设备、材料和构件等供应计划;

(6)施工质量计划、工程施工工艺与质量控制;

(7)施工成本计划;

(8)施工安全计划;

(9)施工环保计划;

(10)施工风险防范措施;

(11)施工现场平面规划和布置,绘制施工现场平面布置图;

(12)其他事项说明。

每个项目的施工单位在进场后,都必须进行实施性施工组织设计,待监理部门审核批准之后才可以履行相关手续进行施工作业。

5. 编制程序

编制施工组织设计要遵守一定的程序,要按照施工的客观规律,协调和处理好各个影响因素的关系,用科学的方法进行编制。

首先,应在本单位内选用有一定的技术、经济和施工经验的人员,了解施工图纸和招投标文件,研究工程各个部分的情况和联系,计算工程量,选择施工方案和施工方法,编制工程进度图以及劳动力计划、设备使用计划、材料供应计划等,然后起草编制施工组织。草稿完成后,项目经理召集参与工程施工的主要人员,进一步对施工组织计划进行研究,提出修改和完善的地方,特别是大的方案要形成一致意见,最后由起草人按照研究的意见修改完成,形成文件报监理工程师审批。此阶段也是开工前的准备阶段,各项准备工作要同步进行,以便施工组织设计经监理工程师审批后申请总开工报告。

其次,集体的智慧形成的施工方案具有较高的科学性和合理性,很容易被监理工程师接受,避免或减少施工单位和监理之间因反复修改施工方案耽误时间,保证工程能按预期的时间开工。

图 3-2 及图 3-3 为施工组织总设计与单位工程施工组织设计两种工程中最常用的施工组织设计的编制程序。

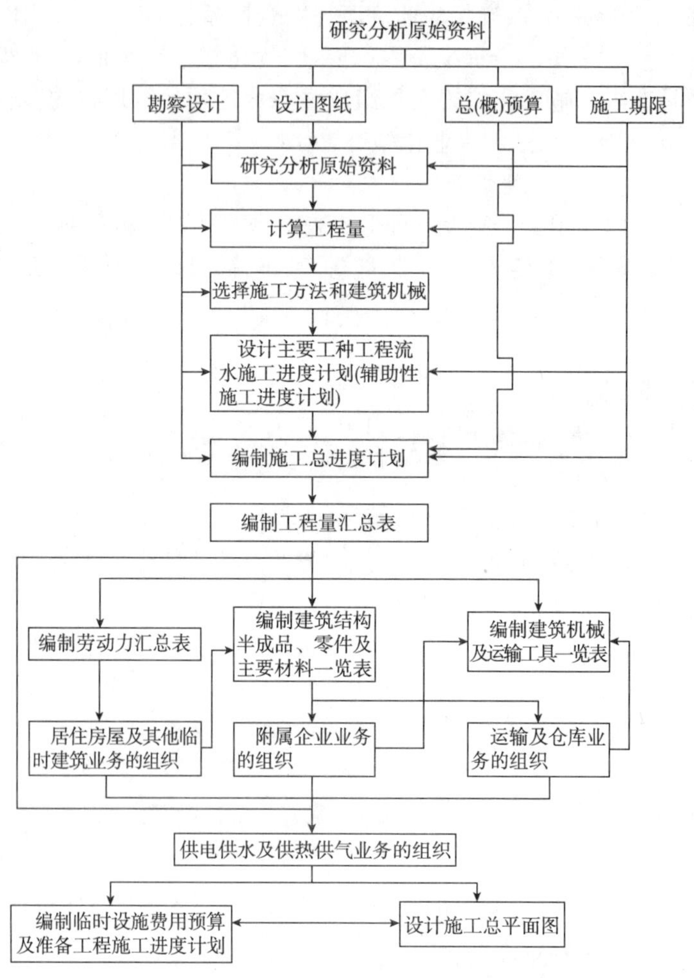

图 3-2　施工组织总设计编制程序

三、施工组织设计对工程成本的影响

施工组织设计的编制牵涉工程技术、施工经验、定额指标、国家有关法规政策以及计划、财务、银行、税务等许多方面，其中任何一方面出现问题或处理不当都有可能影响工程成本。除国家政策有明文规定的因素外，施工组织设计中影响工程成本的因素主要有以下几方面。

1. 施工方法的选择

在公路工程设计和建设中，施工方法的选择必须通过工程条件、工程经济和技术经济等方面的比较，选择既经济又适用的施工方法。

2. 施工工期

由最优的施工方案来计算的工程项目的工期以及各单位工程施工所持续的时间就是工

程项目的合理工期。工期的长短不但能直接影响工程项目的成本消耗，还可使公路产品尽快发挥它的经济效益，而且能加速资金周转，降低建设期工程投资的贷款利息。但是，不考虑工程质量，一味盲目地赶工期，往往带来不良的后果。例如，某段公路通车不到一年，就出现了大面积的路面网裂现象。究其原因，其中重要的一点就是路面基层水泥稳定土质量出了问题。由于每次施工作业段太长，水泥加水拌和后，人员、机械设备不到位，造成了拌和、平整、碾压脱节，延续时间超出了水泥终凝时间，致使碾压不成型，造成了“松散、起皮”等现象，导致道路破坏。造成道路过早破坏的根本原因就是没有做好周密的施工组织计划，延误了碾压成型的最佳时机，致使基层强度达不到要求，从而造成了路面的破坏。所以，施工组织设计时，应按合理的工时和工期进行劳动力的安排、材料的供应和机械设备的合理配置。施工组织实施时应该做到材料齐备，人员、机械到位时再施工，严格按照施工组织设计要求进行施工，避免不顾工程质量而盲目加快进度的现象。

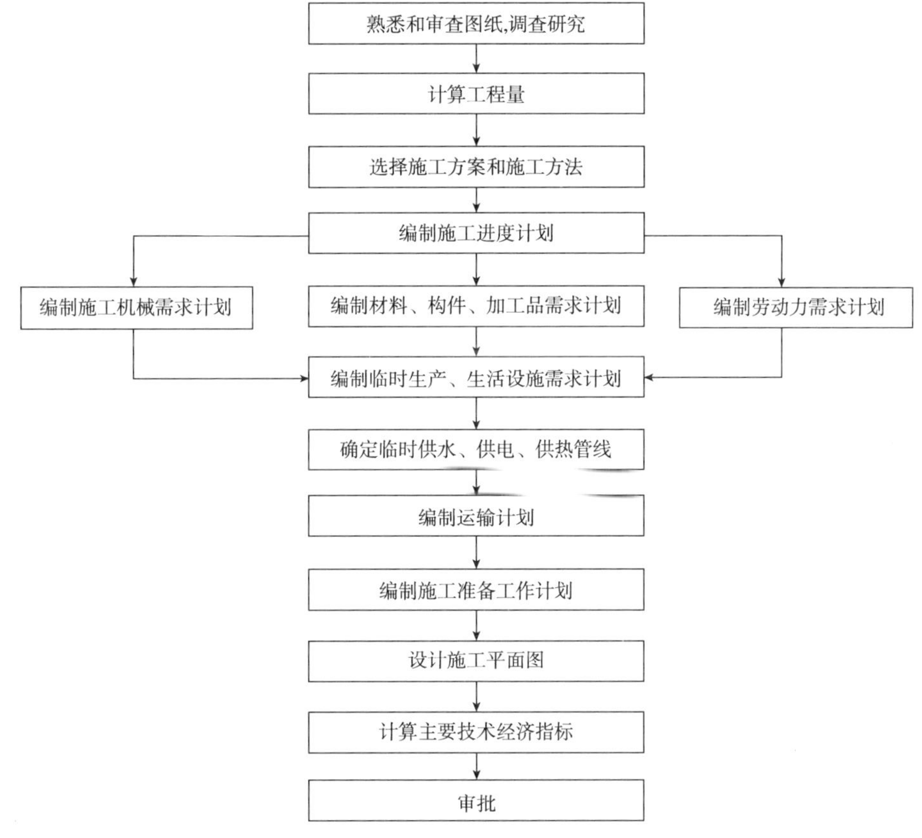

图3-3 单位工程施工组织设计编制程序

3. 施工组织平面布置

施工组织平面布置是设计单位根据施工特点和施工条件，来研究解决施工场地上所有设施在平面位置上的合理布置问题。施工组织平面布置决定着预算中的直接费，合理的施工组织平面布置，可以避免施工设施反复搬迁、地下工程反复开挖、土方往返运输等浪费现象；可以降低运输费用、保证运输方便；可以减少临时性建筑物的修建费用，减少临时占地、降低临时占地的租地及青苗补偿等费用。路面施工组织平面布置如图3-4所示。

4.运输组织计划

运输组织计划是施工组织形式中一个重要项目，它不仅直接影响施工进度，而且在很大程度上也影响工程造价，并在施工过程中占很大工作量。为了确保施工进度计划的执行，力求最大限度降低工程成本，就要求编制出合理的运输组织计划。运输组织计划一般应达到下列要求：运距最短、运输量最小；减少运转次数，力求直达工地；装卸迅速和运转方便；尽量利用原有交通条件，减少临时运输设施的投资；充分发挥运输工具的载运条件。

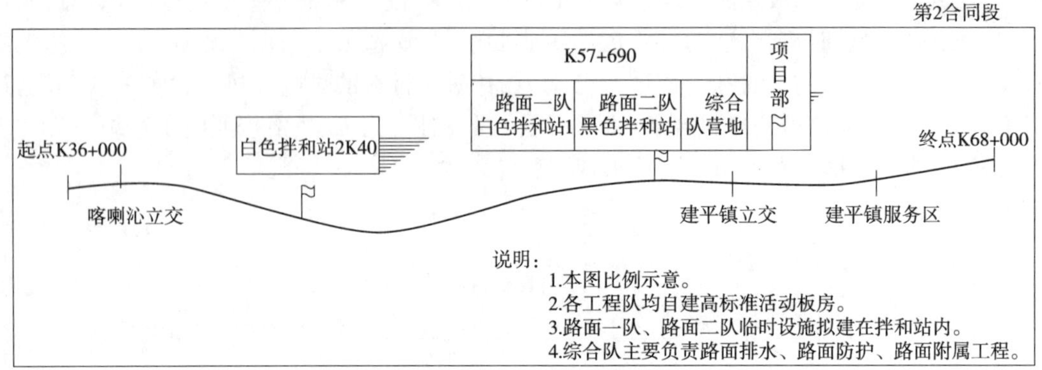

图3-4　路面施工组织平面布置图

5.材料价格

材料的费用在公路建设中占的比重很大，占建筑安装费的40%～50%，有的高达70%左右。所以，材料价格对工程造价的影响是举足轻重的。材料价格受材料的产地、运输方式、运距长短、运价高低等因素影响。因此，选用材料时应采用招标的办法，经过广泛地市场调查，根据材料不同产地的价格、运输方式、运价，计算出不同供应方式的材料价格，再参考当地的市场价格，货比三家，选用最实际、最经济的方案。例如，某一新建公路项目中，碎石的可选供应方案为：从相距160余公里的一个碎石厂，通过汽车运输运来，碎石的价格由出厂价加运费、场外运输损耗、采购保管费后合90元/m^3；而当地还有很方便的铁路运输，据了解，从外省的一个石料厂通过火车运来，虽然运距长些，但到工地的价格只有70元/m^3。施工组织设计中就选择了远距离铁路运输，其材料的价格最经济，有效地控制了工程造价。

四、路面基层施工组织设计内容

在已批准的工程整体实施性施工组织设计的基础上，针对基层的施工特点及要求，根据现场的人员组织和机械配备情况对施工组织设计进行细化，必须从事实出发，着重对以下几方面进行说明：

(1)本工序的施工组织情况；

(2)路面基层施工的工艺流程；

(3)质量检验标准及目标；

(4)原材料的要求及供应情况；

(5)施工的机械配置情况；

(6)劳动人员组织安排情况；

(7)施工方法;

(8)质量保证体系及措施;

(9)安全、环保保证体系及措施。

在编制施工组织设计时一定要注重它的实施性,待基层施工的施工组织设计得到批准后,施工中不折不扣地按此组织施工并执行有关的规定及要求。

五、施工组织设计中常见的问题与对策

施工组织设计贯穿于整个公路基本建设过程且起着至关重要的作用,我们在公路建设中应当给予充分的重视,然而事实并非如此。目前,在施工组织设计的实践过程中存在诸多问题亟待解决。

1. 管理问题

施工组织设计应该是企业管理和施工能力的体现。实际上目前施工组织设计一般由项目部总工程师组织各专业工程师完成,其他管理人员甚至项目经理都不参与,因此施工组织设计仅代表项目部部分人的水平和思路。由于编制过程缺乏组织领导,企业没有形成供编制施工组织设计使用的各类资源信息系统,没有经过细致的讨论分析,使施工组织设计成为了一种应付检查的形式,以至于在施工中不能发挥它的真正作用。所以在施工组织设计编制过程中,首先要明确项目经理是项目施工组织设计编制、管理的第一责任人,项目经理应引起足够的重视,各参编人员要认真履行职责,集思广益,群策群力,以全方位的信息资源为保障,集全部人员的智慧于一体,才能编制出高水平的施工组织设计。

2. 能力问题

作为工程项目策划和指导施工的纲领性文件,施工组织设计的形成过程是组织管理人员各种能力的综合体现。施工组织设计中存在不足往往是由于编制人员对工程涉及的各个分项工程施工工艺和方法不熟悉,对规范、规程和质量标准不了解,或者缺乏大型综合性工程的组织和指挥经验。因此,培养一批懂建筑技术知识,通晓经济管理知识及国家建筑经济法规,具有丰富实践经验和管理能力的施工组织设计编制人员是编制施工组织设计最基本的要求。2004年我国对建设工程项目总承包及施工管理的专业技术人员实行的建造师执业资格制度,就是为我国建设领域培养高素质人才而采取的一项具有远见的重大举措。

3. 责任心问题

在施工组织设计的执行过程中,有些施工单位往往不完全按照制订好的施工组织计划安排施工,而是根据传统的经验和施工者的个人意愿进行施工。这样自然难以保证施工的有序进行,同时也给工程带来了一系列问题。所以,即使有一个好的施工组织设计,在执行过程中出现问题,同样不能保证施工的科学有序。这就需要管理者和施工人员在施工过程中,提高责任心和主人翁意识,按照施工组织计划,充分准备,秩序井然地开展工作。

4. 先进性问题

施工过程中往往会出现一部分人以“本本主义”指导施工,缺乏创新意识,否定技术进步,这样对工程本身造成一定的损失。只有在施工中对施工组织设计进行动态调整,鼓励创

新，不断补充和调整相应措施以应对条件和依据的变化，才能保证施工组织设计的有效性和先进性。另外，施工过程中有齐全的各种资料和记录，应做好阶段和最终系统总结，及时总结经验，持续改进。

任务1 确定水泥稳定土基层施工方案及工艺流程

水泥稳定土可适用于各级公路的基层和底基层，但水泥土不得用作二级和二级以上公路高级路面的基层。

一、施工季节及气候条件

水泥稳定土结构层宜在春末和气温较高季节组织施工。施工期的日最低气温应在5℃以上。在有冰冻的地区，应在第1次重冰冻（－3～－5℃）到来之前半个月到一个月完成。

在雨季施工水泥稳定土，特别是施工水泥土结构层时，应特别注意气候变化，勿使水泥和混合料遭雨淋。降雨时应停止施工，但已经摊铺的水泥混合料应尽快碾压密实。路拌法施工时，应采取措施排除下承层表面的水，勿使运到路上的集料过分潮湿。

二、拌和方案选择

二级以下的公路，水泥稳定土基层和底基层可以采用路拌法施工。

二级公路，应采用专用的稳定土拌和机路拌或使用集中拌和法制备混合料。

高速公路和一级公路，直接铺筑在土基上的底基层下层可以用稳定土拌和机进行路拌法施工，当土基上层已用石灰或固化剂处理时，底基层的下层也宜用集中拌和法拌制混合料。其上的各个稳定土层都应用集中厂拌法拌制混合料，并用摊铺机摊铺基层混合料。

路拌法施工时，必须严密组织，采用流水作业法施工时，应尽可能缩短从加水拌和到碾压终了的延迟时间，此时间不应超过3～4h，并应短于水泥的终凝时间。采用集中厂拌法施工时，延迟时间不应超过2h。

三、碾压方案选择

水泥稳定土结构层应用12t以上的压路机碾压。用12～15t三轮压路机碾压时，每层的压实厚度不应超过15cm；用18～20t三轮压路机和振动压路机碾压时，每层的压实厚度不应超过20cm；对于水泥稳定中粒土和细粒土，采用能量大的振动压路机碾压时，或对于水泥稳定细粒土，采用振动羊足碾与三轮压路机配合碾压时，每层的压实厚度可以根据试验适当增加；压实厚度超过上述规定时，应分层铺筑，每层的最小压实厚度为10cm，下层宜稍厚。对于稳定细粒土，以及用摊铺机摊铺的混合料，都应采用先轻型、后重型压路机碾压。

四、养生方案选择

每一段碾压完成并经压实度检查合格后，应立即开始养生。对于高速公路和一级公路，基层的养生期不宜少于7d。对于二级和二级以下的公路，如养生期少于7d即铺筑沥青面层，则应限制重型车辆通行；对于二级和二级以下公路，如基层上为水泥混凝土面板，且面板是用小型机械施工的，则基层完成后可较早铺筑混凝土面层。可选择如下养生方案：

(1)采用湿砂进行养生，砂层厚宜为7～10cm。砂铺匀后，应立即洒水，并在整个养生期间保持砂的潮湿状态。不得用湿黏性土覆盖。养生结束后，必须将覆盖物清除干净。

(2)采用沥青乳液进行养生。沥青乳液的用量按0.8～1.0kg/m^2(指沥青用量)选用，宜分两次喷洒。第一次喷洒沥青含量约35%的慢裂沥青乳液，使其能渗透入基层表层。第二次喷洒浓度较大的沥青乳液。如不能避免施工车辆在养生层上通行，应在乳液分裂后撒布3～8mm的小碎(砾)石，做成下封层。

(3)无上述条件时，也可用洒水车经常洒水进行养生。每天洒水的次数应视气候而定。整个养生期间应始终保持稳定土层表面潮湿，应注意表层情况，必要时，用两轮压路机压实。

在养生期间未采用覆盖措施的水泥稳定土层上，除洒水车外，应封闭交通。在采用覆盖措施的水泥稳定土层上，不能封闭交通时，应限制重车通行，其他车辆的车速不应超过30km/h。

五、施工组织与作业段划分

水泥稳定土施工时，必须采用流水作业法，使各工序紧密衔接。特别是要尽量缩短从拌和到完成碾压之间的延迟时间。

应做水泥稳定土的延迟时间对其强度影响的试验，以确定合适的延迟时间。

确定路拌法施工每一作业段的合理长度时，应综合考虑下列因素：

(1)水泥的终凝时间；

(2)延迟时间对混合料密实度和抗压强度的影响；

(3)施工机械和运输车辆的效率和数量；

(4)操作的熟练程度；

(5)尽量减少接缝；

(6)施工季节和气候条件。

一般情况下，当稳定土层宽7～8m时，每一流水作业段以200m为宜，但每天的第一个作业段宜稍短，可为150m。如稳定土层较宽，则作业段应再缩短。

六、水泥稳定土基层施工工艺流程

(1)路拌法施工的工艺流程宜按图3-5的顺序进行。

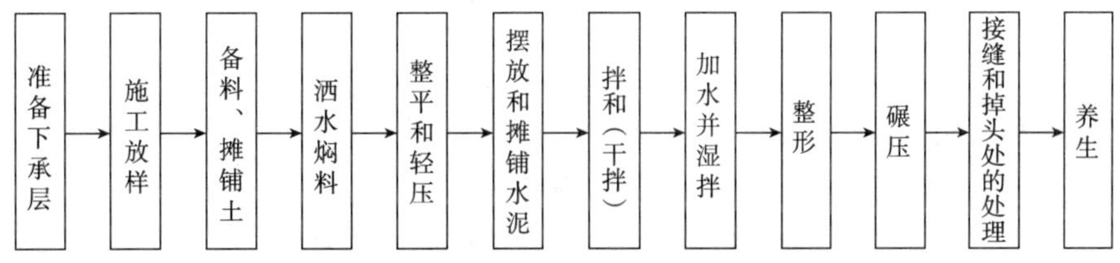

图3-5 路拌法施工水泥稳定土的工艺流程

(2)水泥稳定土集中厂拌法施工工艺如图3-6所示。

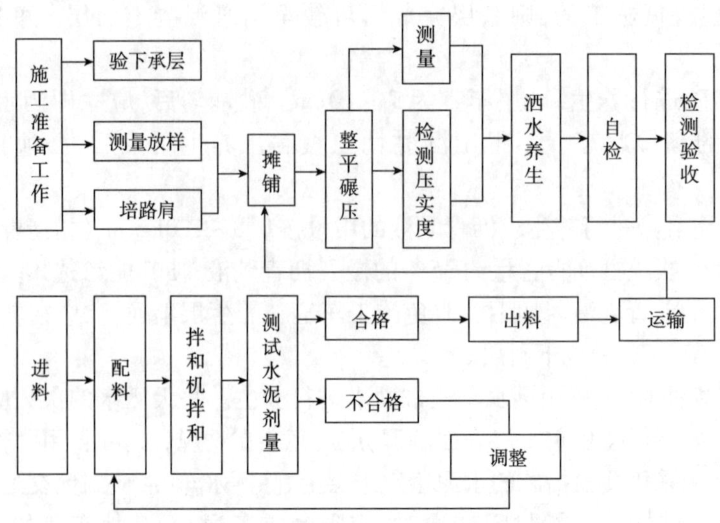

图3-6 水泥稳定碎石集中厂拌法施工工艺流程图

任务2 确定石灰稳定土基层施工方案及工艺流程

石灰稳定土适用于各级公路的底基层，以及二级和二级以下公路的基层；但石灰土不得用做二级公路的基层和二级以下公路高级路面的基层；在冰冻地区的潮湿路段以及其他地区的过分潮湿路段，也不宜采用石灰土做基层。

一、施工季节及气候条件

石灰稳定土层应在春末和夏季组织施工。施工期的日最低气温应在5℃以上，并应在第一次重冰冻（-3～-5℃）到来之前一个月到一个半月完成。稳定土层宜经历半月以上温暖和热的气候养生。多雨地区，应避免在雨季进行石灰土结构层的施工。

在冰冻地区的潮湿路段及其他地区的过分潮湿路段，不宜采用石灰土做基层。当只能采用石灰土时，应采取措施防止水分浸入石灰土层。

在雨季施工石灰稳定中粒土和粗粒土时，应采用排除表面水的措施，防止运到路上的集料过分潮湿，并应采取措施保护石灰免遭雨淋。

二、拌和方案选择

二级以下的公路，石灰稳定土基层和底基层可以采用路拌法施工。

二级公路，应采用专用的稳定土拌和机路拌或使用集中拌和法制备混合料。

高速公路和一级公路，直接铺筑在土基上的底基层下层可以用专用稳定土拌和机进行路拌法施工，当土基上层已用石灰或固化剂处理时，底基层的下层也宜用集中拌和法拌制混合料。其上的各个稳定土层都应用集中厂拌法拌制混合料，并用摊铺机摊铺基层混合料。

三、碾压方案选择

1. 一般石灰稳定土

石灰稳定土结构层应用12t以上的压路机碾压。用12～15t三轮压路机碾压时，每层的压实厚度不应超过15cm；用18～20t三轮压路机和振动压路机碾压时，每层的压实厚度不应超过20cm；对于石灰稳定土，采用能量大的振动压路机碾压时，或对于石灰土，采用振动羊足碾与三轮压路机配合碾压时，每层的压实厚度可以根据试验适当增加。压实厚度超过上述规定时，应分层铺筑，每层的最小压实厚度为10cm，下层宜稍厚。对于石灰土，应采用先轻型、后重型压路机碾压。石灰稳定土层宜在当天碾压完成，碾压完成后必须保湿养生，不使稳定土层表面干燥，也不应过分潮湿。

2. 石灰稳定低塑性土

(1)宜分两阶段碾压：第一阶段，洒较多水后用履带拖拉机先压2～3遍，达到初步稳定；第二阶段，待水分接近最佳含水率时，再用12t以上压路机压实。

(2)当缺少履带拖拉机时，洒水后，先用轻型压路机碾压两遍，然后覆盖一层素土，继续用12t以上压路机压实，养生后，将素土层清除干净。

四、养生方案选择

石灰稳定土层上未铺封层或面层时，禁止开放交通；当施工中断，临时开放交通时，应采取保护措施，不使基层表面遭破坏。

(1)在采用石灰土做基层时，必须采取措施防止表面水透入基层，同时应经历一个月以上的温暖和热的气候养生。作为沥青路面的基层时，还应采取措施加强基层与面层的联结。

(2)石灰稳定土在养生期间应保持一定的湿度，不应过湿或忽干忽湿。养生期不宜少于7d。每次洒水后，应用两轮压路机将表层压实。

(3)石灰稳定土基层碾压结束后1～2d，当其表层较干燥(如石灰土的含水率不大于10%，石灰粒料土的含水率为5%～6%)时，可以立即喷洒透层沥青，然后做下封层或铺筑面层，但初期应禁止重型车辆通行。

五、石灰稳定土基层施工工艺流程

(1)路拌法施工石灰稳定土的工艺流程宜按图3-7的顺序进行。

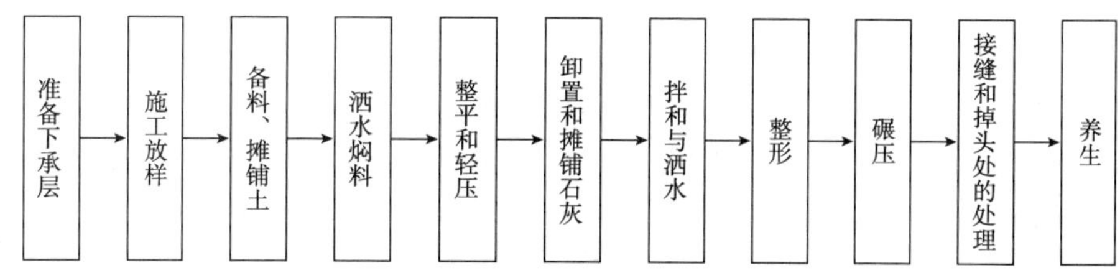

图3-7 石灰稳定土路拌法施工的工艺流程

(2)石灰稳定土集中厂拌法施工工艺如图3-8所示。

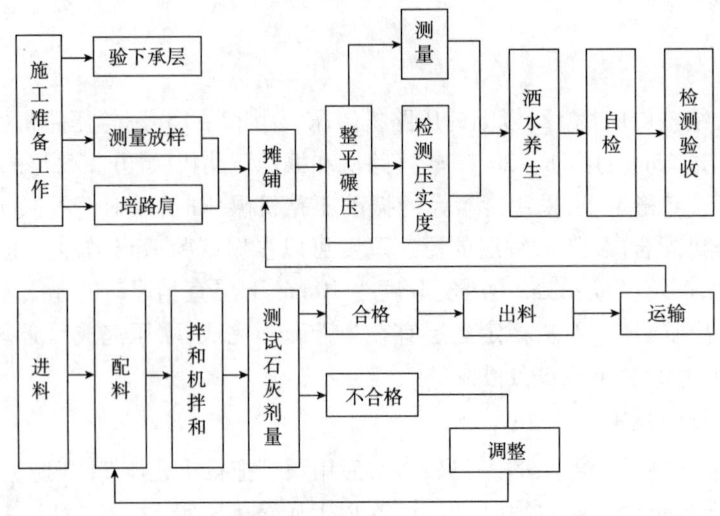

图3-8　石灰稳定土集中厂拌法施工工艺流程图

任务3　确定石灰工业废渣稳定土基层施工方案及工艺流程

石灰工业废渣稳定土可适用于各级公路的基层和底基层，但二灰、二灰土和二灰砂不应用做二级和二级以上公路高级路面的基层。

一、施工季节及气候条件

石灰工业废渣稳定土宜在春末和夏季组织施工。施工期的日最低气温应在5℃以上，并应在第一次重冰冻（-3～-5℃）到来之前一个月到一个半月完成。

二、拌和方案选择

二级以下的公路，用石灰工业废渣做基层和底基层时，可以采用路拌法施工；二级公路，应采用专用的稳定土拌和机，或用集中厂拌法拌制混合料。高速公路和一级公路，直接铺筑在土基上的底基层下层可以用专用的稳定土拌和机进行路拌法施工，如土基上层已用石灰或固化剂处理，则底基层的下层也应用集中拌和法拌制混合料。其上的各个稳定土层都应用集中厂拌法拌制混合料，并应用摊铺机摊铺基层混合料。

三、碾压方案选择

石灰工业废渣稳定土应用12t以上的压路机碾压。用12～15t三轮压路机碾压时，每层的压实厚度不应超过15cm；用18～20t三轮压路机和振动压路机碾压时，每层的压实厚度不应超过20cm。对于二灰级配集料，采用能量大的振动压路机碾压时，或对于二灰土，采用振动羊足碾与三轮压路机配合碾压时，每层的压实厚度可以根据试验适当增加。压实厚度超过上述规定时，应分层铺筑，每层的最小压实厚度为10cm，下层宜稍厚。对于石灰工业废渣稳定土，应采用先轻型、后重型压路机碾压。

四、养生方案选择

石灰工业废渣稳定土层碾压完成后的第二天或第三天开始养生，每天洒水的次数视气候条件而定，应始终保持表面潮湿，也可用泡水养生法。对于二灰稳定粗粒土、中粒土的基层，也可用沥青乳液和沥青下封层进行养生，养生期一般为7d。

二灰层宜采用泡水养生法，养生期应为14d。

五、石灰工业废渣稳定土基层施工工艺流程

石灰工业废渣稳定土层的施工分为路拌法和集中厂拌法，具体的施工工艺及流程见图3-9和图3-10。

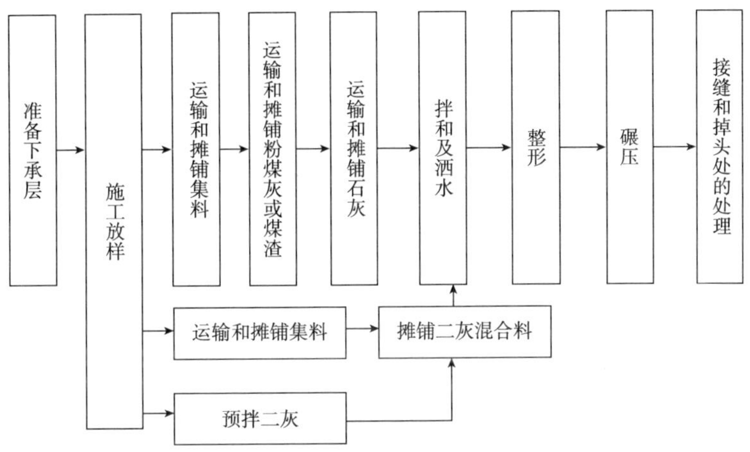

图3-9 路拌法施工石灰工业废渣稳定土的工艺流程图

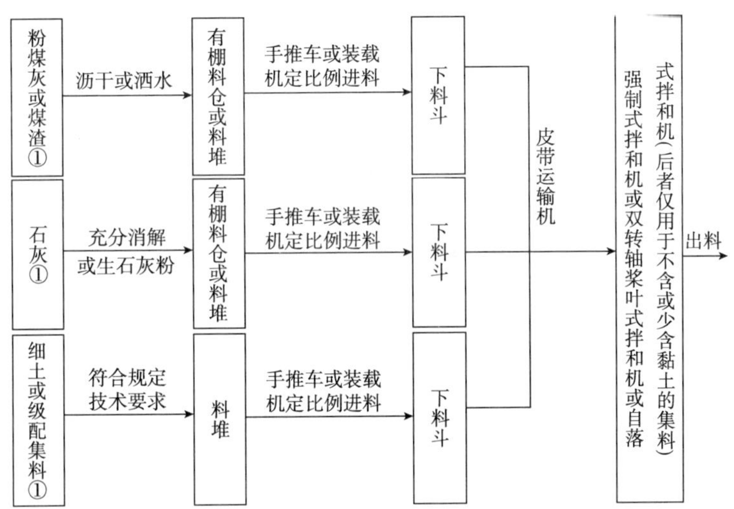

图3-10 石灰工业废渣稳定土的集中拌和工艺流程图

注：①进入下料斗的粉煤灰、石灰、土和细集料都不应潮湿。

如拌制基层用二灰级配集料，则至少应有三个集料下料斗，分装粗细集料。

学习情境4 路面基层施工放样

学习目标

【知识目标】 通过本学习情境的学习，学生能够全面了解路面基层中线测量、边线测量和高程测量等放样工作，并熟练掌握相关测量仪器的操作。

【能力目标】 学生能够采用经纬仪、全站仪和水准仪等测量仪器进行路面基层中线测量、边线测量和高程测量等放样工作。

情境设计

【实施时间】 (1)开工前；

(2)施工过程中。

【实施地点】 施工现场。

【实施人员】 测量员。

【实施内容】 完成路面基层施工放样和施工测量。

项 目 引 导

路面施工是在路基土石方施工完成以后进行的。路面施工放样是公路施工放样的最后一个环节，也是最重要最关键的一个环节。因此，对路面施工放样的精度要求要比路基施工阶段放样的精度高。为了保证精度，便于测量，通常在路面施工前，将线路两侧的导线点和水准点引测到路基上，一般设置在不易破坏的桥梁、通道的桥台上或涵洞的压顶石上。引测的导线点和水准点要和高一级的导线点和水准点进行附合或闭合，精度应满足一、二级和五等水准测量的要求。路面施工阶段的测量放样工作仍然包括恢复中线、高程和测量边线、高程。

任务1 准备基层施工测量放样资料

一、仪器、设备及材料

(1)全站仪或经纬仪配合测距仪、水准仪。

(2)30m 或 50m 钢尺，3m 钢卷尺。

(3)竹桩或钢钎，油性记号笔，铁锤、钢钉、测伞、对讲机等。

二、资料准备

1. 设计图

(1)路面设计图纸。

(2)路基横断面结构图。

(3)路线纵断面结构图。

2. 已知成果收集(与路基施工测量员交接)

(1)导线控制点或交点成果表及实地勘察。

(2)沿线水准点布设成果表及实地勘察。

(3)路基设计表。

(4)直线、曲线及转角表。

(5)逐桩坐标表。

(6)构造物一览表及各桥面设计高程值。

3. 施工放样数据准备

(1)准备施工段落中桩、本层左右边桩坐标或距中桩距离放样数据表(线路平面位置放样设计坐标表),高等级公路设计图纸中直接给出,低等级公路一般设计中不给出坐标值,则需放线者自行计算,可假定起点的坐标值,计算方法如下。

①P 点在直线段上。如图 4-1 所示,JD_n 的坐标假定为(X_n,Y_n),$JD_n \sim JD_{n+1}$的坐标方位角为 $\alpha_{n,n+1}$,P 点在 JD_n 与 JD_{n+1}的直线段上,则 P 点的坐标按下式求得:

$$X = X_n + [T_n + (L_i - L)] \cdot \cos\alpha_{n \sim n+1} \tag{4-1}$$

$$Y = Y_n + [T_n + (L_i - L)] \cdot \sin\alpha_{n \sim n+1} \tag{4-2}$$

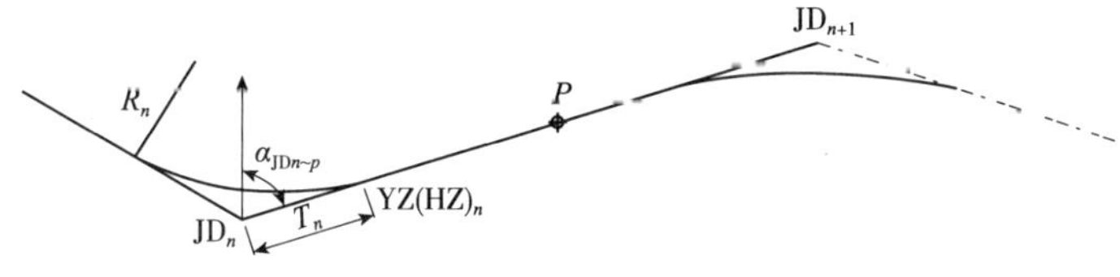

图 4-1

②P 点在平曲线段上。单圆曲线中桩坐标的计算比较简单,而带有缓和曲线的平曲线其坐标计算则比较麻烦。如 P 点在带有缓和曲线的平曲线段上,已知 JD_{n-1}、JD_n、JD_{n+1}的坐标分别为(X_{n-1},Y_{n-1})、(X_n,Y_n)、(X_{n+1},Y_{n+1}),$JD_{n-1} \sim JD_n$、$JD_n \sim JD_{n+1}$的坐标方位角分别为 $\alpha_{n-1,n}$、$\alpha_{n,n+1}$,如图 4-2 所示。

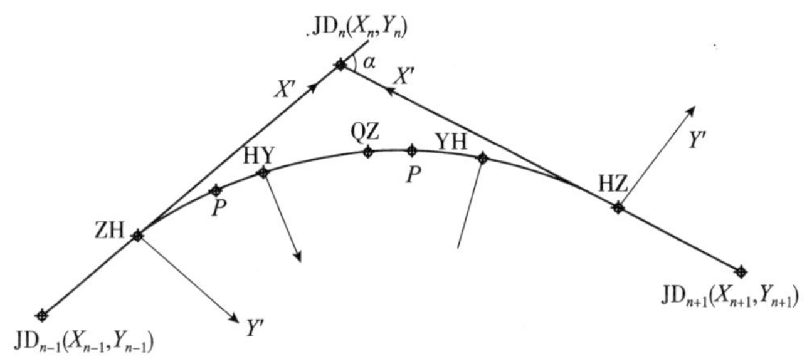

图 4-2

A. 坐标方位角的计算：

$$\alpha_{n-1,n} = \arctan \frac{Y_n - Y_{n-1}}{X_n - X_{n-1}} \tag{4-3}$$

$$\alpha_{n,n+1} = \arctan \frac{Y_{n+1} - Y_n}{X_{n+1} - X_n} \tag{4-4}$$

则转角：$\alpha = \alpha_{n,n+1} - \alpha_{n-1,n}$，负为左转，正为右转。

B. 中桩坐标的计算。

a. 主点坐标的计算：

$$X_{ZH} = X_n + T_h \cos(\alpha_{n-1,n} + 180°) \tag{4-5}$$

$$Y_{ZH} = Y_n + T_h \sin(\alpha_{n-1,n} + 180°) \tag{4-6}$$

$$X_{HZ} = X_n + T_h \cos\alpha_{n,n+1} \tag{4-7}$$

$$Y_{HZ} = Y_n + T_h \sin\alpha_{n,n+1} \tag{4-8}$$

b. 计算 P 点在坐标系 $X'OY'$ 中的坐标（X'，Y'）。

当 P 点在缓和曲线段内时：

$$X' = L_i - \frac{L_i^5}{40R^2 L_s^2} \tag{4-9}$$

$$Y' = \frac{L_i^3}{6RL_s} \tag{4-10}$$

当 P 点在圆曲线段内时：

$$X' = R\sin \frac{\left(L_i - \frac{L_s}{2}\right) \cdot \frac{180°}{\pi}}{R} + q \tag{4-11}$$

$$Y' = R\left(1 - \cos \frac{\left(L_i - \frac{L_s}{2}\right) \cdot \frac{180°}{\pi}}{R}\right) + p \tag{4-12}$$

C. 坐标转换。

前半个曲线：

$$X_{ZH} = X_n + T_h \cos(\alpha_{n-1,n} + 180°) \tag{4-13}$$

$$Y_{ZH} = Y_n + T_h \sin(\alpha_{n-1,n} + 180°) \tag{4-14}$$

$$X_{HZ} = X_n + T_h \cos\alpha_{n,n+1} \tag{4-15}$$

$$Y_{HZ} = X_n + T_h \sin\alpha_{n,n+1} \tag{4-16}$$

后半个曲线：

$$X = X_{HZ} + X'\cos(\alpha_{n,n+1} + 180°) - Y'\sin(\alpha_{n,n+1} + 180°) \tag{4-17}$$

$$Y = Y_{HZ} + X'\sin(\alpha_{n,n+1} + 180°) + Y'\cos(\alpha_{n,n+1} + 180°) \tag{4-18}$$

③边桩坐标的计算。如图4-3 所示，路线中线上任意一点 P 桩号为 L_p，坐标为（X_P，Y_P），切线坐标方位角为 $\alpha_{切}$。过 P 点的法线坐标方位角 $\alpha_{法}$ 按下式计算：

$$\alpha_{法} = \alpha_{切} + 90° \tag{4-19}$$

为计算方便，规定 $\alpha_{法}$ 方向总是指向中线右侧，左右两侧是相对于路线前进方向而言。横断面方向上任一点 M，距离中线的距离（横支距）为 L（图 4-3），规定中线左侧横支距

为负,中线右侧横支距为正。则横断面方向上 M 点的坐标用下式计算:

$$X_M = X_P + L\cos\alpha_{法} \tag{4-20}$$

$$Y_M = Y_P + L\sin\alpha_{法} \tag{4-21}$$

(2)准备施工段落中桩、左右边桩高程放样数据表(即线路高程位置放样的设计高程表)。

①高等级公路各点的高程设计中已给出,个别边桩点未给出的,根据中桩点高程和直线形的横断面坡度,可直接算出。

②低等级公路路拱放样。为利于路面排水,在保证行车平稳要求下,路面应做成中间高并向两侧倾斜的拱形,称为路拱。对于水泥混凝土路面或有中间带的沥青类路面,其路拱按直线形式放样。对于没有中间带的沥青类路面,其路拱一般有下列几种形式,放样是从路中线开始,按图 4-4 所示的坐标形式进行放样,一般把路幅宽度分为 10 等分。

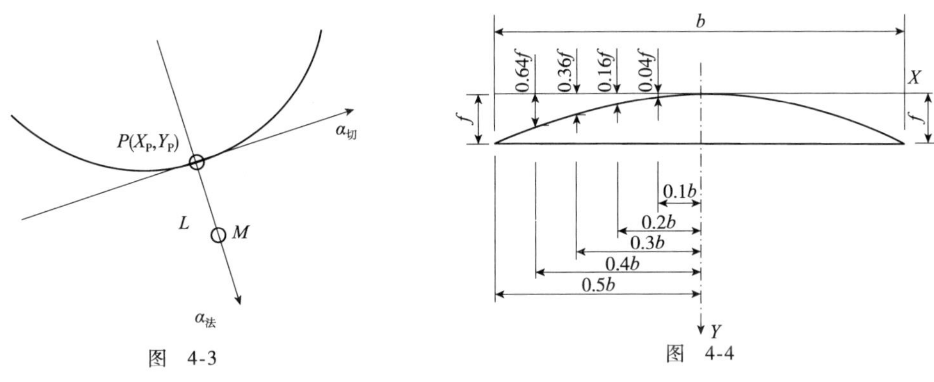

图 4-3　　图 4-4

A. 整个路拱为二次抛物线形,如图 4-4 所示,二次抛物线的形状可用下列方程表示:

$$X^2 = 2PY \tag{4-22}$$

当 $X = \frac{b}{2}$ 时, $Y = f$,

所以

$$\frac{b^2}{4} = 2Pf$$

或

$$2P = \frac{b^2}{4f}$$

由此得:

$$Y = \frac{X^2}{2P} = \frac{4f}{b^2}X^2 \tag{4-23}$$

式中: X——横距;

Y——纵距;

b——路面宽度;

f——拱高,可按路拱坡度 i 确定,即 $f = \frac{b}{2}i$。

B. 改进的二次抛物线路拱，参见图 4-4。计算方程如下：

$$Y = \frac{2f}{b} \cdot X^2 + \frac{f}{b} \cdot X \tag{4-24}$$

C. 半立方次（一次半）抛物线路拱，参见图 4-4。计算方程如下：

$$Y = f\left(\frac{2X}{b}\right)^{3/2} \tag{4-25}$$

D. 改进的三次抛物线路拱，参见图 4-4。计算方程如下：

$$Y = \frac{4f}{b^3} \cdot X^3 + \frac{f}{b} \cdot X \tag{4-26}$$

E. 两个斜面中间用曲线连接，如图 4-5 所示，中间部分可用抛物线或圆曲线连接。拱高可按下式计算：

$$f = \left(\frac{b}{2} - \frac{d}{4}\right) \cdot i = \left(b - \frac{d}{2}\right)\frac{i}{2} \tag{4-27}$$

式中：d——曲线段的水平距离；

其他符号意义同前。

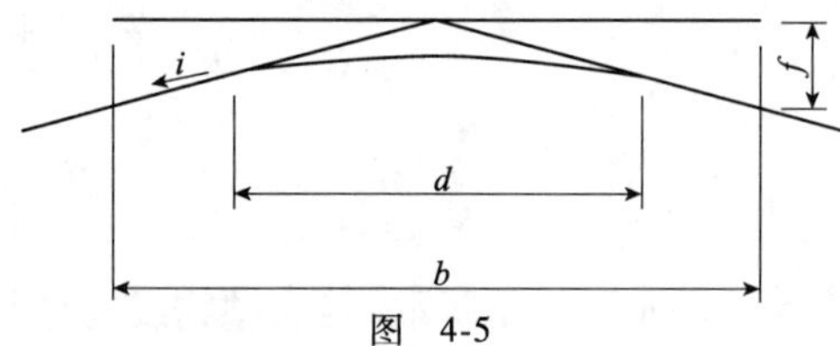

图 4-5

任务 2 基层施工测量的实施

在交验合格的下承层上恢复中桩并根据需要进行加密，根据已计算得出的本层顶面的高程和已复核的水准点，实际测量出设计高程位置。再根据边桩距中桩的距离或坐标实地放样出边桩，依据已计算出的高程值实地测量出设计高程位置。

一、基层施工的实地测量

基层的放样方法仍然是先恢复中线，然后由中线控制边线，再放样高程，控制结构层的高程。基层横坡一般按直线形式放样。要注意有超高和加宽时，还要考虑路面超高加宽的设置。基层放样的主要内容分中、边桩平面放样和高程测量两部分。

（1）恢复中桩、左右边桩，按规范要求，直线段每 15 ~ 20m 设一桩，曲线段每 10 ~ 15m 设一桩，并在两侧边缘处设指示桩。施工实践中，为了更好地控制高程，一般情况下都是每 10m 设一桩。

（2）进行水准测量，根据已计算出的中桩及边桩的设计高程，用水准仪逐桩测出本层的设计高程，用明显标志标在桩位上。

(3)严格掌握各结构层的厚度和高程,其路拱横坡应与面层一致。

二、基层中桩、边桩平面位置放样方法

1. 中桩、边桩放样

实践中常采用全站仪坐标法或经纬仪配合测距仪极坐标法来进行中桩及边桩放样。中桩及边桩的放样方法与路基施工放样的方法一致。

(1)高等级公路中桩、边桩(包括中央分隔带边缘桩)的大地坐标值在设计时已给出,则可直接用全站仪放样,具体步骤如下:

①在控制点 A 架设全站仪,对中、整平(参见图4-6,A、B 点为导线控制点,P 点为路中线上的点);

②将导线点坐标、路线有关数据输入计算机,运行计算机程序;

③后视已知导线点 B,配置水平度盘读数至后视导线点坐标方位角 α_{AB};

④根据待放点 P 的桩号 L_i,计算机自动判断并计算该点的放样资料 S_{AP}、α_{AP};

⑤转动照准部,拨方位角 α_{AP}、量距离 S_{AP},精确定出待放点 P。

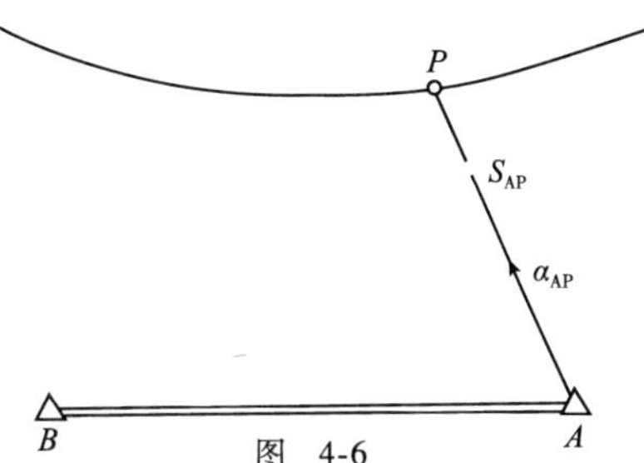

图 4-6

(2)低等级公路平面放线的具体步骤与高等级公路基本相同,只是全站仪架立的 A、B 两点为路线中的已知控制点。具体步骤此处不详述。边桩放样在中线的法线方向上直接量取即可。

2. 设有中央分隔带的中、边桩放样

对于设有中央分隔带的,在放样时可一并放出分隔带边桩,也可在放出中桩、边桩后,在中边桩连线上用皮尺(基层、面层应用钢卷尺)量距法加设分隔带边桩。

放样实践中,在线路直线段通常只放出每隔20m的中桩位置,曲线段上桩距一般为10m,半径较小的,加密为5m桩距。

边桩跟随中桩相应放出各点。

三、放样测量应注意的事项

(1)基层施工时,一般边部需进行培槽处理后再铺筑填料,平面放样时一定要注意基层边部宽度和基层整个横断面宽度的差别,以免放错。

(2)注意宽度值为水平距离,横向丈量时钢尺要放平。

(3)高程测量时,注意利用图纸计算得出的高程值为设计高程,实际施工还应根据混合料的松铺系数及实际的施工情况进行调整。

①高程测定的目的是确定下承层表面高程与设计高程相差的确切数值,以便在挂线时纠正到设计值或保证施工层厚度。

②高程放样应考虑下承层高程差值(设计值与实际高程值之差)、厚度和本层设计厚度。综合考虑后定出挂线桩顶的高程,再打桩挂线。当下承层厚度不够时,应在本层内加入厚度差并兼顾设计高程。如果下承层厚度够而高程低时,应根据设计高程放样。如果下承层的

厚度与高程都超过设计值时，应按本层厚度放样。若厚度和高程都不够时，应按差值大的为标准放样。总之，不但要保证路面总厚度，而且要考虑高程不超出容许范围。当两者矛盾时，应以满足厚度为主考虑放样。

③运用摊铺机自动找平装置，需要有一个准确的基准面（线），常用的基准面（线）控制有基准线钢丝法、平衡梁法。基层摊铺应采用钢丝引导或接触式平衡梁的高程控制方式。

④基准线钢丝由细钢丝、铁立杆、弹簧秤和张紧器等组成。钢丝可使用直径为 2 ~ 2.5mm的弹簧钢丝，每段长度以200m 为宜，钢丝的张紧力一般需要 800 ~ 1 000N。基准线的敷设如图 4-7 所示，两根立杆的间距一般为 5 ~ 10m，在弯道处间距要短些。然后根据施工时的高程值上下移动每根立杆上的挂线器，达到要求的高程后固定挂线器，直接将钢丝挂到挂线器上，完成高程放样。敷设基准线时将其一端固定，另一端通过弹簧秤连接于张紧器上（图 4-7）。

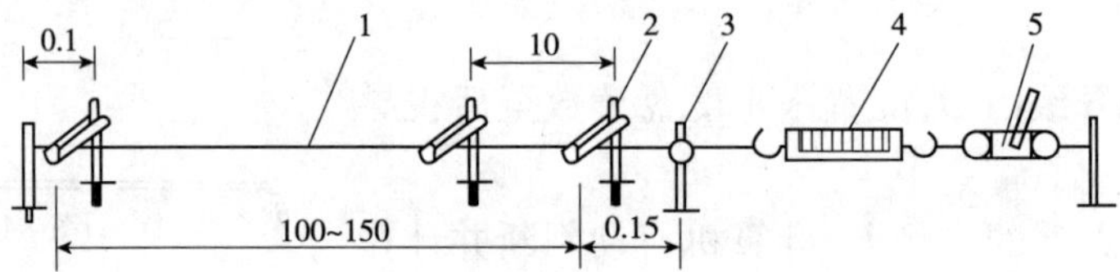

图 4-7　基准线的敷设示意图（尺寸单位：m）

1-钢丝；2-铁立杆；3-标桩；4-弹簧秤；5-张紧器

学习情境5 半刚性基层施工

学习目标

【知识目标】 完成本学习情境的学习，学生能够熟练地掌握半刚性基层施工的程序、施工工艺要求，并能处理施工中常见的问题。

【能力目标】 学生能够实施并指导路面基层现场施工。

情境设计

【实施时间】 (1)开工前；

(2)施工过程中。

【实施地点】 混合料拌和站、施工现场、工地试验室。

【实施人员】 施工员、资料员。

【实施内容】 按施工工序完成半刚性基层施工，并填写相关内业资料。

项 目 引 导

路面工程质量管理的内容是很丰富的，各等级道路路面的质量要求不同，其质量管理工作包括设计、施工过程中的质量管理和检查验收，其中要进行材料试验、铺筑试验路段等一系列工作。为了保证这些工作的质量，必须建立健全工地试验、质量检查及工序间的交接验收等各项制度，真正做到试验和检验记录齐全、数据真实可靠。

一、施工过程质量控制

施工过程质量控制的主要项目有：含水率、集料级配、石料压碎值、结合料剂量、拌和均匀性、压实度、弯沉值等。表5-1、表5-2中列出了主要测定频度和质量标准。

无机结合料底基层质量控制项目和质量标准　　表5-1

工程类别	项　目	频　　度	质量标准	达不到要求的参考处理措施	备　　注
无机结合料底基层	含水率	据观察，异常时随时试验	最佳含水率 -1% ~ +2%	含水率多时晒干，过干时补充洒水	开始碾压时及碾压过程中进行

续上表

工程类别	项目	频度	质量标准	达不到要求的参考处理措施	备注
无机结合料底基层	级配	据观察，异常时随时试验	在规定范围内	调查原材料，按需要修正现场级配	在料场和施工现场进行。含土集料应用湿筛分法
	均匀性	随时观察	无粗、细集料离析现象	局部添加所缺集料补充拌和或填换新料	在摊铺、拌和整平中进行
	压实度	每一作业段或不大于 2 000m^2 检查 6 次以上	96% 以上。填隙碎石以固体体积率表示，不小于 83%	继续碾压；局部含水率过大或材料不良地点，挖除并换填好料	以灌砂法为准。每个点受压路机的作用次数力求相等
	塑性指数	每 1 000m^2 1 次，异常时随时试验	小于规定值	塑性指数高时，掺加砂或石屑，或用石灰、水泥处治	在料场和施工现场进行。塑限用搓条法试验
	承载比	每 3 000m^2 1 次，异常时随时增加试验	不小于规定值	废除、换合格的材料；采用其他措施	在料场和施工现场进行，取样进行室内试验
	弯沉值	每一评定段（不超过 1km）每车道 40 ~ 50 测点	95% 或 97.7% 概率上波动界限不大于计算得的容许值	继续碾压，局部处理	碾压完成后检验

无机结合料基层质量控制项目和质量标准 表 5-2

工程类别	项目	频度	质量标准	达不到要求的参考处理措施	备注
无机结合料基层	含水率	据观察，异常时随时试验	最佳含水率 -1% ~ +2%	含水率多时晒干，过干时补充洒水	开始碾压时及碾压过程中进行
	级配	每 2 000m^2 1 次	在规定范围内	调查原材料，按需要修正现场配合比	整平结束前取样，含土集料采用湿筛分法
	均匀性	随时观察	无粗、细集料离析现象	局部添加所缺集料，补充拌和或填换新料	在摊铺、拌和、整平中进行
	压实度	每一作业段或不大于 2 000m^2 检查 6 次以上	级配集料基层和中间层 98%，填隙碎石以固体体积率 85%	继续碾压；局部含水率过大或材料不良地点，挖除并换填好料	以灌砂法为准。每个点受压路机作用次数力求相等
	塑性指数	每 1 000m^2 1 次，异常时随时试验	小于规定值	限制 0.5mm 以下细土用量；用水泥或石灰处治	在料场和施工现场进行。塑限用搓条法试验
	压碎值	据观察，异常时随时试验	不超过规定值	废除、换合格的材料；采用其他措施	在料场和施工现场进行，取样进行室内试验
	承载比	每 3 000m^2 1 次，异常时增加试验	不小于规定值	废除、换合格的材料；采用其他措施	在料场和施工现场进行，取样进行室内试验
	弯沉值	每一评定段（不超过 1km）每车道 40 ~ 50 测点	95% 或 97.7% 概率上波动，界限不大于计算得的容许值	继续碾压，局部处理	碾压完成后检验

二、外形尺寸管理

外形尺寸主要靠日常管理。外形管理的测量频度和质量标准列于表5-3中。

外形管理的测量频度和质量标准　　表5-3

<table>
<tr><th rowspan="2">工程种类</th><th rowspan="2" colspan="2">项　目</th><th rowspan="2">频　度</th><th colspan="2">质量标准</th></tr>
<tr><th>高速公路、一级公路</th><th>其他等级公路</th></tr>
<tr><td rowspan="6">底基层</td><td colspan="2">纵断高程(mm)</td><td>高速公路、一级公路每20m一个断面,每个断面3~5个点;其他等级公路每20m一个点</td><td>+5,-15</td><td>+5,-20</td></tr>
<tr><td rowspan="2">厚度(mm)</td><td>均值</td><td rowspan="2">每1 500~2 000m² 6个点</td><td>-10</td><td>-12</td></tr>
<tr><td>单个值</td><td>-25</td><td>-30</td></tr>
<tr><td colspan="2">宽度(mm)</td><td>每40延米1处</td><td>+0以上</td><td>+0以上</td></tr>
<tr><td colspan="2">横坡度(%)</td><td>每100延米3处</td><td>±0.3</td><td>±0.5</td></tr>
<tr><td colspan="2">平整度(mm)</td><td>每200延米2处,每处连续10尺(3m直尺)</td><td>12</td><td>15</td></tr>
<tr><td rowspan="6">基层</td><td colspan="2">纵断高程(mm)</td><td>高速公路、一级公路每20m一个断面,每个断面3~5个点;其他公路每20m一个点</td><td>+5,-10</td><td>+5,-15</td></tr>
<tr><td rowspan="2">厚度(mm)</td><td>均值</td><td rowspan="2">每1 500~2 000m² 6个点</td><td>-8</td><td>-10</td></tr>
<tr><td>单个值</td><td>-20</td><td>-25</td></tr>
<tr><td colspan="2">宽度(mm)</td><td>每40延米1处</td><td>+0以上</td><td>+0以上</td></tr>
<tr><td colspan="2">横坡度(%)</td><td>每100延米3处</td><td>±0.3</td><td>±0.5</td></tr>
<tr><td colspan="2">平整度(mm)</td><td>每200延米2处,每处连续10尺(3m直尺)</td><td>8</td><td>10</td></tr>
</table>

三、铺筑试验段

在底基层和基层正式开工之前,应铺筑试验段,通过铺筑无机结合料的集料基层试验段,确定以下主要项目:

(1)用于施工的集料配合比。

(2)材料的松铺系数。

(3)确定标准施工方法:

①集料数量的控制;

②集料摊铺方法和适用机具;

③合适的拌和机械、拌和方法、拌和深度和拌和遍数;

④集料含水率的增加和控制方法;

⑤整平和整形的合适机具和方法;

⑥压实机械的选择和组合,压实的顺序、速度和遍数;

⑦拌和、运输、摊铺和碾压机械的协调和配合;

⑧密实度的检查方法,初定每一作业段的最小检查数量。

(4)确定每一作业段的合适长度。

(5)确定一次铺筑的合适厚度。

通过铺筑水泥稳定土、石灰稳定土和石灰工业废渣稳定土基层试验段,还应确定控制结合料数量和拌和均匀性的方法。

对于水泥稳定土基层,还包括通过严密组织拌和、洒水、整形、碾压等工序,缩短延迟时间,规定允许的拌和时间。

任务1 水泥稳定土基层施工

一、水泥稳定土结构层施工时应遵守的规定

(1)土块应尽可能粉碎,土块最大尺寸不应大于15mm。

(2)配料应准确。

(3)路拌法施工时水泥应摊铺均匀。

(4)洒水、拌和均匀。

(5)应严格控制基层厚度和高程,其路拱横坡应与面层一致。

(6)应在混合料处于或略大于最佳含水率(气候炎热干燥时,基层混合料可达1% ~ 2%)时进行碾压,直到达到下列按重型击实试验法确定的要求压实度(最低要求)。

基层:

高速公路和一级公路98%。

二级和二级以下公路,水泥稳定中粒土和粗粒土97%;水泥稳定细粒土93%。

底基层:

高速公路和一级公路,水泥稳定中粒土和粗粒土97%;水泥稳定细粒土95%。

二级和二级以下公路,水泥稳定中粒土和粗粒土95%;水泥稳定细粒土93%。

由于当前有多种大能量压路机,压实度宜提高1% ~2%。

(7)水泥稳定土基层施工时,严禁用薄层贴补法进行找平。

(8)必须保湿养生,不使稳定土层表面干燥,也不应忽干忽湿。

(9)水泥稳定土基层上未铺封层或面层时,除施工车辆可慢速(不超过30km/h)通行外,禁止一切机动车辆通行。

基层分两层施工时,在铺筑上层前,应在下层顶面先撒(洒)薄层水泥或水泥净浆。

在雨季施工水泥稳定土,特别是水泥土结构层时,应特别注意气候变化,勿使水泥和混合料遭雨淋。降雨时应停止施工,但已经摊铺的水泥混合料应尽快碾压密实。路拌法施工时,应采取措施排除下承层表面的水,勿使运到路上的集料过分潮湿。

二、路拌法施工

路拌法施工的工艺流程宜按图3-5的顺序进行。

1. 准备下承层

水泥稳定级配碎石一般作为基层使用,底基层多为石灰土或水泥石灰综合稳定土。在粉质土地区,石灰土、水泥石灰综合稳定土成型困难,在碾压过程中易产生剪切破坏,表面出现推移、起皮,加上封土碾压的表面会出现凹凸不平及强度不均匀现象。这是产生拉应力和

剪应力的重要因素。因此,在施工前应将推移、起皮及不平处铲除,清扫干净,再用洒水车洒水使基层表面潮湿,水量不宜过大。

(1)水泥稳定土的下承层表面应平整、坚实,具有规定的路拱,下承层的平整度和压实度应符合规范的规定。

(2)当水泥稳定土用做基层时,要准备底基层;当水泥稳定土用做老路面的加强层时,要准备老路面;当水泥稳定土用做底基层时,要准备土基。

①对土基不论是路堤还是路堑,必须用12~15t三轮压路机或等效的碾压机械进行3~4遍碾压检验。在碾压过程中,如发现土过干、表层松散,应适当洒水;如土过湿,发生“弹簧”现象,应采用挖开晾晒、换土、掺石灰或水泥等措施进行处理。

②对于底基层,应进行压实度检查,对于柔性底基层还应进行弯沉值检验。凡不符合设计要求的路段,必须根据具体情况,采取措施,使之达到规范规定的标准。

③对于老路面,应检查其材料是否符合底基层材料的技术要求,如不符合要求,应翻松老路面并采取必要的处理措施。

④底基层或老路面上的低洼和坑洞,应仔细填补并及时压实;搓板和辙槽应刮除;松散处,应耙松洒水并重新碾压,达到平整密实。

⑤新完成的底基层或土基,必须按规范的规定进行验收。凡验收不合格的路段,必须采取措施,使其达到标准后,方可铺筑水泥稳定土层。

⑥应按规范的规定逐个断面检查下承层高程。

(3)在槽式断面的路段,两侧路肩上每隔一定距离(可为5~10m)交错开挖泄水沟(或做盲沟)。

2. 施工放样

(1)在底基层、老路面或土基上恢复中线,直线段每15~20m设一桩,平曲线段每10~15m设一桩,并在两侧路肩边缘外设指示桩。

(2)在两侧指示桩上用明显标记标出水泥稳定土层边缘的设计高。

3. 备料

1)利用老路面或土基上部材料

(1)首先必须将老路面上或土基表面的石块等杂物清除干净。

(2)每隔10~20m挖一小洞,使洞底高程与预定的水泥稳定土层的底面高程相同,并在洞底做一标记,以控制翻松及粉碎的深度。

(3)用犁、松土机、装有强固齿的平地机或推土机将老路面或土基的上部翻松到预定的深度,土块应粉碎到符合要求。

(4)应经常用犁将土向路中心翻松,使预定处治层的边部成一个垂直面,防止处治宽度超过规定。

(5)用专用机械粉碎黏性土。在无专用机械的情况下,也可以用旋转耕作机、圆盘耙粉碎塑性指数不大的土。

2)利用料场的土(包括细粒土、中粒土和粗粒土)

(1)采集土前,应先将树木、草皮和杂土清除干净。

(2)土中的超尺寸颗粒应予筛除。

(3)应在预定的深度范围内采集土,不应分层采集,不应将不合格的土采集在一起。

(4)对于塑性指数大于12的黏性土,可视土质和机械性能确定土是否需要过筛。

(5)计算材料用量。根据各路段水泥稳定土层的宽度、厚度及预定的干密度,计算各路段需要的干燥土的数量。根据料场土的含水率和所用运料车辆的吨位,计算每车料的堆放距离。根据水泥稳定土层的厚度和预定的干密度及水泥剂量,计算每 $1m^2$ 水泥稳定土需要的水泥用量,并确定水泥摆放的纵横间距。

(6)在预定堆料的下承层上,在堆料前应先洒水,使其表面湿润,但不应过分潮湿而造成泥泞。

(7)土装车时,应控制每车料的数量基本相等。

(8)在同一料场供料的路段内,由远到近将料按上述计算距离卸置于下承层表面的中间或两侧。卸料距离应严格掌握,避免有的路段料不够或过多。

(9)料堆每隔一定距离应留一缺口。

(10)土在下承层上的堆置时间不应过长。运送土只宜比摊铺土工序提前1~2d。

(11)当路肩用料与稳定土层用料不同时,应采取培肩措施,先将两侧路肩培好。路肩料层的压实厚度应与稳定土层的压实厚度相同。在路肩上,每隔5~10m应交错开挖临时泄水沟。

4.摊铺土

(1)应事先通过试验确定土的松铺系数。人工摊铺混合料时,其松铺系数可按表5-4选用。

混合料松铺系数参考表 表5-4

材料名称	松铺系数	备注
水泥稳定砂砾	1.30~1.35	
水泥土	1.53~1.58	现场人工摊铺土和水泥,机械拌和,人工整平

(2)摊铺土应在摊铺水泥的前一天进行。摊铺长度按日进度的需要量控制,满足次日完成掺加水泥、拌和、碾压成形即可。雨季施工,如第二天有雨,不宜提前摊铺土。

(3)应将土均匀地摊铺在预定的宽度上,表面应力求平整,并有规定的路拱。

(4)摊料过程中,应将土块、超尺寸颗粒及其他杂物拣除。

(5)如土中有较多土块,应进行粉碎。

(6)检验松铺土层的厚度,应符合预计要求。

(7)除洒水车外,严禁其他车辆在土层上通行。

5.洒水闷料

(1)如已整平的土(含粉碎的老路面)含水率过小,应在土层上洒水闷料。洒水应均匀,防止出现局部水分过多的现象。

(2)严禁洒水车在洒水段内停留和掉头。

(3)细粒土应经一夜闷料;中粒土和粗粒土,视其中细土含量的多少,可缩短闷料时间。

(4)如为综合稳定土,应先将石灰和土拌和后一起进行闷料。

6.整平和轻压

对人工摊铺的土层整平后,用6~8t两轮压路机碾压1~2遍,使其表面平整,并有一定的压实度。

7. 摆放和摊铺水泥

(1)按已计算出的每袋水泥的纵横间距,在土层上做安放标记。

(2)应将水泥当日直接送到摊铺路段,卸在做标记的地点,并检查有无遗漏和多余。运水泥的车应有防雨设备。

(3)用刮板将水泥均匀摊开,并注意使每袋水泥的摊铺面积相等。水泥摊铺完后,表面应没有空白位置,也没有水泥过分集中的地点。

8. 拌和(干拌)

(1)对二级及二级以上公路,应采用专用稳定土拌和机进行拌和,并设专人跟随拌和机,随时检查拌和深度并配合拌和机操作员调整拌和深度。拌和深度应达稳定层底并宜侵入下承层5~10mm,以利上下层黏结。严禁在拌和层底部留有素土夹层。通常应拌和2遍以上,在最后一遍拌和之前,必要时可先用多铧犁紧贴底面翻拌1遍。直接铺在土基上的拌和层也应避免素土夹层。

(2)对于三、四级公路,在没有专用拌和机械的情况下,可用农用旋转耕作机与多铧犁或平地机相配合进行拌和,但应注意拌和效果,拌和时间不能过长。

先用平地机或多铧犁(四铧犁或五铧犁)将铺好水泥的土翻拌2遍,使水泥分布到土中,但不应翻犁到底,防止水泥落到底部。第一遍由路中心开始,将混合料向中间翻,机械应慢速前进;第二遍应相反,从两边开始,将混合料向外侧翻。接着用旋转耕作机拌和2遍,再用多铧犁或平地机将底部料翻起。随时检查调整翻犁的深度,使稳定土层全部翻透。严禁在稳定土层与下承层之间残留一层素土,也应防止翻犁过深或过多破坏下承层的表面,通常应翻犁2遍。接着,再用旋转耕作机拌和2遍,用多铧犁或平地机再翻犁2遍。

(3)对于三、四级公路,在没有专用拌和机械的情况下,也可以用缺口圆盘耙与多铧犁或平地机相配合,拌和水泥稳定细粒土和中粒土。但应注意拌和效果,拌和时间不可过长。用平地机或多铧犁在前面翻拌,用圆盘耙跟在后面拌和。圆盘耙的速度应尽量快,使水泥与土拌和均匀。应翻拌4遍,开始的2遍不应翻犁到底,以防水泥落到底部;后面的2遍应翻犁到底,随时检查调整翻犁的深度,要求同本条第(2)款。

9. 加水并湿拌

(1)在上述拌和过程结束时,如果混合料的含水率不足,应用喷管式洒水车(普通洒水车不适宜用于路面施工)补充洒水。水车起洒处和另一端掉头处都应超出拌和段2m以上。洒水车不应在正进行拌和以及当天计划拌和的路段上掉头和停留,以防局部水量过大。

(2)洒水后,应再次进行拌和,使水分在混合料中分布均匀。拌和机械应紧跟在洒水车后面进行拌和,减少水分流失。

(3)洒水及拌和过程中,应及时检查混合料的含水率,含水率宜略大于最佳值。对于稳定粗粒土和中粒土,宜较最佳含水率大0.5%~1.0%;对于稳定细粒土,宜较最佳含水率大1%~2%。

(4)在洒水拌和过程中,应配合人工拣出超尺寸颗粒,消除粗细颗粒“窝”以及局部过分潮湿或过分干燥之处。

(5)混合料拌和均匀后应色泽一致,没有灰条、灰团和花面,即无明显粗细集料离析现象,且水分合适和均匀。

10. 整形

(1)混合料拌和均匀后,应立即用平地机初步整形。在直线段,平地机由两侧向路中心进行刮平;在平曲线段,平地机由内侧向外侧进行刮平。必要时,再返回刮1遍。

(2)用拖拉机、平地机或轮胎压路机立即在初平的路段上快速碾压1遍,以暴露潜在的不平整。

(3)再用平地机按本条第(1)款进行整形,整形前应用齿耙将轮迹低洼处表层5cm以上耙松,并按本条第(2)款再碾压1遍。

(4)对于局部低洼处,应用齿耙将其表层5cm以上耙松,并用新拌的混合料进行找平。

(5)再用平地机整形1次。应将高处料直接刮出路外,不应形成薄层贴补现象。

(6)每次整形都应达到规定的坡度和路拱,并应特别注意接缝处必须顺适平整。

(7)当用人工整形时,应用锹和耙先将混合料摊平,用路拱板进行初步整形。用拖拉机初压1~2遍后,根据实测的松铺系数,确定纵横断面的高程,并设置标记和挂线。利用锹耙按线整形,再用路拱板校正成形。如为水泥土,在拖拉机初压之后,可用重型框式路拱板(拖拉机牵引)进行整形。

(8)在整形过程中,严禁任何车辆通行,并保持无明显的粗细集料离析现象。

11. 碾压

(1)根据路宽、压路机的轮宽和轮距的不同,制订碾压方案,应使各部分碾压到的次数尽量相同,路面的两侧应多压2~3遍。

(2)整形后,当混合料的含水率为最佳含水率(+1%~+2%)时,应立即用轻型压路机并配合12t以上压路机在结构层全宽内进行碾压。直线和不设超高的平曲线段,由两侧路肩向路中心碾压时,应重叠1/2轮宽,后轮必须超过两段的接缝处,后轮压完路面全宽时,即为一遍。一般需碾压6~8遍。压路机的碾压速度,头两遍以采用1.5~1.7km/h为宜,以后宜采用2.0~2.5km/h。采用人工摊铺和整形的稳定土层,宜先用拖拉机或6~8t两轮压路机或轮胎压路机碾压1~2遍,然后再用重型压路机碾压。

(3)严禁压路机在已完成的或正在碾压的路段上掉头或急制动,应保证稳定土层表面不被破坏。

(4)碾压过程中,水泥稳定土的表面应始终保持湿润,如水分蒸发过快,应及时补洒少量的水,但严禁洒大量水碾压。

(5)碾压过程中,如有"弹簧"、松散、起皮等现象,应及时翻开重新拌和(加适量的水泥)或用其他方法处理,使其达到质量要求。

(6)经过拌和、整形的水泥稳定土,宜在水泥初凝前并应在试验确定的延迟时间内完成碾压,并达到要求的密实度,同时没有明显的轮迹。

(7)在碾压结束之前,用平地机再终平一次,使其纵向顺适,路拱和超高符合设计要求。终平应仔细进行,必须将局部高出部分刮除并扫出路外;对于局部低洼之处,不再进行找补,可留待铺筑沥青面层时处理。

12. 接缝和掉头处的处理

(1)同日施工的两工作段的衔接处,应采用搭接。前一段拌和整形后,留5~8m不进行碾压,后一段施工时,前段留下未压部分,应再加部分水泥重新拌和,并与后一段一起碾压。

(2)经过拌和、整形的水泥稳定土,应在试验确定的延迟时间内完成碾压。

(3)应注意每天最后一段末端缝(工作缝)的处理。工作缝和掉头处可按下述方法处理:

①在已碾压完成的水泥稳定土层末端,沿稳定土挖一条横贯铺筑层全宽的宽约30cm的槽,直挖到下承层顶面。此槽应与路的中心线垂直,靠稳定土的一面应切成垂直面,并放两根与压实厚度等厚、长为全宽一半的方木紧贴其垂直面。

②用原挖出的素土回填槽内其余部分。

③如拌和机械或其他机械必须到已压成的水泥稳定土层上掉头,应采取措施保护掉头作业段。一般可在准备用于掉头的8~10m长的稳定土层上,先覆盖一张厚塑料布或油毡纸,然后铺上约10cm厚的土、砂或砂砾。

④第二天,邻接作业段拌和后,除去方木,用混合料回填。靠近方木未能拌和的一小段,应人工进行补充拌和。整平时,接缝处的水泥稳定土应较已完成断面高出约5cm,以利形成一个平顺的接缝。

⑤整平后,用平地机将塑料布上大部分土除去(注意勿刮破塑料布),然后人工除去余下的土,并收起塑料布。

在新混合料碾压过程中,应将接缝修整平顺。

(4)纵缝的处理。水泥稳定土层的施工应该避免纵向接缝,在必须分两幅施工时,纵缝必须垂直相接,不应斜接。

纵缝应按下述方法处理:

①在前一幅施工时,在靠中央一侧用方木或钢模板做支撑,方木或钢模板的高度与稳定土层的压实厚度相同。

②混合料拌和结束后,靠近支撑木(或板)的一部分,应人工进行补充拌和,然后整形和碾压。

③养生结束后,在铺筑另一幅之前,拆除支撑木(或板)。

④第二幅混合料拌和结束后,靠近第一幅的部分,应采用人工补充拌和,然后进行整形和碾压。

三、中心站集中厂拌法施工

1.拌和

(1)水泥稳定土可以在中心站用厂拌设备进行集中拌和,对于高速公路和一级公路,应采用专用稳定土集中厂拌机械拌制混合料。集中拌和时,应符合下列要求:

①土块应粉碎,最大尺寸不得大于15mm;

②配料应准确,拌和应均匀;

③含水率宜略大于最佳值,使混合料运到现场摊铺后碾压时的含水率不小于最佳值;

④不同粒级的碎石或砾石以及细集料(如石屑和砂)应隔离,分别堆放。

(2)当采用链接式的稳定土厂拌设备拌和时,应保证集料的最大粒径和级配符合要求。

(3)在正式拌制混合料之前,必须先调试所用的设备,使混合料的颗粒组成和含水率都达到规定的要求。原集料的颗粒组成发生变化时，应重新调试设备。

(4)在潮湿多雨地区或其他地区的雨季施工时，应采取措施，保护集料，特别是细集料(如石屑和砂等)应有覆盖，防止雨淋；应根据集料和混合料含水率的大小，及时调整加水量。

2. 运输

应尽快将拌成的混合料运送到铺筑现场。车上的混合料应覆盖，减少水分损失。

(1)采用车况较好的自卸汽车，以保持摊铺的连续性。车辆数应根据运距、拌和机生产能力、摊铺生产能力综合考虑，以"后场不积料，前场不待料"为原则。

(2)可将拌好的混合料从拌和机直接卸入自卸卡车，并尽快送到铺筑现场。在装车时要不停地移动位置，以防离析。

(3)混合料的运输一定要及时，运输的时间一般要限制在30min以内，若运输时间超过初凝时间要返回料厂重拌。

(4)在运输过程中要根据运距的长短和天气情况来决定是否覆盖，以减少水分损失。

(5)在装料前及卸料后均要清理车箱底，以防止混合料凝结。

3. 摊铺

(1)应采用沥青混凝土摊铺机或稳定土摊铺机摊铺混合料。如下承层是稳定细粒土，应先将下承层顶面拉毛，再摊铺混合料。

(2)拌和机与摊铺机的生产能力应互相匹配。对于高速公路和一级公路，摊铺机宜连续摊铺，拌和机的产量宜大于400t/h。如拌和机的生产能力较小，在用摊铺机摊铺混合料时，应采用最低速度摊铺，减少摊铺机停机待料的情况。

(3)在摊铺机后面应设专人消除粗细集料离析现象，特别应该铲除局部粗集料"窝"，并用新拌混合料填补。

(4)宜先用轻型两轮压路机跟在摊铺机后及时进行碾压，后用重型振动压路机、三轮压路机或轮胎压路机继续碾压密实。

(5)在二、三、四级公路上，没有摊铺机时，可采用摊铺箱摊铺混合料，也可以用自动平地机按以下步骤摊铺混合料：

①根据铺筑层的厚度和要求达到的压实干密度，计算每车混合料的摊铺面积；

②将混合料均匀地卸在路幅中央，路幅宽时，也可将混合料卸成两行；

③用平地机将混合料按松铺厚度摊铺均匀；

④设一个3~5人的小组，携带一辆装有新拌混合料的小车，跟在平地机后面，及时铲除粗集料"窝"和粗集料"带"，补以新拌的均匀混合料，或补撒均匀的细混合料，并与粗集料拌和均匀。

4. 整形和碾压

用平地机摊铺混合料后的整形和碾压均与路拌法相同。

5. 接缝处理

(1)集中厂拌法施工时的横向接缝应符合下列要求：

①用摊铺机摊铺混合料时，不宜中断，如因故中断时间超过2h，应设置横向接缝，摊铺机应驶离混合料末端。

②人工将末端含水率合适的混合料摊铺整齐，紧靠混合料放2根方木，方木的高度应与

混合料的压实厚度相同，整平紧靠方木的混合料。

③方木的另一侧用砂砾或碎石回填约3m长，其高度应高出方木几厘米。

④将混合料碾压密实。

⑤在重新开始摊铺混合料之前，将砂砾或碎石和方木除去，并将下承层顶面清扫干净。

⑥摊铺机返回到已压实层的末端，重新开始摊铺混合料。

⑦如摊铺中断后，未按上述方法处理横向接缝，而中断时间已超过2h，则应将摊铺机附近及其下面未经压实的混合料铲除，并将已碾压密实且高程和平整度符合要求的末端挖成与路中心线垂直并垂直向下的断面，然后再摊铺新的混合料。

(2)应避免纵向接缝。高速公路和一级公路的基层应分两幅摊铺，宜采用2台摊铺机一前一后相隔5~10m同步向前摊铺混合料，并一起进行碾压。

在不能避免纵向接缝的情况下，纵缝必须垂直相接，严禁斜接，并符合下列规定：

①在前一幅摊铺时，在靠中央的一侧用方木或钢模板作支撑，方木或钢模板的高度应与稳定土层的压实厚度相同。

②养生结束后，在摊铺另一幅之前，拆除支撑木(或板)。

(3)用平地机摊铺混合料时，横向接缝和纵向接缝的处理方法同厂拌法。

6. 养生及交通管制

(1)水泥稳定土底基层分层施工时，下层水泥稳定土碾压完后，在采用重型振动压路机碾压时，宜养生7d后铺筑上层水泥稳定土。在铺筑上层稳定土之前，应始终保持下层表面湿润。在铺筑上层稳定土时，宜在下层表面撒(洒)少量水泥或水泥浆。底基层养生7d后，方可铺筑基层。

水泥稳定级配碎石(或砾石)基层分两层用摊铺机铺筑时，下层分段摊铺和碾压密实后，在不采用重型振动压路机碾压时，宜立即摊铺上层，否则在下层顶面应撒(洒)少量水泥或水泥浆。

(2)每一段碾压完成并经压实度检查合格后，应立即开始养生。

(3)在养生期间未采用覆盖措施的水泥稳定土层上，除洒水车外，应封闭交通。在采用覆盖措施的水泥稳定土层上，不能封闭交通时，应限制重车通行，其他车辆的车速不应超过30km/h。

(4)养生期结束后，如其上为沥青面层，应先清扫基层，并立即喷洒透层沥青或黏层沥青。在喷洒透层沥青或黏层沥青后，宜在上均匀撒布5~10mm的小碎(砾)石①，用量为全铺一层用量的60%~70%。

注：①如喷洒的透层沥青能透入基层，且运料车辆和面层混合料摊铺机在上行驶不会破坏沥青膜时，可以不撒小碎(砾)石。在撒小碎(砾)石的情况下，应尽早铺筑沥青面层的底面层。

在清扫干净的基层上，也可先做下封层，以防止基层干缩开裂，同时保护基层免遭施工车辆破坏。宜在铺设下封层后的10~30d内开始铺筑沥青面层的底面层。如为水泥混凝土面层，也不宜让基层长期暴晒，以免开裂。

7. 路缘处理

如水泥稳定土层上为薄沥青面层，基层每边应较面层宽20cm以上。在基层全宽上喷洒透层沥青或黏层沥青或设下封层，沥青面层边缘向外侧做成三角形。

如设置路缘石，必须注意防止路缘石阻滞路面上表面水和结构层中水的排除。

四、施工过程中的质量控制项目(表5-5)

水泥或石灰稳定土基层、底基层质量控制项目和质量标准　　表5-5

工程类别	项目		频度	质量标准	达不到要求的参考处理措施	备注
水泥或石灰稳定土基层、底基层	级配		每2 000m² 1次	在规定范围内	调查原材料，按需要修正现场配合比	指定中粒土和粗粒土，在现场摊铺整平过程中取样
	压碎值		据观察，异常时随时试验	不超过规定值	废除、换合格的材料；采用其他措施	在现场摊铺整平过程中取样
	水泥或石灰剂量		每一作业段或不大于2 000m²检查6次以上。用滴定法或用直读式测钙仪试验，并与实际水泥用量校核	-1.0%	检查原因，进行调查	在现场摊铺整平过程中取样
	含水率	水泥稳定土	据观察，异常时随时试验	最佳含水率-1%～+2%	含水率多时晒干，过干时补充洒水	拌和过程中、开始碾压时及碾压过程中检验。注意水泥稳定土规定的延迟时间
		石灰稳定土		最佳含水率±1%		
	拌和均匀性		随时观察	无灰条、灰团，色泽均匀，无离析现象	补充拌和，处理粗集料"窝"和粗集料"带"	
	压实度	稳定细粒土	每一作业段或不大于2 000m²检查6次以上	高速公路和一级公路95%以上，其他等级公路93%以上	继续碾压；局部含水率过大或材料不良地点，挖除并换填好料	以灌砂法为准。每个点受压路机作用次数力求相等
		稳定中粒土和粗粒土		高速公路和一级公路的底基层96%，基层98%；其他等级公路底基层95%，基层97%		
	抗压强度		稳定细粒土，2 000m² 6个试件，稳定中粒土和粗粒土2 000m² 9个和13个试件	符合规定要求	调查原材料，按需要增加结合料剂量，改善材料颗粒组成或采用其他措施	整平过程中随机取样，一处一个样品，不应混合，制作时不再拌和。试件密度与现场密度相同
	延迟时间		每一作业段1次	不超过规定值	适当处理，改进施工方法	仅指水泥和综合稳定土。记录从加水拌和到碾压结束的时间

任务2 石灰稳定土基层施工

一、石灰稳定土基层施工时应遵守的规定

(1)细粒土应尽可能粉碎,土块最大尺寸不应大于15mm。

(2)配料应准确。

(3)路拌法施工时,石灰应摊铺均匀。

(4)洒水、拌和应均匀。

(5)应严格控制基层厚度和高程,其路拱横坡应与面层一致。

(6)应在混合料处于最佳含水率或略小于最佳含水率(1% ~2%)时进行碾压,直到达到下列按重型击实试验法确定的要求压实度。

基层:

二级和二级以下公路,石灰稳定中粒土和粗粒土97%;石灰稳定细粒土93%。

底基层:

高速公路和一级公路,石灰稳定中粒土和粗粒土97%;石灰稳定细粒土95%。

二级和二级以下公路,石灰稳定中粒土和粗粒土95%;石灰稳定细粒土93%。

(7)石灰稳定土层宜在当天碾压完成,碾压完成后必须保湿养生,不使稳定土层表面干燥,也不应过分潮湿。

二、其他注意事项

(1)石灰稳定土基层施工时,严禁用薄层贴补的办法进行找平。

(2)在采用石灰土做基层时,必须采取措施防止表面水透入基层,同时应经历一个月以上温暖和热的气候养生。用石灰稳定土做沥青路面的基层时,还应采取措施加强基层与面层的联结。

三、路拌法施工

路拌法施工石灰稳定土的工艺流程宜按图3-7的顺序进行。

1. 准备下承层和施工放样

准备下承层和施工放样要求同水泥稳定土基层。

2. 备料

备料除应符合水泥稳定土基层的要求外,还应符合下列规定:

(1)当需分层采集土时,应将土先分层堆放在一块场地上,然后从前到后将上下层土一起装车运送到现场。

(2)对于塑性指数小于15的黏性土,机械拌和时,可视土质和机械性能确定是否需要过筛。人工拌和时,应筛除15mm以上的土块。

(3)石灰应选择公路两侧宽敞、临近水源且地势较高的场地集中堆放。当堆放时间较长时,应覆盖封存。石灰堆放在集中拌和场地时间较长时,也应覆盖封存。

(4)生石灰块应在使用前7～10d充分消解。消解后的石灰应保持一定的湿度,不得产生扬尘,也不可过湿成团。

(5)消石灰宜过孔径10mm的筛,并尽快使用。

3. 摊铺土

应事先通过试验确定土的松铺系数。人工摊铺混合料时,其松铺系数可按表5-6选用。其他要求同水泥稳定土。

人工摊铺混合料松铺系数表　　表5-6

材料名称	松铺系数	备注
石灰土	1.53～1.58	现场人工摊铺土和石灰,机械拌和,人工整平
	1.65～1.70	路外集中拌和,运到现场人工摊铺
石灰土砂砾	1.52～1.56	路外集中拌和,运到现场人工摊铺

4. 洒水闷料、整平和轻压

洒水闷料、整平和轻压要求同水泥稳定土。

5. 卸置和摊铺石灰

(1)按计算所得的每车石灰的纵横间距,用石灰在土层上做标记,同时画出摊铺石灰的边线。

(2)用刮板将石灰均匀摊开,石灰摊铺完后,表面应没有空白位置。量测石灰的松铺厚度,根据石灰的含水率和松密度,校核石灰用量是否合适。

6. 拌和与洒水

(1)对二级及二级以上公路,要求同水泥稳定土第(1)款,只是当使用生石灰粉时,宜先用平地机或多铧犁将石灰翻到土层中间,但不能翻到底部。

(2)对于三、四级公路的石灰稳定细粒土和中粒土,在没有专用拌和机械的情况下,可用农用旋转耕作机与多铧犁或平地机相配合拌和4遍。先用旋转耕作机拌和2遍,后用多铧犁或平地机将底部素土翻起,再用旋转耕作机拌和2遍,多铧犁或平地机将底部料再翻起,并随时检查调整翻犁的深度,使稳定土层全部翻透。严禁在稳定土层与下承层之间残留一层素土,但也应防止翻犁过深,过多破坏下承层的表面。也可以用缺口圆盘耙与多铧犁或平地机相配合,拌和石灰稳定细粒土、中粒土和粗粒土。要求同水泥稳定土第(3)款。

(3)拌和过程中混合料的含水率及检查应符合水泥稳定土第(1)～(5)款的规定。

(4)如为石灰稳定级配碎石或砂砾时,应先将石灰和需添加的黏性土拌和均匀,然后均匀地摊铺在级配碎石或砂砾层上,再一起进行拌和。

(5)用石灰稳定塑性指数大的黏土时,应采用2次拌和。第一次加70%～100%预定剂量的石灰进行拌和,闷放1～2d,此后补足需用的石灰,再进行第二次拌和。

7. 整形和碾压

整形和碾压要求同水泥稳定土。

8. 接缝和掉头处的处理

(1)同日施工的两工作段的衔接处,应采用搭接形式。前一段拌和整形后,留5～8mm不进行碾压,后一段施工时,应与前段留下未压部分一起再进行拌和。

(2)拌和机械及其他机械不宜在已压成的石灰稳定土层上掉头。如必须掉头,应采取措施保护掉头部分,使石灰稳定土表层不被破坏。

(3)纵缝的处理同水泥稳定土。

四、中心站集中厂拌法施工和人工沿路拌和法施工

1.中心站集中厂拌法施工

中心站集中厂拌法施工同水泥稳定土。

2.人工沿路拌和法施工

二级以下公路的小工程可以采用人工沿路拌和施工。

1)备料

(1)将需稳定的土料按事先计算的数量运到路上分堆堆放,应每隔一定距离留一缺口。

(2)将消石灰按事先计算的数量运到路上,直接卸在土堆上或卸在土堆旁。

2)拌和

(1)筛拌法。将土和石灰混合或交替过孔径15mm的筛,筛余土块应随打碎随过筛。过筛以后,适当加水,拌和到均匀为止。

(2)翻拌法。将过筛的土和石灰先干拌1~2遍,然后加水拌和,应不少于3遍,直到均匀为止。

(3)为使混合料的水分充分均匀,可在当天拌和后堆放闷料,第二天再摊铺。

3)摊铺

将拌好的石灰土混合料按松铺厚度摊铺均匀。

4)整形和碾压

整形和碾压同水泥稳定土。

3.养生及交通管制

(1)在养生期间未采用覆盖措施的石灰稳定土层上,除洒水车外,应封闭交通。在采用覆盖措施的石灰稳定土层上,不能封闭交通时,应限制车速不得超过30km/h,禁止重型载货汽车通行。

(2)养生期结束后,在铺筑沥青面层前,应清扫基层并喷洒透层沥青或做下封层。如面层是沥青混凝土,在喷洒透层沥青后,应撒布5~10mm的小碎(砾)石,小碎(砾)石应均匀撒布约60%的面积。如喷洒的透层沥青能透入基层,其上作业车辆不会破坏沥青膜时,可以不撒小碎(砾)石。在喷洒沥青时,石灰稳定土层的上层应比较湿润。

(3)石灰稳定土分层施工时,下层石灰稳定土碾压完成后,可以立即铺筑上一层石灰稳定土,不需专门的养生期。

4.路缘处理

如石灰稳定土层上为薄沥青面层,基层每边应较面层宽20cm以上。在基层全宽范围内喷洒透层沥青或设下封层,沥青面层边缘向外侧做成三角形。

如设置路缘石时,必须注意防止路缘石阻滞路面上表面水和结构层中水的排除。

五、施工过程中的质量控制项目

施工过程中的质量控制项目见表5-5。

任务3 石灰工业废渣稳定土的施工

一、石灰工业废渣稳定土结构层施工应遵守的规定

(1)配料应准确。

(2)石灰应摊铺均匀。

(3)洒水、拌和应均匀。

(4)应严格控制基层厚度和高程,其路拱横坡应与面层一致。

(5)应在混合料处于或略大于最佳含水率时进行碾压,直到达到下列按重型击实试验法确定的要求压实度。

基层:

高速公路和一级公路[①]98%。

二级和二级以下公路,稳定中粒土和粗粒土97%;稳定细粒土93%。

底基层:

高速公路和一级公路[①],稳定中粒土和粗粒土97%;稳定细粒土95%。

二级和二级以下公路,稳定中粒土和粗粒土95%;稳定细粒土93%。

注:①由于当前有多种能量大的压路机,压实度宜提高1%～2%。

(6)必须保湿养生,不使石灰工业废渣稳定土层表面干燥。

(7)石灰工业废渣稳定土基层上未铺封层或面层时,应封闭交通,保护表层不被破坏。当施工中断,临时开放交通时,必须采取保护措施。

(8)石灰工业废渣稳定土基层施工时,严禁用薄层贴补的办法进行找平。

二、路拌法施工石灰工业废渣稳定土

路拌法施工石灰工业废渣稳定土宜按图3-9进行。

1. 准备下承层和施工放样

准备下承层,施工放样要求同水泥稳定土基层。

2. 备料

(1)运到现场的粉煤灰,应含有足够的水分,防止扬尘。在干燥和多风季节,应使料堆表面保持湿润或者用彩条布覆盖。如在堆放过程中,部分粉煤灰凝结成块,使用时应将灰块打碎。

场地集中堆放的粉煤灰,应予覆盖,避免雨淋过分潮湿。

(2)集料和石灰的备料要求同石灰稳定土。

(3)计算材料用量。根据各路段石灰工业废渣稳定土层的宽度、厚度及预定的干密度,计算各路段需要的干混合料质量;根据混合料的配合比、材料的含水率以及所用运料车辆的吨位,计算各种材料每车料的堆放距离。

(4)如路肩用料与石灰工业废渣稳定土层用料不同,应采取培路肩措施,先将两侧路肩培好,路肩料层的压实厚度应与稳定土层的压实厚度相同。在路肩上,每隔5～10m应交错开挖临时泄水沟。

(5)在预定堆料的下承层上,在堆料前应先洒水,使其表面湿润。

3. 运输和摊铺

(1)材料装车时,应控制每车料的数量基本相等。

(2)采用二灰时,应先将粉煤灰运到现场;采用二灰稳定土时,应先将土运到现场。在同一料场供料的路段内,由远到近将料按计算的距离卸置于下承层上,卸料距离应均匀。

(3)料堆每隔一定距离应留一缺口。材料在下承层上的堆置时间不应过长。

(4)应通过试验确定各种材料及混合料的松铺系数。

(5)采用机械路拌时,应采用层铺法。即每种材料摊铺均匀后,宜先用两轮压路机碾压1~2遍,然后再运送并摊铺下一种材料。

摊铺每层材料时应力求平整,并具有规定的路拱。集料应较湿润,必要时先洒少量水。

4. 拌和及洒水

(1)对于二级和二级以上公路,应采用专用稳定土拌和机进行拌和,并应先干拌2遍。

(2)用稳定土拌和机拌和时,拌和深度应直到稳定层底,并宜侵入下承层5~10mm(不应过多),以加强上下层黏结。应设专人跟随拌和机,随时检查拌和深度,并配合拌和机操作员调整拌和深度。直接铺在土基上的拌和层宜避免素土夹层,其余各层严禁在拌和层底部留有素土夹层。通常拌和2遍以上,在进行最后一遍拌和之前,必要时先用多铧犁紧贴底面翻拌1遍。

(3)对于三、四级公路,在没有专用拌和机械的情况下,如为二灰稳定细粒土和中粒土,也可用旋转耕作机与多铧犁或平地机相配合先干拌4遍。先用旋转耕作机拌和2遍,后用多铧犁或平地机将底部素土翻起,再用旋转耕作机拌和2遍,用多铧犁或平地机将底部料再翻起,随时检查调整翻犁的深度,使稳定土层全部翻透。严禁在稳定土层与下承层之间残留一层素土,但也应防止翻犁过深,过多破坏下承层的表面。

(4)对于三、四级公路,在没有专用拌和机械的情况下,如拌和二灰稳定中粒土和粗粒土,也可以用缺口圆盘耙与多铧犁或平地机相配合干拌。用平地机或多铧犁在前面翻拌,用圆盘耙跟在后面拌和,即采用边翻边耙的方法。圆盘耙的速度应尽量快,使二灰和集料拌和均匀。共翻拌4遍,开始的2遍不应翻犁到底,以防二灰落到底部,后面的2遍,应翻犁到底,随时检查调整翻犁的深度,要求同上款。

(5)用喷管式洒水车将水均匀地喷洒在干拌后的混合料上,洒水距离应长些,水车起洒处和另一端掉头处都应超出拌和段2m以上。洒水车不应在正进行拌和的以及当天计划拌和的路段上掉头和停留,应防止局部水量过大。

(6)拌和机械应紧跟在洒水车后面进行拌和,尤其在纵坡大的路段上应配合紧密,以减少水分流失。

(7)在洒水拌和过程中,应及时检查混合料的含水率。水分宜大于最佳含水率1%左右。

(8)拌和过程中,要及时检查拌和深度,要使石灰工业废渣层全深都拌和均匀。拌和完成的标志是:混合料色泽一致,没有灰条、灰团和花面,没有粗细颗粒“窝”或“带”,且水分合适和均匀。

(9)对于二灰级配集料,应先将石灰和粉煤灰拌和均匀,然后均匀地摊铺在集料层上,再一起进行拌和。

5. 整形

1)平地机整形

(1)混合料拌和均匀后,先用平地机初步整平和整形。在直线段及不设超高的平曲线段,平地机由两侧向路中心进行刮平;在设超高的平曲线段,平地机由内侧向外侧进行刮平。必要时,再返回刮一遍。

(2)用拖拉机、平地机或轮胎压路机快速碾压1~2遍,以暴露潜在的不平整。

(3)再用平地机按(1)所述进行整形,并用(2)所述机械再碾压一遍。整形过程中,应及时消除粗细集料离析现象。

(4)对于局部低洼处,应用齿耙将其表层5cm以上耙松,并用新拌的二灰级配集料找补平整。

(5)再用平地机整形一次。

(6)每次整形都要按照规定的坡度和路拱进行,并应特别注意接缝顺适平整。

2)人工整形

人工用锹和耙先将混合料摊平,用路拱板进行初步整形。用拖拉机初压1~2遍后,根据试验确定的松铺系数,确定纵横断面的高程,并钉桩、挂线。利用锹耙按线整形,并再用路拱板校正成形。

3)整形时应注意的问题

(1)在整形过程中,必须禁止任何车辆通行。

(2)初步整形后,检查混合料的松铺厚度,必要时应进行补料或减料。二灰土的松铺系数为1.5~1.7,二灰集料的松铺系数为1.3~1.5,人工铺筑石灰煤渣土的松铺系数为1.6~1.8,石灰煤渣集料的松铺系数为1.4。用机械拌和及机械整形时,集料松铺系数为1.2~1.3。

6. 碾压、接缝和掉头处的处理

碾压、接缝和掉头处的处理要求同水泥稳定土。

三、中心站集中厂拌法施工和人工沿路拌和法施工

1. 中心站集中厂拌法施工

1)拌和

石灰工业废渣混合料可以在中心站用多种机械进行集中拌和,也可用路拌机械或人工在现场进行分批集中拌和。对于高速公路和一级公路,应采用专用稳定土集中厂拌机械拌制混合料。集中拌和时,应符合下列要求:

(1)土块最大尺寸不应大于15mm;粉煤灰块尺寸不应大于12mm,且9.5mm和2.36mm筛孔的通过量应分别大于95%和75%。

(2)不同粒级的砾石或碎石以及细集料都应分开堆放。

(3)石灰、粉煤灰和细集料都应有覆盖,防止雨淋过湿。

(4)配料应准确,拌和应均匀。

(5)混合料的含水率应略大于最佳含水率,使混合料运到现场摊铺后碾压时的含水率能

接近最佳值。

石灰工业废渣稳定土的集中拌和流程按图3-10进行。

2)要求

除满足下列两款外,其他要求同水泥稳定土。

(1)拌成混合料的堆放时间不宜超过24h,宜在当天将拌成的混合料运送到铺筑现场,不应将拌成的混合料长时间堆放。

(2)关于横向接缝。如压实层末端未用方木作支撑处理,在碾压后末端成一斜坡,则在第二天开始摊铺新混合料之前,应将末端斜坡挖除,并挖成一横向(与路中心线垂直)垂直向下的断面。挖出的混合料加水到最佳含水率拌匀后仍可使用。

2. 人工沿路拌和法施工

对于二级以下公路和不适宜采用机械施工的小工程,可以采用人工沿路拌和法施工。

1)备料

(1)将细土或集料按事先计算的数量(或折算成体积)运到路上分堆堆放,且应每隔一定距离留一缺口。

(2)将粉煤灰或煤渣按事先计算的数量(或折算成体积)运到路上,直接卸在细土堆上或集料堆旁。

(3)将石灰按事先计算的数量(或折算成体积)运到路上,直接卸在粉煤灰或煤渣上。

2)拌和

(1)筛拌法将土、粉煤灰和石灰混合或交替过孔径15mm的筛,筛余土块、粉煤灰块随打碎随过筛。过筛以后,适当加水至比最佳含水率大1% ~2%,并拌和均匀。

(2)翻拌法将过筛的土、粉煤灰或煤渣和石灰先干拌1 ~2遍,然后加水拌和均匀,不宜少于3遍。

(3)对于二灰集料和石灰煤渣集料,应先将石灰和粉煤灰或煤渣拌和均匀,然后再与集料一起拌和均匀。

(4)为使混合料的水分均匀,宜在当天拌和后堆放闷料,第二天再摊铺。

3)摊铺

将拌和好的混合料按松铺厚度摊铺均匀。

4)整形和碾压

整形和碾压要求同石灰稳定土。

3. 养生及交通管制

(1)在养生期间,除洒水车外,应封闭交通。

(2)对于二灰集料基层,养生期结束后,宜先让施工车辆慢速通行7 ~10d,磨去表面的二灰薄层,或用带钢丝刷的机械扫刷去表面的二灰薄层。清扫和冲洗干净后再喷洒透层沥青或黏层沥青。在喷洒透层或黏层沥青后,宜撒布5 ~10mm的小碎(砾)石,小碎(砾)石均匀撒布60% ~70%的面积①。然后应尽早铺筑沥青面层的底面层。

注:①如喷洒的透层沥青能透入基层,当运料车辆和面层混合料摊铺机在上行驶不会破坏沥青膜时,可以不撒小碎(砾)石。

在清扫干净的基层上,也可先做下封层,防止基层干缩开裂,同时保护基层免遭施工车辆破坏。宜在铺设下封层后的 10～30d 内开始铺筑沥青面层的底面层。如为水泥混凝土面层，也不宜让基层长期暴晒，以免开裂。

（3）石灰工业废渣底基层分层施工时，下层碾压完毕后，可以立即铺筑上一层，不需专门的养生期，也可以养生 7d 后再铺筑另一层。

4. 路缘处理

如石灰工业废渣层上为薄沥青面层，基层每边应较面层宽 20cm 以上。在基层全宽上喷洒透层沥青或黏层沥青或设下封层，沥青面层边缘向外侧做成三角形。如设置路缘石，必须注意防止路缘石阻滞路面表面水和结构层中水的排除。

四、施工质量控制项目及标准（表 5-7）

石灰工业废渣基层、底基层质量控制项目和质量标准　　表 5-7

工程类别	项目		频度	质量标准	达不到要求的参考处理措施	备注
石灰工业废渣基层底基层	配合比		每 2 000m² 1 次	石灰 -1%（石灰剂量少于 4% 时，-0.5%）		按用量控制
	级配		每 2 000m² 1 次	在规定范围内		整平过程中取样，指级配集料
	含水率		据观察，异常时随时试验	最佳含水率 ±1%（二灰土为 ±2%）	含水率多时晒干，过干时补充洒水	拌和过程中、开始碾压时及碾压过程中检验
	拌和均匀性		随时观察	无灰条、灰团，色泽均匀，无离析现象	补充拌和，处理粗集料“窝”和粗集料“带”	
	压实度	二灰土	每一作业段或不大于 2 000m² 检查 6 次以上	高速公路和一级公路 95% 以上，其他等级公路 93% 以上	继续碾压；局部含水率过大或材料不良地点，挖除并换填好料	以灌砂法为准。每个点受压路机作用次数力求相等
		其他含粒料的石灰工业废渣		高速公路和一级公路的底基层 96%，基层 98%；其他等级公路底基层 95%，基层 97%		
	抗压强度		稳定细粒土，2 000m² 6个试件，稳定中粒土和粗粒土2 000m² 9 个和 13 个试件	符合规定要求	调查原材料，按需要增加结合料剂量，改善材料颗粒组成或采用其他措施	试件密度与现场密度相同

任务4 施工中常见问题的处理

在半刚性基层的施工中,防止混合料的离析和控制基层的平整度,还经常采用许多特殊的方法来完成。另外,半刚性基层的裂缝问题是影响其路用性能的主要问题,本项目以水泥稳定碎石基层为例,分析这几种常见问题产生的原因及解决方法。

一、水泥碎石混合料离析原因及处理方法

离析是指物料混合过程中,大粒径料与小粒径料非人为地分别聚集的状态(或现象)。从碎石料的加工、堆放,混合料的拌和、出料、运输到摊铺,均可能产生离析。离析现象发生时,粗集料集中处级配差、孔隙率大、碎石嵌锁不好,缺乏水泥的水化固结;细集料集中处水泥过于富裕,固结强度高。因此,造成水泥稳定碎石基层结构强度不均匀,影响道路的整体使用性能,缩短使用年限。

1. 离析现象产生的原因

归结离析产生的原因,混合料粒径(或堆积密度)的差别、级配的不成比例是混合料产生离析的内因;外力作用(含机械作用)于各粒子,使其受力的大小和方向不同是产生离析的外因。稳定剂(如水泥)及其他外界条件(如温度等)是离析产生的重要影响因素。

1)原材料的级配组成和配合比因素

(1)级配。研究表明,从形成均匀混合的机理出发,连续级配具有良好的“堆砌性”,因此,一般情况下应选择连续级配为好。

(2)水泥。在施工过程中,如果水泥的控制不够严格,特别是出现终凝时间过早(少于6h),计量不准(掺量过少),均会造成离析现象的产生。水泥稳定碎石基层的强度、稳定性及其拌和的和易性均通过水泥这一关键材料来实现。

(3)碎石。碎石是水泥稳定碎石基层的主要材料,其质量好坏直接影响基层的质量。因此,碎石必须采用规格料进行配制,不可使用混合料,最大粒径不得超过31.5mm。离析的产生主要是由于碎石的级配不符合要求,未采用较小粒径来填充较大粒径的空隙,并且还有超大粒径碎石存在;若碎石表面包裹有过多的杂质,如泥土等,则这些含杂质的石料就不能很好地和水泥等胶凝材料混合,在下料斗放料过程中,这些石料和超大粒径碎石就会离析而出。

(4)含水率。含水率应控制在最佳含水率±0.5%范围内,若含水率过低则容易产生离析。

(5)在水泥稳定碎石基层的施工中,由于当地资源和就近取材的限制,加上材料堆放和筛网制作不周,各种集料不可能时刻保持一致,往往容易造成筛分料的级配不合理,同时混合料配合比与试验室提供的配合比存在偏差,也会使混合料的和易性变差而产生集料离析。

2)拌和机的因素

(1)拌和机的配料斗中,由于输料皮带的移动,带动级配料沿输送皮带方向在配料斗中堆积,当集料粒径不一致时,形成供料不均匀。

(2)皮带输送机由于倾角不合适,输送皮带的线速度较大,造成拌和料中的粗粒料沿皮

带向下滚动，从而产生不应有的离析。

(3)在拌和缸中，由于混合料中粗粒料惯性大，在搅拌机起动或停机过程中，其被搅动翻转抛出的力量也大，集中在拌缸周边，进而产生离析。

(4)拌和料进入成品料仓中，由于受输送皮带线速度的影响，粗粒料的惯性较大，直接冲撞成品料仓前壁，然后反弹回成品料仓后壁下方，形成粗细料严重离析的现象。这是拌和过程中产生离析的重要原因。

(5)另外配料计量不准，搅拌时间不够以及拌和地不彻底，也是造成摊铺机摊铺过程中出现离析的重要原因。

3)拉料车的接料、运料和卸料

拉料车在接料时，不能及时地前后移动接料的位置，使混合料过于集中堆积，发生粗、细料的离析。在运料中，由于路况坑洼不平和运距较远，混合料经过剧烈颠簸而发生粗、细料离析。在卸料时，车厢缓慢地升起，而后车厢门提前打开，造成部分粗粒料先滚落下来，也同样可以产生离析。

4)摊铺机的接料和出料

摊铺机在进料时，由于进料斗处于空载状态，拉料车卸料使粗粒料滚入底部集中。摊铺机作业中，进料斗两侧的翻板经常向中间翻动收料，也使粗粒料滚入底部集中。当拉料车的供料速度不能满足摊铺机的需要，致使摊铺机螺旋分料器的转速时快时慢，不能保证稳定旋转分料，造成粗粒料集中在上部或两侧，也会产生离析，影响到摊铺的质量。

2. 解决离析问题的对策

1)材料的控制

(1)水泥。在保证水泥强度的前提下，必须保证其终凝时间大于6h，要求试验人员对进场水泥分批量经常进行质量鉴定，不符合要求的不得应用于水稳施工。

(2)碎石。到场的碎石，必须是经试验室检验合格的材料，符合级配范围，不含有害杂质。试验室应在拌和过程中不断地对拌和料进行取样筛分，发现问题及时对组成设计做适当调整，以满足施工要求。

(3)含水率。对拌和料含水率的控制极为关键，粒料拌和站同施工现场应保持经常联系。施工现场根据施工的速度、混合料的运距、设备运行以及天气等情况，再结合水泥稳定基层的摊铺碾压成形情况，现场取样所测含水率和压实度的情况等，及时同拌和站取得联系，对含水率在一定范围内进行适当调整。在这一过程中，现场试验人员应密切配合，随各种情况的变化，含水率是在不断调整的。

2)混合料的拌和

(1)拌和主要由厂拌设备来完成。配料仓应避免供料“死”的结构，以及采用梯形自卸式出料口。

(2)皮带输送机的倾斜角度应在使用范围内取较小值(15°~18°之间)，以减少粗料的滚动，同时也可减小拌和料进入成品料仓的惯性力，减少反弹离析；或在皮带上加设多道横板(槽式皮带)，防止大粒径碎石下滑或滚动。

(3)在拌和机配料斗顶部，呈15°~18°倾角配置一个60mm的方孔筛，用16mm的螺纹钢焊成。这样既可筛去级配料中的超标准颗粒，又可分散级配料使之均匀下落，从而避免在输送皮带和仓壁上堆积。

(4)搅拌混合料时应让搅拌机连续稳定作业。混合料最佳混合状态随机产生于搅拌过程的某一时区,因此应严格控制搅拌时间。

(5)卸料的位置与方向。配料机、皮带输送机、搅拌机和成品料仓等卸料的位置和方向不同,产生离析的倾向也不相同。无论采用何种方式卸料,卸出的物料都应保持垂直下落,使其不出现水平方向的轨迹。卸料口的尺寸在满足卸料能力的原则下,不要取得过大。较小的卸料口可以迫使物料集中地卸出,以减少离析现象的发生。

(6)成品料仓的设置。成品料仓的最小容量应不小于一辆自卸车承载量的1.3~1.5倍,目的是防止储料仓卸空时锥形仓底对混合料产生离析作用。减小成品料仓的横断面积,使其与泄料口的尺寸相对应,可减少物料离析现象的产生。向自卸车的矩形车厢卸料,一般应设置两个出料口,以免形成单个大料堆造成的离析。

3)混合料的装料、运输和卸料

混合料运输过程中,物料产生离析现象的主要原因有:凹凸不平的道路造成车辆的颠簸;向车厢中部集中泄料;自卸车车厢升起速度过慢,造成粒料的滚落等。为减少以上原因产生的物料离析现象,应采取如下措施:

(1)在堆放混合料时应呈水平“凹”形(半圆形也可),车辆从“凹”形中间进去卸料,呈水平逐渐倾斜升高堆放;在给拌和机喂料时,同样从“凹”形中间尽量呈水平朝四周扩展铲料装料。最后剩余周边粗料可予以清理,另外堆放。

(2)自卸车在接料时应尽量前后移动,使拌和料均匀落在车厢里。

(3)平整并碾压施工现场的道路,适当降低车辆行驶速度,以减少因车辆颠簸造成的混合料的离析。

(4)自卸车向路基或摊铺机受料斗卸料时,在确保车体稳定的情况下,应将车厢大角度、快速升起,使物料整体向后滑下,以减少粗料向外侧滚动、堆积。

4)混合料的摊铺

(1)应采用沥青混合料摊铺机摊铺水泥稳定碎石混合料。适当减少摊铺宽度,一般宽度在6m左右即可。较小的摊铺宽度可以使摊铺机稳定连续地工作,并减少因螺旋分料形成的离析。

(2)每次摊铺机开机前,应根据拌和机的出料量及运输车辆情况,确定连续施工的条件,以保证摊铺机能稳定、连续地工作。摊铺机的工作速度应控制在2m/min以内,一旦开机,尽量减少中途停机次数。摊铺过程中,摊铺机受料斗后端的闸门应尽量开大,确保向后部充足供料。

(3)摊铺机在接料时,应保持进料斗有1/3的拌和料为佳,注意两侧翻板不要向中间翻动。因为粗料在摊铺机受料斗两侧的堆积和翼板翻转是造成物料离析的又一原因,所以摊铺作业中不要把受料斗底的物料掏空,使粗料进入斗底。

(4)螺旋分料器应作如下调整:在保证摊铺厚度的前提下,螺旋下边缘与路基的距离调到最小;选用大直径的螺旋叶片,其直径不得小于铺层虚方厚度的1.5倍;调整分料螺旋的转速,使其稳定在连续布料状态;摊铺室内的物料高度应始终保持在螺旋叶片高度的2/3处。

(5)采用混合料摆渡车(不采用自卸车直接)供料,以保持对摊铺机的稳定连续供料,避免运料车顶撞摊铺机,粗料在受料斗两侧的堆积,使摊铺机自始至终连续工作,防止混合料由于含水率不均匀而产生离析现象。

(6)摊铺机的喂料及螺旋分料可采用自动超声波料位传感器控制,使混合料始终保持在最高位置,即熨平板前充满拌和料,这样可防止粗粒料的滚动造成两端离析。

二、水泥稳定碎石基层平整度控制

1. 影响平整度的因素

1)土基(或底基层)平整度

实践表明,由于道路平整度的传递衰减作用,土基的平整度对基层的平整度有很大影响。

(1)若土基(或底基层)平整度较差,土基较差的平整度就会转嫁到了基层以至面层。

(2)若施工控制不严,或由于底基层施工松铺系数掌握不准,底基层材料产生变化等,会引起土基纵断高程、路拱度、表面平整度的施工高程出现误差。而当下层高程不平整要用上层"弥补"的办法调平时,势必要影响基层平整度。

2)基层收缩不均匀

施工中由于水泥剂量及含水率控制不严,造成拌和料不均匀,以致水泥稳定粒料在水泥水化过程中收缩不均匀,影响平整度;由于分层摊铺粒料的路拌效果不好,造成混合料的级配不良,也使水泥稳定粒料基层收缩不均匀,影响平整度。

3)碾压

施工时已摊铺整平的稳定类基层,由于碾压程序不当(强振、微振、重压、轻压掌握不好)或压路机在基层上随意掉头或急制动,使碾压作用面出现轮廓高凸的现象,影响平整度。碾压的遍数或碾压的速度不当,同样也影响基层平整度。

4)配料不准

由于施工中各工序控制不严,造成配料不准确,分层摊铺平整度不好,最终影响平整度。

5)基层养生期管理不当

基层在养生期,由于自身施工车辆及其他车辆的通行,人为地造成了基层的不平整。

6)混合料中存在较多超粒径集料

(1)较多超粒径集料的出现,影响了材料在级配中的均匀性,造成比例不均。

(2)超粒径集料会对摊铺机造成损害,严重时会卡死进料口、打断叶片,造成停机,轻的也会磨损摊铺机的熨平板,使摊铺表面出现拉槽。

(3)当混合料中含有较多超粒径集料时,该处压实系数就不同于其他地方,导致压路机碾压不均匀。

7)机械操作

机械操作是影响水泥稳定碎石基层平整度的最主要因素之一,其影响主要在两个方面:一是机械本身的性能,二是人为操作的原因。

(1)平地机。当用平地机刮平和整平水泥稳定碎石时,有两个方面的影响必须注意:一是平地机轮胎的初步碾压作用,轮胎走到的地方要实一些,未走到的地方没有压实,当用平地机刮刀统一刮平后,表面看上去较平整,但压实后表面发生不平整;二是平地机操作不当、施工中发生误操作等原因,多次反复来回刮平,使全段内密实差不均匀,经压实后表面发生不平整。

(2)摊铺机。进口摊铺机摊铺水泥稳定碎石混合料目前被广泛地使用。

①摊铺机作业中途停顿。摊铺机每次起动前后接头处不平,使纵向平整度不连续和不稳定。

②摊铺过程中随意变换速度。这在摊铺时是一种常见现象,变换速度形成一段快,一段慢,在快段、慢段之间,摊铺的平整度都是有差异的,对平整度影响表现在快慢段之间的初始压实度不同。

③摊铺机履带不平整。摊铺机履带不平,将影响自动找平角度,从而使铺出的混合料表面产生倾斜,引起总体平整度的变化。摊铺机履带不平整的原因主要是:履带下底基层本来不平整,有高低不平现象出现;车辆卸料时,有部分漏到底基层上,在履带下产生不平整;摊铺机履带黏料或有石子夹在其中;摊铺机履带磨损不均匀,内外侧有高低现象。

(3)压路机。压路机如果碾压不当,即使摊铺平整的路段也将被破坏,碾压对平整度的影响主要有以下几个方面:

①压路机选择不当。未按“先轻后重”的原则进行碾压,直接上轮胎压路机或重型压路机,造成轮迹明显,难以消除;在有轻型压路机初压后,复压阶段重型压路机吨位不足或碾压遍数不够,造成混合料未被充分压实,待行车后,被压实而产生残余变形,影响持久平整度;振动压路机使用过多,振动分布不均匀,或仅靠振动压路机碾压,未用静压路机终压,在基层表面形成了微小波浪;压路机陈旧,轮胎新旧不同,轮胎的磨损不同,胎内气压不同及钢轮压路机钢轮失圆等现象,使压出的基层表面高低不平。

②压路机操作不当。压路机操作手技术不熟练,未按重叠轮迹碾压,或碾压不按路线方向而发生歪斜,使有些地方多压,有些地方少压,人为造成表面不平整;碾压段落不够长,经常倒车或掉头,在倒车和掉头的地方易产生推挤和拐弯轮迹;压路机停在未压好或刚压好的路段上休息或过夜,使停机处下凹或被污染。

③碾压时间掌握不当。混合料摊铺后,不及时跟上碾压,不在最佳含水率时碾压而在表面干燥后再去碾压,表面部分不易压实,部分路段产生脱皮和松动,易造成推移;碾压不一次成形,初压几遍又在超过水泥终凝时间后再压,破坏早期成型结构,很难再压实且强度也差。

8)平整度找平系统不准确,造成基层忽高忽低

目前,水泥稳定碎石基层摊铺机施工时较常用的一种方法就是挂钢丝法。实际上,挂钢丝的方法就是用钢丝来提供一个与摊铺顶面平行的基准面,摊铺机的自动找平系统通过“读”钢丝的高程,使铺出的混合料顶面与钢丝平行。处理不当时,自动找平系统就会“误读”,使铺出的混合料松铺顶面高程不能满足预想的要求。

(1)钢丝拉得不紧,中间有些下垂。挂钢丝的理想状态是钢丝很直、很紧,但由于种种原因,钢丝的“紧”只能适度。

(2)钢丝挂点间距较大,造成钢丝下垂较大。

(3)平整度感应触头在钢丝上有“跳跃”现象。在摊铺机摊铺时,由于机械本身具有夯

实作用，振动一般较大，从而引起平整度感应装置的触头在紧绷的钢丝上产生微小“跳动”，带来不利影响。

(4)钢丝挂点平面位置测量不精确。

(5)在摊铺时钢丝突然断裂或被碰落，将严重影响该段的平整度。由于摊铺机感应器的延时性，一般感应中断后要经5～10m才能正常，因此，在摊铺时当钢丝突然中断或被碰落后，即使钢丝立即恢复原状，也会造成平整度连续性中断。

(6)未采用双面挂钢丝的办法，而用单面挂钢丝再加上横坡仪的方法，也会造成不平整。

9)混合料含水率不当

水泥稳定碎石基层混合料要求在最佳含水率时一次碾压成型，但在实际施工中，往往不能保证，这也会对基层平整度产生不利的影响。

(1)混合料含水率偏高。当混合料的含水率偏高时，给碾压带来不少困难，容易引起波浪、弹簧等现象，对平整度的影响很大；混合料含水率过高时还会黏轮，碾压时造成高低不平。

(2)混合料含水率偏低。碾压不易成形，易松散，难以形成整体强度，特别是压好后有雨时，结构遇水立即丧失强度，对基层造成严重破坏；当混合料含水率偏低时，洒多少水难以掌握，洒水后何时碾压也难掌握，压早了易黏轮，压晚了表面又干了，不易压实。

(3)混合料含水率忽高忽低。对平整度的影响除了“高、低”两个方面的影响外，最主要的是“高含水率材料”与“低含水率材料”的压实系数不同，从而碾压后在混合料基层表面形成不平整。

10)接缝处理

从施工观察和质量检查来看，水泥稳定碎石基层平整度最差的地方在接缝处，接缝有纵向接缝和横向接缝之分，而影响平整度的主要因素是横缝，其影响因素主要有：

(1)两工作段的搭接。对前段摊铺整平的基层未预留5～8m长度，而是直接压至末端，有时还往往把新拌的混合料补到压好的路段上，使压好的和未压的路段平整度都较差；每天摊铺的起点位置，总会有高有低，有时还要空一段距离不铺，而这一空段只能人工摊铺，使平整度不理想；当天的起点处与隔天的终点处的混合料材料级配不完全相同，拌和机(开机时和关机时)材料的含水率也有差异(隔天的有散失)，即使虚铺厚度一致，经碾压后也会产生细小的高差。

(2)工作缝的搭接。一是新、旧段直接铺接。对原本的旧段不作任何处理，在旧段的斜面上直接摊铺水泥稳定碎石混合料，除造成新、旧段不黏结外，在旧段斜面上摊铺的松料虚铺厚度很难控制好，使新旧段搭接处出现不平整。二是对旧段处理长度不够。压路机上下产生的斜坡并未全面挖除，没有挖到高程不变处，使接头处旧段上局部形成低洼；新段虚铺厚度掌握不好，使压路机碾压后与旧段不齐平；压路机碾压不注意接缝处的特殊性，没有在旧段上采取先横向逐步移向新段的碾压方法，造成新段混合料推移，使接缝处混合料相对减少，在接缝处形成凹槽；新段材料铺到或被压路机带到旧段上，碾压后旧段反而变高了，使旧段与新段之间在碾压时产生新的不平整；新段混合料虚铺厚度不够，碾压后压塌旧段边角，造成接缝处低洼。

(3)在桥头及构造物处的搭接。水泥稳定碎石混合料与桥头或构造物搭接时，由于摊铺厚度控制不好、碾压不足等原因,使接头处不平整;水泥稳定碎石基层与桥头搭接施工完成后,由于行车冲击、排水不畅等作用,使接头处产生低凹。

2. 控制平整度的对策

1)防治土基平整度差的措施

基层施工前,应对土基进行全面检查,如超出容许范围,必须进行全面整修,使之达到标准。基层施工时,要根据土基高程、拱度及宽度放出水泥稳定碎石基层高程、拱度和铺筑高度,保证土基与基层的施工衔接,以纠正小的偏差,从而减少土基对基层平整度的影响。

2)基层收缩不均匀措施

施工时,要严格控制混合料的配合比组成,有效控制加水量及水泥剂量,降低水泥稳定基层收缩的不均匀,确保混合料的级配良好,减少混合料不均匀收缩影响平整度。

3)碾压措施

除了确保在最佳含水率下进行碾压外,在施工组织过程中,要确定有效碾压遍数、碾压速度、碾压程序,严禁压路机在铺筑好的基层上随意掉头或急制动,提高基层平整度。

4)摊料不平对策

摊铺时要注意摊铺速度,根据拌和机拌料多少,运输车辆的吨位多少,合理确定摊铺速度,保证摊铺的连续性,尽量避免停机现象。在摊铺过程中,安排两名测量员测摊铺后的高程,出现异常马上采取补救措施。

5)养生期管理措施

基层养生期要加强养生,并用稻草覆盖,在此期间经常保持表面湿润,除洒水车外不准任何车辆通行,避免基层破坏,影响平整度。

6)加强材料验收

加强材料验收,控制混合料中的超粒径集料。

7)掌握机械特性,重视机械操作,提高机械管理水平

(1)重点解决平地机反复整平的问题。在直线段,平地机由两侧向路中心进行刮平;在曲线段,平地机由内侧向外侧进行刮平。然后,用轮胎压路机快速碾压 1 ~ 2 遍,以暴露潜在的不平整。对于局部低洼处,应用齿耙将其表层 5cm 以上耙松,并用新拌的混合料找补平整,再用平地机整形一次,注意每次整形都要按照规定的坡度和路拱进行。

(2)重点解决摊铺机中途停顿的问题。加强拌和能力,提倡联合供料,培养卸料时驾驶员与摊铺机的衔接能力。平时做好维护和保养工作,注意找平摊铺机履带下的不平整,在摊铺前清扫底层的小石子。同时,要防止由人工原因造成的摊铺停顿,在摊铺时按低速匀速摊铺。

(3)重点解决碾压的设备和碾压方法问题。配备适宜的压路机,采取“先轻后重,先稳后振,先边后中,先内后外”的碾压方法,在碾压段上不急拐、不掉头、不急制动,注意重叠1/2轮宽碾压,一般需碾压 6 ~ 8 遍,不少压,掌握好碾压时的含水率,要求一次碾压成形。

8)掌握挂钢丝法特点和方法

按照摊铺的找平方式,着重掌握挂钢丝法的特点,为摊铺机提供一个准确的基准面。拉紧钢丝,松紧适度,缩短挂点,一般纵向间距直线段以 10m 为宜,圆曲线上以 5m 为宜。为防

止钢丝下垂，在钢丝的两头起码立有两根以上的固定钢钎桩，同时注意紧线和松线时的安全。固定钢丝，防止碰落，建议采用双面挂钢丝方法。

9）确保施工中混合料含水率适度

混合料的含水率不仅影响平整度，更会影响到水泥稳定碎石的成形和强度。施工中要确保混合料的含水率保持适度，一般混合料拌和含水率应比最佳含水率大1%，当混合料处于最佳含水率±1%时，即可进行碾压。

10）采用适当的方法处理接缝

两工作段的搭接部分，应采用对接形式，前一段拌和整平后，留5～8m不进行碾压，在后一段施工时，与前段留下未压的部分，一起进行拌和及碾压。若施工时间有间断，则当天最后一段的工作缝应设方木处理。要求在预定长度的末端，挖一条横贯全宽的槽，槽内放两根与压实厚度等厚的方木，方木的另一侧用素土回填3～5m长，然后进行整形和碾压。继续施工时，紧接的作业段拌和结束后，除去顶木和素土，用混合料回填，采用合适的松铺厚度进行拌和和碾压。施工中应避免纵向接缝，不能避免时，纵缝必须垂直相接，严禁斜接，且前一幅摊铺时，应在接缝处用方木或钢模板作支撑，其高度应与基层压实厚度相同。

11）严格控制桥头搭接处理

在桥头及构造物处的搭接，应严格控制好水泥稳定碎石混合料摊铺厚度和含水率，碾压要充分，防止混合料离析，人工找平，避免低凹。

三、水泥稳定碎石基层裂缝防治与处理

1.裂缝类型及产生的原因

1）干缩裂缝

干缩裂缝是由于水分的散失而产生，主要发生在铺筑沥青面层之前。半刚性基层在压实之后，由于水的蒸发和混合料内部发生的水化作用，混合料的水分会不断减少，由此引发的毛细作用、吸附作用、分子间力的作用、材料矿物晶体或胶体间水的作用和炭化收缩作用等会引起基层体积收缩，产生裂缝。由于路缘石的存在，路面横向约束就要比纵向约束大，因此，干缩裂缝主要是横向裂缝，也有少数是纵向裂缝。

2）温缩裂缝

温缩裂缝是由于温度变化而产生。基层厚度一般是20～25cm，其表面温度与底面温度存在着一定的温度差异，温度低的部分会因此产生收缩应力，当收缩应力大于某一薄弱点的抗拉强度时，该点就会开裂。

3）网状裂缝

水泥稳定碎石产生的网状裂缝多是在一些排水井、自来水井处，以及沿线埋置电信、电缆网的接口处。产生网状裂缝的主要原因是排水井周围的压实度不够，尤其在集料粒径偏大时，其强度难以达到设计要求。而排水井周围又是温度应力、弯拉应力集中的地方，基层更容易被破坏，产生网状裂缝。

4）纵缝

纵缝一般出现在基层施工的早期阶段，是由于施工控制不当引起的。路基压实度没有达到规范的要求或者管理维护方面不到位是产生纵缝的主要原因。

5)路面成形后产生的裂缝

路面成形后,路表面产生的裂缝向下延伸,或外界空气、水进入基层,使基层表面出现裂缝,由于这种裂缝是路面成形后产生的,施工中难以预防。

水泥稳定碎石在温、湿变化作用下产生较大的收缩变形是导致基层裂缝及反射裂缝的主要原因。铺筑路面后,危害基层表面的干缩裂缝、温缩裂缝,在一定条件下会逐渐向上扩展,最终反映在路表面上,导致路面出现反射裂缝和对应裂缝。反射裂缝和对应裂缝属非荷载性的次要裂缝,本身的危害性有限,但裂缝出现后,空气与雨水、雪水等就会进入路面,影响基层及路面的某些性能,如抵抗变形的能力降低,强度下降,承载力下降等。随着时间的延续,必然会降低路面的整体性、稳定性、耐久性,使局部路面过早地损坏,从而缩短道路的整体使用寿命,造成更大的危害。

2. 影响水泥稳定碎石基层裂缝的因素

研究表明,影响水泥稳定碎石干缩性能的主要因素有水泥、压实度和含水率。影响水泥稳定碎石温缩性能的主要因素有组成材料的矿物成分、含水率、最大干密度、孔隙率、龄期、结构强度等。具体分析如下。

1)水泥的影响

(1)水泥品种。品种不同的水泥具有程度不同的收缩性,如矿渣水泥要比硅酸盐水泥收缩性大。

(2)水泥的抗折强度。其抗折强度越大,混合料抵抗内部温度应力的抗拉强度越大,越不易产生温缩裂缝。施工过程中,检验水泥性能时,人们习惯重视抗压强度,对抗折强度也应引起足够的重视。

(3)水泥生产后存放期不足。如果水泥生产后存放时间不够就直接投入混合料拌和,会导致水泥在拌和水化过程中产生大量的水化热,其内部的高温与外部的温度形成较大温差,导致温缩裂缝增大。

(4)盲目追求高强度而加大水泥剂量。混合料中水泥剂量越大,收缩作用越大,因此在满足设计强度要求的前提下,水泥剂量应选择小值。

2)水分的影响

混合料中水分减少得越快,其产生的收缩应力就越大,因此,混合料中含水率越大,水分影响越显著。

3)集料的影响

(1)集料粒径。不同粒径的集料其干缩性不同,细料土比粗料土的干缩性大。

(2)集料性质。塑性指数大的黏粒干缩性大。

(3)集料级配。级配的优劣影响混合料的均匀性、稳定性和耐久性。优良的级配能保证混合料的拌和质量并降低水泥的用量,从而减少裂缝的产生。影响水泥稳定碎石半刚性材料抗裂性的最关键因素是混合料中的细颗粒成分。

4)养生不及时

水泥稳定碎石的养生十分关键。在养生期内必须保证表面的湿润,洒水应及时、均匀,否则在干燥炎热的气候条件下,两三天过后就会出现干缩裂缝。若养生期满后,没有立即洒透层沥青保护,使水稳基层长期暴露在外,那么外界温度的变化、降雨和交通荷载等均会影响基层的性能。

5)施工中的影响

(1)集料计量不准确,集料的级配得不到保证;水泥和水分用量控制不严,每盘料差异太大;拌和时间不足、拌和不均匀,易出现粗细料集中、离析等现象。

(2)压实不充分,使基层不够密实,空隙率大,抵抗干缩温缩拉应力的能力也会大大降低。

(3)碾压时混合料中含水率偏大,碾压后残留的水分过多,或混合料的含水率不一致,忽干忽湿,造成不同地段或上下层之间干缩与温缩的不同,在外界条件影响下,易产生裂缝。

(4)碾压速度过快、延迟压实或过度碾压均对水泥稳定基层产生不利影响。延迟时间越长,水泥稳定碎石的压实密度及强度损失越大;水泥水化反应到达一定时间后,水泥胶结作用使水泥稳定基层强度初步形成,此时再进行碾压或过度碾压,将使水泥稳定基层表面产生薄面剪切和整体强度下降;碾压过程中压路机的速度过快,将对水泥稳定基层表面产生推挤剪切作用,形成裂缝。

(5)在已碾压的较光滑的表面铺筑一薄层或“薄层贴补”,薄层与原先较光滑的结构层不能有效地结合成为整体,形成一薄弱层,在车辆等荷载作用下易被推移、压碎、松散,同时薄层材料水分蒸发速度快,强度低,收缩增大,易开裂。因此,施工的关键是要保证在铺筑面层之前,基层不产生收缩裂缝,否则,为避免反射裂缝的产生,需铺较厚的沥青面层或加铺中间层。

6)路基的影响

路基的不均匀沉降是水泥稳定基层开裂破坏的一个常见的外在因素,尤其在路基的填挖结合处和地基软弱地段最容易发生。由于底基层通常为石灰土基层,易出现凹凸不平、强度不均等现象,从而产生拉应力和剪应力,使水泥级配碎石不规则断裂。

3. 预防水泥稳定碎石基层开裂的措施

1)控制水泥剂量与质量

(1)在满足设计强度的基础上限制水泥用量,一般水泥剂量应控制在4% ~5.5%之间,绝对不能超过5.5%。如强度偏差大或达不到,应通过调整级配、水泥品种及严密控制施工过程中的碾压成形时间来达到要求。

(2)水泥强度等级最好不要超过32.5级,尽量选择普通硅酸盐水泥,要求水泥的水化热小,干缩性小,抗压强度与抗折强度均能符合要求。

(3)加入缓凝减水剂、缓凝阻裂剂等外加剂,以延长水泥的初凝时间,或减少水化反应的需水量,改善水泥的性能。

(4)为保证基层施工时有足够的时间运输、摊铺和压实,应对水泥的终凝时间有限制,一般需要6 ~10h。夏季时间应尽可能长,取高限,春秋季取低限。

(5)用粉煤灰代替部分水泥剂量,可提高后期强度,减少收缩裂缝。

2)集料选择

(1)在减少含泥量的同时,限制细集料、粉料用量,控制塑性指数。合成级配中0.075mm以下的细粒含量不宜大于5%,黏土、有机物质含量也不能超标。

(2)提高粗集料含量,尽量采用密实级配,形成密实骨架结构。级配宜取偏粗限,使大集料多一些。

(3)粗集料须控制超粒径颗粒含量。在拌和机的料斗口上安装钢筋筛网,筛除超出粒径规格的集料和杂物,同时在出料口、上储存仓前加一道钢筋筛网,再次清除超大颗粒。

3)保证足够的压实度

(1)水泥稳定碎石基层的最佳压实厚度一般在18~19cm。如果底基层的高程误差过大,超过19cm,甚至达到20~23cm时,下部的1~4cm是很难压实的。若采用加大压路机吨位和增加压实遍数的方法,则对平整度有影响,同时易将表面石子压碎。为满足承载能力,采用37cm或38cm厚结构层,分成18cm+19cm或2×19cm两层施工是最佳的,同时也要严格控制底基层的高程和平整度。

(2)排水井等结构设施和管线埋置的接口处,往往是大型机械碾压的死角,为保证压实度达到标准,混合料的摊铺厚度可比正常路段薄一些,水泥的含量增加1%左右,使用小型机具夯实多遍。再配合路面的井圈加固,以保证井圈周围路面的工作寿命。

(3)碾压完成后,立即在基层顶面喷洒透层沥青或黏层沥青,然后尽快铺筑面层,避免水分损失产生干缩裂缝。

4)控制含水率

(1)根据施工时的气候条件,在满足压实质量要求的前提下,尽量降低混合料含水率,使其不超过最佳含水率的1%,或使用减水剂,同时采用重型压实标准。在粒料运输途中,混合料应用土工布等覆盖,以减少水分损失。

(2)一天施工中应根据日照强度和风力大小多次调整含水率,一般要早、中、晚三次调整含水率。同时,试验人员应在摊铺现场用酒精快速烧测含水率,施工操作的前后台通信联系应方便和顺畅,及时调整含水率。

5)压实度检测

要确保在水泥终凝之前完成所有的碾压工作和压实度检测程序。碾压过程中,可用核子密度仪初查压实度,若不够应及时补压;碾压完成后,用灌砂法检测压实度,检测标准为满足压实度要求,且表面无明显轮迹,没有表面石子被压碎。

6)减少施工接头

施工组织应科学合理,以便在施工过程中减少接头。应保证路基和基层能以完整的半幅断面施工,并且不得少于一定长度,两幅基层之间衔接处的松散部位应切掉。两次施工处接头以竖直形式搭接,上下两层接头之间最少错开1m。

7)养生

(1)水泥稳定碎石基层碾压成形后应及时覆盖,洒水养生。养生时间至少在7d以上,才能铺筑沥青混凝土下面层。养生必须及时到位,用草袋、麻袋或塑料薄膜覆盖,保证基层不直接暴露在外,将失水率控制在2%以内。洒水车的喷头宜用喷雾式,不能用高压式喷管;喷洒要人工控制,养生期内水泥稳定碎石基层必须始终处于潮湿状态,要求勤洒水,水量小且均匀。

(2)基层在养生期间要封闭交通,严禁通行车辆和堆放管线、构件等重物,洒水车洒水时必须在另外一侧车道上行驶。养生结束后,立即清扫基层,做封层或进行下一道工序,尽快铺筑面层。

8）降低温差

（1）水泥、水及砂石等原材料在夏季施工时应有一定的遮蔽措施，防止阳光直接照射，造成原材料温度过高。

（2）充分利用某些天然条件，如夜间或有利的低温季节进行施工，以降低施工时的温度差 T_p。

（3）基层碾压完毕后，若暂时不进入下一道工序，表面应覆盖保温材料，以减少基层的内外温差，防止材料温度的骤然变化和水分的迅速挥发。

9）调整水泥稳定碎石基层的施工时间

调查表明，水泥稳定碎石基层内产生的裂缝（尤其是温缩裂缝）主要取决于基层施工时的温度和年温度梯度或多年的温度梯度。在高温季节施工的水泥稳定碎石基层经过一个过冷季节后会有收缩裂缝，同理，在低温条件下施工的水泥稳定碎石基层经过一个过热季节后就有膨胀性的裂缝和形变。

水泥稳定基层的开裂一般在两个月内完成，在第三个月裂缝发展数骤减，在经过处理并铺筑沥青混凝土面层过冬后的路面上，很少发现有新开裂或反射的裂缝。因此，应在平均气温条件下施工，就我国的气候特点而言，安排在春夏季施工是较为妥当的。

10）保证底基层的压实度和平整度

保证底基层的压实度和平整度，防止反射裂缝产生。

4. 对于已开裂水泥稳定基层的处理

（1）在水泥稳定碎石基层上洒乳化沥青透层油 + 玻璃纤维网 + 石屑层，作为封层来处理。

（2）正常情况下做封层，在摊铺沥青混凝土下面层前将玻璃纤维网或加强土工布钉在裂缝处。

（3）对横缝进行处理。半刚性基层极易出现横向裂缝，并在油层铺筑后反射到路面，形成反射裂缝，导致唧泥现象。粒料级配的差异是造成水泥稳定类基层横向裂缝间距不同的重要原因。粒料越细，水泥稳定类基层产生的横向裂缝间距越小，因此要控制细粒含量。

5. 对水泥稳定基层开裂反射到沥青混凝土面层的裂缝的处治方法

1）水泥稳定碎石基层的混合料配合比设计强度不宜过高

强度高，刚性就大，基层材料与底基层材料的模量比就会增加，从而增大基层底面由行车荷载引起的拉应变或拉应力，引起基层开裂。同时，高强度还会使基层收缩裂缝的间距增大，裂缝宽度随之增大。当强度无法降低时，可通过增加水泥稳定碎石基层层次，提高承重层的承载能力或修筑水泥稳定碎石底基层来解决这一问题。

2）使基层在施工过程中产生很多的微细裂缝

通过均匀细裂缝网良好的传荷能力来减少反射裂缝，保证基层的永久承载能力。

3）将水泥稳定碎石基层预先锯缝

为避免基层产生不规则的紊乱裂缝并反射到面层，可在基层上每隔一段距离做一假缝，切缝后立即用沥青玛蹄脂填缝，或采用“基层预切缝 + 土工织物”的方法。建议密实骨架结构的水泥稳定碎石基层的预锯缝间距取 50 ~ 70m，而采用规范级配的水泥稳定碎石基层锯缝间距取 30 ~ 50m。一般情况下，锯缝宽度取 60 ~ 100mm，深度取 10 ~ 12mm。同时，建议铺设于基层预锯缝处的土工织物的宽度不少于0.6m,最好在1m左右。

4)让基层先开裂

在半刚性基层,特别是收缩性大的半刚性材料上做沥青面层时,由于基层会不可避免地产生干缩和温缩裂缝,引起面层的反射裂缝,所以也可先不处理基层,待完工一段时间,等裂缝稳定且不再延伸后再铺筑面层,这样面层裂缝会相对减少。

5)设置隔离裂缝中间层

在半刚性基层和沥青混凝土面层间设置隔离裂缝中间层或应力吸收膜中间层。隔离层一般由级配碎石或开级配厂拌沥青混合料构成(如级配碎石中间层、热沥青黏层等),直接铺筑在完工后的基层上。

6)增厚沥青面层

沥青混凝土面层采用较大的厚度也是消除反射裂缝的一条有效途径,但此法会明显增加投资,可采用分期建设的方法,第一期铺筑的面层厚度无须加厚。

学习情境6 路面基层质量检验与评定

学习目标

【知识目标】 了解稳定类混合料基层质量检测与评定的项目；掌握稳定类混合料基层质量控制指标。了解和掌握水泥稳定类混合料的内业资料分类以及施工资料组卷要求。

【能力目标】 具有检测和评定稳定类混合料基层质量的能力，具有独立完成半刚性基层内业工作的能力。

情境设计

【实施时间】 施工结束后。

【实施地点】 施工现场、工地试验室。

【实施人员】 质检员、试验员、资料员。

【实施内容】 按《公路工程质量检验评定标准(土建工程)》(JTG F80/1—2004)检查与评定路面基层施工质量。

项 目 引 导

为了控制和保证路基工程的质量，在路基工程设计施工过程中和完工后必须对工程的每一个项目和各工序进行检查和验收，正确反映其质量水平，评定其质量等级。根据建设任务、施工管理和质量检验评定的需要，应在施工准备阶段将建设项目划分为单位工程、分部工程和分项工程。施工单位、工程监理单位和建设单位应按相同的工程项目划分进行工程质量的监控和管理。

一、工程质量评分方法

公路工程质量检验评定以分项工程为评定单元，采用100分制进行。在分项工程评分的基础上，逐级计算各相应分部工程、单位工程、合同段和建设项目评分值。工程质量评定等级分为合格与不合格，应按分项、分部、单位工程、合同段和建设项目逐级评定。

施工单位应对各分项工程按《公路工程质量检验评定标准(土建工程)》(JTG F80/1—2004)(以下简称《标准》)所列基本要求、实测项目和外观鉴定进行自检，按“分项工程质量检验评定表”及相关施工技术规范提交真实、完整的自检资料，对工程质量进行自我评定。工程监理单位应按规定要求对工程质量进行独立抽检，对施工单位检评资料进行签认，对工程质量进行评定。建设单位根据对工程质量的检查及平时掌握的情况，对工程监理单位所做的工程质量评分及等级进行审定。质量监督部门、质量检测机构可依据《标准》对公路工程质量进行检测评定。

1. 分项工程质量评分

分项工程质量检验内容包括基本要求、实测项目、外观鉴定和质量保证资料四个部分。只有在其使用的原材料、半成品、成品及施工工艺符合基本要求的规定，且无严重外观缺陷和质量保证资料真实并基本齐全时，才能对分项工程质量进行检验评定。

涉及结构安全和使用功能的重要实测项目为关键项目（在文中以“△”标识），其合格率不得低于90%（属于工厂加工制造的桥梁金属构件不低于95%，机电工程为100%），且检测值不得超过规定极值，否则必须进行返工处理。

实测项目的规定极值是指任一单个检测值都不能突破的极限值，不符合要求时该实测项目为不合格。

采用《公路工程质量检验评定标准》（JTG F80/1—2004）附录中所列方法进行评定的关键项目，不符合要求时则该分项工程评为不合格。

分项工程的评分值满分为 100 分，按实测项目采用加权平均法计算。存在外观缺陷或资料不全时，应予减分。

$$分项工程得分=\frac{\sum[检查项目得分\times权值]}{\sum检查项目权值}$$

$$分项工程评分值=分项工程得分-外观缺陷减分-资料不全减分$$

1）基本要求检查

分项工程所列基本要求，对施工质量优劣具有关键作用，应按基本要求对工程进行认真检查。经检查不符合基本要求规定时，不得进行工程质量的检验和评定。

2）实测项目计分

对规定检查项目采用现场抽样方法，按照规定频率和下列计分方法对分项工程的施工质量直接进行检测计分。

检查项目除按数理统计方法评定的项目以外，均应按单点（组）测定值是否符合标准要求进行评定，并按合格率计分。

$$检查项目合格率=\frac{检查合格的点（组）数}{该检查项目的全部检查点（组）数}\times100\%$$

$$检查项目得分=检查项目合格率\times100$$

3）外观缺陷减分

对工程外表状况应逐项进行全面检查，如发现外观缺陷，应进行减分。对于较严重的外观缺陷，施工单位须采取措施进行整修处理。

4）资料不全减分

分项工程的施工资料和图表残缺，缺乏最基本的数据，或有伪造涂改者，不予检查和评定。资料不全者应予减分，减分幅度可按照下述“质量保证资料”所列各项逐款检查，视资料不全情况,每款减1~3分。

2. 分部工程和单位工程质量评分

分项工程和分部工程区分为一般工程和主要(主体)工程,分别给以1和2的权值。进行分部工程和单位工程评分时,采用加权平均值计算法确定相应的评分值。

$$\text{分部(单位)工程评分值}=\frac{\sum[\text{分项(分部)工程评分值}\times\text{相应权值}]}{\sum\text{分项(分部)工程权值}}$$

3. 合同段和建设项目工程质量评分

合同段和建设项目工程质量评分值按《公路工程竣(交)工验收办法》计算。

4. 质量保证资料

施工单位应有完整的施工原始记录、试验数据、分项工程自查数据等质量保证资料,并进行整理分析,负责提交齐全、真实和系统的施工资料和图表。工程监理单位负责提交齐全、真实和系统的监理资料。质量保证资料应包括以下六个方面:

(1)所用原材料、半成品和成品质量检验结果。

(2)材料配比、拌和加工控制检验和试验数据。

(3)地基处理、隐蔽工程施工记录和大桥、隧道施工监控资料。

(4)各项质量控制指标的试验记录和质量检验汇总图表。

(5)施工过程中遇到的非正常情况记录及其对工程质量影响分析。

(6)施工过程中如发生质量事故,经处理补救后,达到设计要求的认可证明文件。

二、工程质量等级评定

1. 分项工程质量等级评定

分项工程评分值不小于75分者为合格,小于75分者为不合格;机电工程、属于工厂加工制造的桥梁金属构件不小于90分者为合格,小于90分者为不合格。

评定为不合格的分项工程,经加固、补强或返工、调测,满足设计要求后,可以重新评定其质量等级,但计算分部工程评分值时按其复评分值的90%计算。

2. 分部工程质量等级评定

所属各分项工程全部合格,则该分部工程评为合格;所属任一分项工程不合格,则该分部工程为不合格。

3. 单位工程质量等级评定

所属各分部工程全部合格,则该单位工程评为合格;所属任一分部工程不合格,则该单位工程为不合格。

4. 合同段和建设项目质量等级评定

合同段和建设项目所含单位工程全部合格,其工程质量等级为合格;所属任一单位工程不合格,则合同段和建设项目为不合格。

三、路面工程质量评定与检测的特点

路面工程和路基工程一样,都是作为道路工程的单位工程。

路面是在路基建成后铺筑的,路面质量的评定与检测通常是道路竣工验收工作的一部分。因此,路面的质量水平就是道路质量的最终体现,既表现道路的外观状态,又包含了它的内在质量。

由于交通量大小的不同,可能取得的材料来源不同,路面所采用的材料多种多样,形成了不同类型的结构,如中低级道路的砂石路面,高等级道路的水泥混凝土路面和沥青路面,目前普遍应用的各种稳定土结构等。不同类型路面的质量评定与检测内容有较大的差异,要求也不一样。

由上述对质量的基本要求可见,由于路面直接受行车和外界条件的影响,尤其对高等级道路,其质量评定与检测要求高、项目多。

现代化道路路面一般是采用机械化施工,部分路面材料已实行工厂化生产,路面施工质量的管理及其评定与检测工作趋向于更为严格、完善和规范化。

四、检验与评定的一般要求

(1)路面工程的实测项目规定值或允许偏差按高速公路、一级公路和其他公路(指二级及以下公路)两档设定。对于在设计和合同文件中提高了技术要求的二级公路,其工程质量检验评定按设计和合同文件的要求进行,但不应高于高速公路、一级公路的检验评定标准。

(2)路面工程实测项目规定的检查频率为双车道公路每一检查段内的检查频率(按 m^2 或 m^3 或工作班设定的检查频率除外),多车道公路的路面各结构层均须按其车道数与双车道之比,相应增加检查数量。

(3)各类基层和底基层压实度代表值(平均值的下置信界限)不得小于规定代表值,单点不得小于规定极值。小于规定代表值两个百分点的测点,应按其占总检查点数的百分率计算合格率。

(4)垫层的质量要求同相同材料的其他公路的底基层;联结层的质量要求同相应的基层或面层;中级路面的质量要求同相同材料的其他公路的基层。

(5)路面表层平整度检查测定以自动或半自动的平整度仪为主,全线每车道连续测定按每100m输出结果计算合格率。采用3m直尺测定路面各结构层平整度时,以最大间隙作为指标,按尺数计算合格率。

(6)路面表层渗水系数宜在路面成形后立即测定。

(7)路面各结构层厚度按代表值和单点合格值设定允许偏差。当代表值偏差超过规定值时,该分项工程评为不合格;当代表值偏差满足要求时,按单个检查值的偏差不超过单点合格值的测点数计算合格率。

(8)材料要求和配比控制列入各节基本要求,可通过检查施工单位、工程监理单位的资料进行评定。

五、无机结合料稳定类基层的质量评定

基层或底基层检查内容包括竣工后的外形、质量,通常以1km长的路段为评定单位,采用大流水作业法施工时,也可以每天完成的段落为评定单位。

抽样检查必须是随机的,不能带有任何倾向性,见表6-1。

质量合格的标准值见表6-2。

竣工外形的检查数量和合格标准值 表6-1

工程种类	项目		检查频度	质量标准	
				高速公路、一级公路	其他等级公路
路基	高程(mm)		每200m测4点	+10，-20	+10，-30
	宽度(mm)		每200m测4处	+0以上	+0以上
	横坡度(%)		每200m测4个断面	±0.5	±0.5
	平整度(mm)		每200m测2处，每处连续10尺(3m直尺)	≤20	≤30
底基层	高程(mm)		每200m测4处	+5，-15	+5，-20
	厚度(mm)	均值	每200m^2 每车道1点	-10	-12
		单个值		-15	-30
	横坡度(%)		每200m测4个断面	±0.3	±0.5
	宽度(mm)		每200m测4处	+0以上	+0以上
	平整度(mm)		每200m测2处，每处连续10尺(3m直尺)	15	20
基层	高程(mm)		每200m测4处	+5，-10	+5，-15
	厚度(mm)	均值	每200m^2 每车道1点	-8	-10
		单个值		-15	-20
	宽度(mm)		每200m测4处	+0以上	+0以上
	横坡度(%)		每200m测4个断面	±0.3	±0.5
	平整度(mm)		每200m测2处，每处连续10尺(3m直尺)	10	15

注：在底基层施工前应对路基外形进行检查，其检查频度和标准应符合本表的规定。

质量合格的标准值 表6-2

工程种类	项目	检查数量	标准值	极限低值
路基	压实度	每200m测4处(灌砂法)	重型压实标准，高速公路和一级公路不小于95%，其他等级公路大于93%	90%
	碾压检验	全面，随时	无弹簧现象	
	弯沉值检验	以评定段(不超过1km)每车道40~50测点	95%或97%概率上波动界限不大于计算得的容许值	
集料(底基层)	压实度	每200m测6~10处	96%	91%
	弯沉值	每车道40~50测点		计算得的容许值
级配碎石(或砾石)	压实度	每200m测6~10处	基层 98%	93%
			底基层 96%	91%
	颗粒组成	每200m测2~3处	规定级配范围	
	弯沉值	每车道40~50测点		计算得的容许值
填隙碎石	压实度(固体体积率)	每200m测6~10处	基层 85%	82%
			底基层 83%	80%
	弯沉值			计算得的容许值
水泥土、石灰土、二灰、二灰土	压实度	每200m测6~10处	93%(95%)	89%(90%)
	水泥或石灰剂量(%)	每200m测3~6处	设计值	水泥-1.0% 石灰-2.0%

续上表

工程种类	项目	检查数量	标准值	极限低值
水泥稳定粒料(土)、石灰稳定粒料(土)、石灰工业废渣(粒料)	压实度	每200m 测6~10处	基层98%(97%)	94%(93%)
			底基层96%(95%)	92(91%)
	颗粒组成	每200m 测2~3处	规定级配范围	
	水泥或石灰剂量(%)	每200m 测3~6处		-1.0%

任务1 水泥稳定类材料基层和底基层质量评定

一、水泥土基层和底基层

1. 基本要求

(1)土质应符合设计要求,土块应经粉碎。

(2)水泥用量应按设计要求控制准确。

(3)路拌深度应达到层底。

(4)混合料应处于最佳含水率状况下,用重型压路机碾压至要求的压实度。从加水拌和到碾压终了的时间不应超过3~4h,并应短于水泥的终凝时间。

(5)碾压检查合格后立即覆盖或洒水养生,养生期应符合规范要求。

2. 实测项目

实测项目见表6-3。

水泥十基层和底基层实测项目 表6-3

项次	检查项目		规定值或允许偏差				检查方法和频率	权值
			基层		底基层			
			高速公路、一级公路	其他等级公路	高速公路、一级公路	其他等级公路		
1△	压实度(%)	代表值	—	95	95	93	按路基、路面压实度评定检查,每200m每车道2处	3
		极值	—	91	91	89		
2	平整度(mm)		—	12	12	15	3m直尺:每200m测2处×10尺	2
3	纵断高程(mm)		—	+5,-15	+5,-15	+5,-20	水准仪:每200m测4个断面	1
4	宽度(mm)		符合设计要求		符合设计要求		尺量:每200m测4个断面	1
5△	厚度(mm)	代表值	—	-10	-10	-12	按路面结构层厚度评定检查,每200m每车道1点	2
		合格值	—	-20	-25	-30		
6	横坡(%)		—	±0.5	±0.3	±0.5	水准仪:每200m测4个断面	1
7△	强度(MPa)		符合设计要求		符合设计要求		按半刚性基层和底基层材料强度评定检查	3

3. 外观鉴定

(1)表面平整密实、无坑洼。不符合要求时,每处减1~2分。

(2)施工接茬平整、稳定。不符合要求时，每处减 1 ~2 分。

二、水泥稳定粒料(碎石、砂砾或矿渣等)基层和底基层

1. 基本要求

(1)粒料应符合设计和施工规范要求，并应根据当地料源选择质坚干净的粒料；矿渣应分解稳定，未分解渣块应予剔除。

(2)水泥用量和矿料级配应按设计控制准确。

(3)路拌深度应达到层底。

(4)摊铺时应注意消除离析现象。

(5)混合料应处于最佳含水率状况下，用重型压路机碾压至要求的压实度。从加水拌和到碾压终了的时间不应超过 3 ~4h，并应短于水泥的终凝时间。

(6)碾压检查合格后立即覆盖或洒水养生，养生期要符合规范要求。

2. 实测项目

实测项目见表 6-4。

水泥稳定粒料基层和底基层实测项目 表 6-4

项次	检查项目		规定值或允许偏差				检查方法和频率	权值
			基层		底基层			
			高速公路、一级公路	其他等级公路	高速公路、一级公路	其他等级公路		
1△	压实度(%)	代表值	98	97	96	95	按路基、路面压实度评定检查，每200m 每车道 2 处	3
		极值	94	93	92	91		
2	平整度(mm)		8	12	12	15	3m 直尺：每 200m 测 2 处×10 尺	2
3	纵断高程(mm)		+5，-10	+5，-15	+5，-15	+5，-20	水准仪：每 200m 测 4 个断面	1
4	宽度(mm)		符合设计要求		符合设计要求		尺量：每 200m 测 4 处	1
5△	厚度(mm)	代表值	-8	-10	-10	-12	按路面结构层厚度评定检查，每200m 每车道 1 点	3
		合格值	-15	-20	-25	-30		
6	横坡(%)		±0.3	±0.5	±0.3	±0.5	水准仪：每 200m 测 4 个断面	1
7△	强度(MPa)		符合设计要求		符合设计要求		按半刚性基层和底基层材料强度评定检查	3

3. 外观鉴定

(1)表面平整密实、无坑洼、无明显离析。不符合要求时，每处减 1 ~2 分。

(2)施工接茬平整、稳定。不符合要求时，每处减 1 ~2 分。

任务2 石灰稳定类材料基层和底基层质量评定

一、石灰土基层和底基层

1. 基本要求

(1)土质应符合设计要求，土块应经粉碎。

(2)石灰质量应符合设计要求,块灰需经充分消解才能使用。

(3)石灰和土的用量应按设计要求控制准确,未消解的生石灰块必须剔除。

(4)路拌深度要达到层底。

(5)混合料应处于最佳含水率状况下,用重型压路机碾压至要求的压实度。

(6)保湿养生,养生期要符合规范要求。

2. 实测项目

实测项目见表6-5。

石灰土基层和底基层实测项目 表6-5

项次	检查项目		规定值或允许偏差				检查方法和频率	权值
			基层		底基层			
			高速公路、一级公路	其他等级公路	高速公路、一级公路	其他等级公路		
1△	压实度(%)	代表值	—	95	95	93	按路基、路面压实度评定检查,每200m每车道2处	3
		极值	—	91	91	89		
2	平整度(mm)		—	12	12	15	3m直尺:每200m测2处×10尺	2
3	纵断高程(mm)		—	+5,-15	+5,-15	+5,-20	水准仪:每200m测4个断面	1
4	宽度(mm)		符合设计要求		符合设计要求		尺量:每200m测4处	1
5△	厚度(mm)	代表值	—	-10	-10	-12	按路面结构层厚度评定检查,每200m每车道1点	2
		合格值	—	-20	-25	-30		
6	横坡(%)		—	±0.5	±0.3	±0.5	水准仪:每200m测4个断面	1
7△	强度(MPa)		符合设计要求		符合设计要求		按半刚性基层和底基层材料强度评定检查	3

3. 外观鉴定

(1)表面平整密实、无坑洼。不符合要求时,每处减1~2分。

(2)施工接茬平整、稳定。不符合要求时,每处减1~2分。

二、石灰稳定粒料(碎石、砂砾或矿渣等)基层和底基层

1. 基本要求

(1)粒料应符合设计和施工规范要求,矿渣应分解稳定后才能使用。

(2)石灰质量应符合设计要求,块灰需经充分消解才能使用。

(3)石灰的用量应按设计要求控制准确,未消解生石灰必须剔除。

(4)路拌深度要达到层底。

(5)混合料应处于最佳含水率状况下,用重型压路机碾压至要求的压实度。

(6)保湿养生,养生期应符合规范要求。

2. 实测项目

实测项目见表6-6。

石灰稳定粒料基层和底基层实测项目 表6-6

项次	检查项目		规定值或允许偏差				检查方法和频率	权值
			基层		底基层			
			高速公路、一级公路	其他等级公路	高速公路、一级公路	其他等级公路		
1△	压实度（%）	代表值	—	97	96	95	按路基、路面压实度评定检查，每200m每车道2处	3
		极值	—	93	92	91		
2	平整度(mm)		—	12	12	15	3m直尺：每200m测2处×10尺	2
3	纵断高程(mm)		—	+5，-15	+5，-15	+5，-20	水准仪：每200m测4个断面	1
4	宽度(mm)		符合设计要求		符合设计要求		尺量：每200m测4处	1
5△	厚度(mm)	代表值	—	-10	-10	-12	按路面结构层厚度评定检查，每200m每车道1点	2
		合格值	—	-20	-25	-30		
6	横坡(%)		—	±0.5	±0.3	±0.5	水准仪：每200m测4个断面	1
7△	强度(MPa)		符合设计要求		符合设计要求		按半刚性基层和底基层材料强度评定检查	3

3. 外观鉴定

(1)表面平整密实、无坑洼。不符合要求时，每处减1～2分。

(2)施工接茬平整、稳定。不符合要求时，每处减1～2分。

任务3 二灰稳定类材料基层和底基层质量检查与评定

一、石灰、粉煤灰土基层和底基层

1. 基本要求

(1)土质应符合设计要求，土块应经粉碎。

(2)石灰和粉煤灰质量应符合设计要求，石灰需经充分消解后才能使用。

(3)混合料配合比应准确，不得含有灰团和生石灰块。

(4)碾压时应先用轻型压路机稳压，后用重型压路机碾压至要求的压实度。

(5)保湿养生，养生期应符合规范要求。

2. 实测项目

实测项目见表6-7。

3. 外观鉴定

(1)表面平整密实、无坑洼。不符合要求时，每处减1～2分。

(2)施工接茬平整、稳定。不符合要求时，每处减1～2分。

二、石灰、粉煤灰稳定粒料(碎石、砂砾或矿渣等)基层和底基层

1. 基本要求

(1)粒料应符合设计和施工规范要求，并应根据当地料源，选择质坚干净的粒料。矿渣应分解稳定，未分解渣块应予剔除。

石灰、粉煤灰土基层和底基层实测项目 表6-7

项次	检查项目		规定值或允许偏差				检查方法和频率	权值
			基层		底基层			
			高速公路、一级公路	其他等级公路	高速公路、一级公路	其他等级公路		
1△	压实度(%)	代表值	—	95	95	93	按路基、路面压实度评定检查,每200m每车道2处	3
		极值	—	91	91	89		
2	平整度(mm)		—	12	12	15	3m直尺:每200m测2处×10尺	2
3	纵断高程(mm)		—	+5,-15	+5,-15	+5,-20	水准仪:每200m测4个断面	1
4	宽度(mm)		符合设计要求		符合设计要求		尺量:每200m测4处	1
5△	厚度(mm)	代表值	—	-10	-10	-12	按路面结构层厚度评定检查,每200m每车道1点	2
		合格值	—	-20	-25	-30		
6	横坡(%)		—	±0.5	±0.3	±0.5	水准仪:每200m测4个断面	1
7△	强度(MPa)		符合设计要求		符合设计要求		按半刚性基层和底基层材料强度评定检查	3

(2)石灰和粉煤灰质量应符合设计要求,石灰需经充分消解后才能使用。

(3)混合料配合比应准确,不得含有灰团和生石灰块。

(4)摊铺时应注意消除离析现象。

(5)碾压时应先用轻型压路机稳压,再用重型压路机碾压至要求的压实度。

(6)保湿养生,养生期应符合规范要求。

2. 实测项目

实测项目见表6-8。

石灰、粉煤灰稳定粒料基层和底基层实测项目 表6-8

项次	检查项目		规定值或允许偏差				检查方法和频率	权值
			基层		底基层			
			高速公路、一级公路	其他等级公路	高速公路、一级公路	其他等级公路		
1△	压实度(%)	代表值	98	97	96	95	按路基、路面压实度评定检查,每200m每车道2处	3
		极值	94	93	92	91		
2	平整度(mm)		8	12	12	15	3m直尺:每200m测2处×10尺	2
3	纵断高程(mm)		+5,-10	+5,-15	+5,-15	+5,-20	水准仪:每200m测4个断面	1
4	宽度(mm)		符合设计要求		符合设计要求		尺量:每200m测4处	1
5△	厚度(mm)	代表值	-8	-10	-10	-12	按路面结构层厚度评定检查,每200m每车道1点	3
		合格值	-15	-20	-25	-30		
6	横坡(%)		±0.3	±0.5	±0.3	±0.5	水准仪:每200m测4个断面	1
7△	强度(MPa)		符合设计要求		符合设计要求		按半刚性基层和底基层材料强度评定检查	3

3. 外观鉴定

(1)表面平整密实、无坑洼、无明显离析。不符合要求时,每处减 1 ~2 分。

(2)施工接茬平整、稳定。不符合要求时,每处减 1 ~2 分。

任务4 路面基层压实度评定与试验

一、压实度评定

路基和路面基层、底基层的压实度以重型击实标准为准,沥青层压实度以《公路沥青路面施工技术规范》(JTG F40—2004)的规定为准。

对于特殊干旱、潮湿地区或过湿土,以路基设计施工规范规定的压实度标准进行评定。

标准密度应做平行试验,求其平均值作为现场检验的标准值。对于均匀性差的路基土质和路面结构层材料,应根据实际情况增补标准密度试验,求得相应的标准值,以控制和检验施工质量。

路基、路面压实度以 1 ~3km 长的路段为检验评定单元,按本标准各有关章节要求的检测频率进行现场压实度抽样检查,求算每一测点的压实度 K_i。细粒土现场压实度检查可以采用灌砂法或环刀法;粗粒土及路面层压实度检查可以采用灌砂法、水袋法或钻孔取样蜡封法。应用核子密度仪时,须经对比试验检验,确认其可靠性。

检验评定段的压实度代表值 K(算术平均值的下置信界限)为:

$$K=\bar{k}-\frac{t_\alpha}{\sqrt{n}}S\geqslant K_0 \tag{6-1}$$

式中:$\bar{k}$——检验评定段内各测点压实度的平均值;

t_α——t 分布表中随测点和保证率(或置信度 α)而变的系数,t_α 见表 6-9 采用的保证率,即高速公路、一级公路,基层、底基层为 99%,路基、路面面层为 95%,其他等级公路,基层、底基层为 95%,路基、路面面层为 90%;

S——检测值的标准差;

n——检测点数;

K_0——压实度标准值。

路基、基层和底基层:$K\geqslant K_0$,且单点压实度 K_i 全部大于等于规定值减 2 个百分点时,评定路段的压实度合格率为 100%;当 $K\geqslant K_0$,且单点压实度全部大于等于规定极值时,按测定值不低于规定值减 2 个百分点的测点数计算合格率。

$K<K_0$ 或某一单点压实度 K_i 小于规定极值时,该评定路段压实度为不合格,相应分项工程评为不合格。

路堤施工段较短时,分层压实度应每点符合要求,且样本数不少于 6 个。

沥青面层:当 $K\geqslant K_0$ 且全部测点大于等于规定值减 1 个百分点时,评定路段的压实度合格率为 100%;当 $K\geqslant K_0$ 时,按测定值不低于规定值减 1 个百分点的测点数计算合格率。

$K<K_0$ 时,评定路段的压实度为不合格,相应分项工程评为不合格。

$t_\alpha \sqrt{n}$值 表6-9

保证率 / n	99%	95%	90%	保证率 / n	99%	95%	90%
2	22.501	4.465	2.176	21	0.552	0.376	0.289
3	4.021	1.686	1.089	22	0.537	0.367	0.282
4	2.270	1.177	0.819	23	0.523	0.358	0.275
5	1.676	0.953	0.686	24	0.510	0.350	0.269
6	1.374	0.823	0.603	25	0.498	0.342	0.264
7	1.188	0.734	0.544	26	0.487	0.335	0.258
8	1.060	0.670	0.500	27	0.477	0.328	0.253
9	0.966	0.620	0.466	28	0.467	0.322	0.248
10	0.892	0.580	0.437	29	0.458	0.316	0.244
11	0.833	0.546	0.414	30	0.449	0.310	0.239
12	0.785	0.518	0.393	40	0.383	0.266	0.206
13	0.744	0.494	0.376	50	0.340	0.237	0.184
14	0.708	0.473	0.361	60	0.308	0.216	0.167
15	0.678	0.455	0.347	70	0.285	0.199	0.155
16	0.651	0.438	0.335	80	0.266	0.186	0.145
17	0.626	0.423	0.324	90	0.249	0.175	0.136
18	0.605	0.410	0.314	100	0.236	0.166	0.129
19	0.586	0.398	0.305	>100	$\frac{2.3265}{\sqrt{n}}$	$\frac{1.6449}{\sqrt{n}}$	$\frac{1.2815}{\sqrt{n}}$
20	0.568	0.387	0.297				

二、压实度试验

现场压实质量用压实度表示，对于路基土及路面基层，压实度是指工地实际达到的干密度与室内标准击实试验所得的最大干密度的比值，其现行的检测方法主要包括灌砂法、环刀法、水袋法和核子法，其他有路用雷达法、瑞利法等快速无破损的检测方法尚在研究阶段，尚未正式推广使用。这里只介绍灌砂法测定压实度试验方法。

1. 目的和适用范围

本试验法适用于在现场测定细粒土、砂类土和砾石土路基压实度检测，但不适用于填石路堤等有大孔洞或大孔隙材料的压实度检测。

采用挖坑灌砂法测定密度和压实度时，应符合下列规定：

(1)当集料的最大粒径小于15mm，测定层的厚度不超过150mm时，宜采用ϕ100mm的小型灌砂筒测试。

(2)当集料的最大粒径等于或大于15mm，但不大于40mm，测定层的厚度超过150mm，但不超过200mm时，应用ϕ150mm的大型灌砂筒测试。

2. 仪器设备和材料

本试验需要下列仪具与材料：

（1）灌砂筒：有大小两种，根据需要采用。形式和主要尺寸见表6-10及图6-1。当尺寸与表中不一致，但不影响使用时，也可使用。储砂筒筒底中心有一个圆孔，下部装一倒置的圆锥形漏斗，漏斗上端开口，直径与储砂筒的圆孔相同。漏斗焊接在一块铁板上，铁板中心有一圆孔与漏斗上开口相接。在储砂筒筒底与漏斗顶端铁板之间设有开关。开关为一薄铁板，一端与筒底及漏斗铁板铰接在一起，另一端伸出筒身外。开关铁板上也有一个相同直径的圆孔。

灌砂仪的主要尺寸　　表6-10

结　　构		小型灌砂筒	大型灌砂筒
储砂筒	直径（mm）	100	150
	容积（cm^3）	2 120	4 600
流砂孔	直径（mm）	10	15
金属标定罐	内径（mm）	100	150
	外径（mm）	150	200
金属方盘基板	边长（mm）	350	400
	深（mm）	40	50
中孔	直径（mm）	100	150

注：如集料的量大粒径超过40cm，则应相应地增大灌砂筒和标定罐的尺寸，如集料的最大粒径超过60cm，灌砂筒和现场试洞的直径应为200mm。

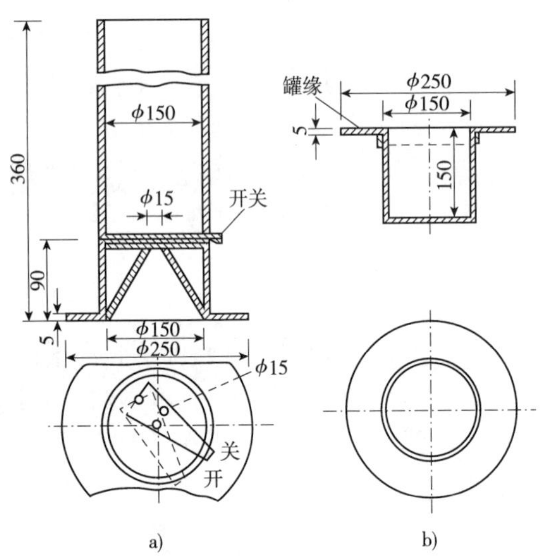

图6-1　灌砂筒和标定罐（尺寸单位：mm）

（2）金属标定罐：用薄铁板制作的金属罐，上端周围有一罐缘。

（3）基板：用薄铁板制作的金属方盘，盘的中心有一圆孔，小型灌砂筒时为100mm，大型灌砂筒时对应为150mm。

（4）玻璃板：边长为500～600mm的方形板。

（5）试样盘：小筒挖出的试样可用饭盒存放，大筒挖出的试样可用300mm×500mm×40mm的搪瓷盘存放。

（6）天平或台秤：称量10～15kg，感量不大于1g。用于含水率测定的天平精度，对细粒土、中粒土、粗粒土宜分别为0.01g、0.1g、1.0g。

（7）含水率测定器具：如铝盒、烘箱等。

（8）量砂：粒径0.30～0.60mm或0.25～0.50mm清洁干燥的均匀砂20～40kg，使用前须洗净、烘干，并放置足够的时间，使其与空气的湿度达到平衡。

注：通常，量砂烘干后存放7d，就足以使砂的含水率与空气的湿度相平衡。不要将砂放在密闭的容器内，在使用前应该将砂彻底拌和。

（9）盛砂的容器：塑料桶等。

（10）其他：凿子、改锥、铁锤、长把勺、长把小簸箕、毛刷等。

3.仪器的标定

1)确定灌砂筒下部圆锥体内砂的质量

步骤如下:

(1)在灌砂筒中装满砂,筒内的高度与筒顶的距离不超过15mm。称取筒内砂的质量m_1,准确至1g。以后每次标定及试验都应该维持装砂高度与质量不变。

(2)将开关打开,使灌砂筒筒底的流砂孔、圆锥形漏斗上端开口圆孔及开关铁板中心的圆孔上下对准,让砂自由流出,并使流出砂的体积与工地所挖试坑内的体积相当(或等于标定罐的容积),然后关上开关。

(3)不晃动储砂筒的砂,轻轻地将灌砂筒移至玻璃板上,将开关打开,让砂流出,直到筒内砂不再往下流时,将开关关上,并小心地取走灌砂筒。

(4)收集并称量留在玻璃板上的砂或称量筒内的砂,准确至1g。玻璃板上的砂就是填满筒下部圆锥体的砂(m_2)。

(5)重复上述测量3次,取其平均值。

2)确定量砂的单位质量ρ_s(g/cm^3)

确定量砂的单位质量的步骤如下:

(1)用水确定标定罐的容积V,准确至1cm^3。

将空罐放在台秤上,使罐的上口处于水平位置,读记罐质量m_5,准确至1g。向标定罐中灌水,注意不要将水弄到台秤上或罐的外壁,将一直尺放在罐顶,在罐中水面快接近直尺时,用滴管向罐中加水,直到水面接触直尺,移去直尺,读记罐和水的合质量m_4,准确至1g。重复测量5~6次,以获得精确的平均值m_4。重复测量时,仅需从罐中取出少量水(用吸管),并用滴管重新将水加满到接触直尺。标定罐的体积:

$$V = m_4 - m_5 \tag{6-2}$$

式中:V——标定罐的体积(cm^3);

m_4——标定罐和水的合计质量(g);

m_5——标定罐的质量(g)。

(2)在储砂筒中装入质量为m_1的砂,并将灌砂筒放在标定罐上,将开关打开,让砂流出。在整个流砂过程中,不要碰动灌砂筒,直到储砂筒内的砂不再往下流时,将开关关闭。取下罐砂筒,称取筒内剩余砂的质量m_3,准确至1g。

(3)按式(6-3)计算填满标定罐所需砂的质量m_a(g)。

$$m_a = m_1 - m_2 - m_3 \tag{6-3}$$

式中:m_1——装入灌砂筒内砂的总质量(g);

m_2——灌砂筒下部圆锥体内砂的质量(g);

m_3——灌砂入标定罐后,筒内剩余砂的质量(g)。

(4)重复上述测量3次,取其平均值。

(5)计算量砂的单位质量ρ_s(g/cm^3)。

$$\rho_s = \frac{m_a}{V} \tag{6-4}$$

式中:ρ_s——量砂的单位质量(g/cm^3);

V——标定罐的体积(cm^3)。

4. 试验步骤

(1)在试验地点选一块平坦表面,并将其清扫干净,其面积不得小于基板面积。

(2)将基板放在平坦表面上。当表面的粗糙度较大时,则将盛有量砂(m_5)的灌砂筒放在基板中间的圆孔上,将灌砂筒的开关打开,让砂流入基板的中孔内,直到储砂筒内的砂不再往下流时关闭开关。取下灌砂筒,并称量筒内砂的质量(m_6),准确至1g。

注:需要检查厚度时,应先测量厚度后再进行这一步骤。

(3)取走基板,并将留在试验地点的量砂收回,重新将表面清扫干净。

(4)将基板放回扫干净的表面上(尽量放在原处),沿基板中孔凿洞(洞的直径与灌砂筒一致)。在凿洞过程中,应注意不使凿出的材料丢失,并随时将凿松的材料取出装入塑料袋中,不使水分蒸发。也可放在大试样盒内,试洞的深度应等于测定层厚度,但不得有下层材料混入,最后将洞内的全部凿松材料取出。对土基或基层,为防止试样盘内材料的水分蒸发,可分几次称取材料的质量。全部取出材料的总质量为 m_w,准确至1g。

(5)从挖出的全部材料中取有代表性的样品,放在铝盒或洁净的搪瓷盘中,测定含水率(w,以%计)。样品的数量如下:用小灌砂筒测定时,对于细粒土,不少于100g;对于各种中粒土,不少于500g。用大灌砂筒测定时,对于细粒土,不少于200g;对于各种中粒土,不少于1 000g。对于粗粒土、石灰、粉煤灰等无机结合料稳定材料,宜将取出的全部材料烘干,且不少于2 000g,称其质量(m_d),准确至1g。

(6)将基板安放在试坑上,将灌砂筒安放在基板中间(储砂筒内放满砂到要求质量 m_1),使灌砂筒的下口对准基板的中孔及试洞,打开灌砂筒的开关,让砂流入试坑内。在此期间,应注意勿碰动灌砂筒。直到储砂筒内的砂不再往下流时,关闭开关。仔细取走灌砂筒,并称量筒内剩余砂的质量(m_2),准确至1g。

(7)如清扫干净的平坦表面的粗糙度不大,也可省去步骤(2)和步骤(3)的操作。在试洞挖好后,将灌砂筒直接对准放在试坑上,中间不需要放基板。打开筒的开关,让砂流入试坑内。在此期间,应注意勿碰动灌砂筒。直到储砂筒内的砂不再往下流时,关闭开关。仔细取走灌砂筒,并称量剩余砂的质量(m_4),准确至1g。

(8)仔细取出试筒内的量砂,以备下次试验时再用。若量砂的湿度已发生变化或量砂中混有杂质,则应该重新烘干、过筛,并放置一段时间,使其与空气的湿度达到平衡后再用。

5. 计算

1)计算填满试坑所用的砂的质量 m_b(g)

(1)灌砂时,试坑上放有基板时:

$$m_b = m_1 - m_4 - (m_5 - m_6) \tag{6-5}$$

(2)灌砂时,试坑上不放有基板时:

$$m_b = m_1 - m'_4 - m_2 \tag{6-6}$$

上述式中:m_b——填满试坑的砂的质量(g);

m_1——灌砂前灌砂筒内砂的质量(g);

m_2——灌砂筒下部圆锥体内砂的质量(g);

m_4, m'_4——灌砂后,灌砂筒内剩余砂的质量(g);

$(m_5 - m_6)$——灌砂筒下部圆锥体内及基板和粗糙表面间砂的合计质量(g)。

2)计算试坑材料的湿密度ρ_w(g/cm³)

$$\rho_s = \frac{m_w}{m_b} \times \gamma_s \tag{6-7}$$

式中:m_w——试坑中取出的全部材料的质量(g);

γ_s——量砂的单位质量(g/cm³)。

3)计算试坑材料的干密度ρ_d(g/cm³)

$$\rho_d = \frac{\rho_w}{1 + 0.01w} \tag{6-8}$$

式中:w——试坑材料的含水率(%)。

当为水泥、石灰、粉煤灰等无机结合料稳定土的场合,可按式(6-9)计算干密度ρ_d(g/cm³):

$$\rho_d = \frac{m_d}{m_b} \times \gamma_s \tag{6-9}$$

式中:m_d——试坑中取出的稳定土的烘干质量(g)。

4)计算施工压实度K

$$K = \frac{\rho_d}{\rho_c} \times 100\% \tag{6-10}$$

式中:K——测试地点的施工压实度(%);

ρ_d——试样的干密度(g/cm³);

ρ_c——由击实试验得到的试样的最大干密度(g/cm³)。

注:试坑材料组成与击实试验的材料有较大差异时,可以用试坑材料做标准击实试验求取实际的最大干密度。

5)填写压实度检测报告

将检测和计算数据填入表6-11,各种材料的干密度均应准确至0.01g/cm³。

路基工程压实度试验记录表 表6-11

监理工程师:××× 试验:××× 计算:××× 复核:×××

承包单位:××高等级公路建设总公司 检测路段:K111+110-K111+500

监理单位:××交通监理有限公司 工程部位:第3层 日期:2002年7月14日

桩号				K111+330	K111+380
试点位置				左14m	右11m
试坑深度(cm)				15	16
密度	灌砂筒+原有砂重(g)	(1)		7 300	7 300
	圆锥体内砂重(g)	(2)		750	750
	粗糙面耗砂重(g)	(3)		0	0
	灌砂筒+剩余量砂重(g)	(4)		4 040	3 685
	试坑内耗砂重(g)	(5)	(5)=(1)-(2)-(3)-(4)	2 510	2 865
	量砂密度(g/cm³)	(6)		1.41	1.41
	试坑容积(cm³)	(7)	(7)=(5)÷(6)	1 780	2 032
	湿试样质量(g)	(8)		3 827	4 389
	试样湿密度(g/cm³)	(9)	(9)=(8)÷(7)	2.15	2.16

续上表

桩号				K111 +330		K111 +380	
试点位置				左 14m		右 11m	
试坑深度(cm)				15		16	
含水率	盒号	(10)		279	201	186	255
	盒重(g)	(11)		39.94	40.99	40.78	39.18
	盒 + 湿土重(g)	(12)		150	150	150	150
	盒 + 干土重(g)	(13)		137.20	136.80	136.90	136.75
	水质量(g)	(14)	(14) = (12) - (13)	12.80	13.20	13.10	13.25
	干土质量(g)	(15)	(15) = (13) - (11)	97.26	95.81	96.12	97.57
	试样含水率(%)	(16)	(16) = (14) ÷ (15)	13.16	13.78	13.63	13.58
	平均含水率(%)	(17)		13.5		13.6	
压实度	试样干密度(g/cm^3)	(18)		1.89		1.90	
	最大干密度(g/cm^3)	(19)		1.96		1.96	
	压实度(%)	(20)	(20) = (18) ÷ (19)	96.4		96.8	

任务5 半刚性基层和底基层材料强度评定与试验

一、半刚性基层和底基层材料强度评定

(1)半刚性基层和底基层材料强度,以规定温度下保湿养生 6d、浸水 1d 后的 7d 无侧限抗压强度为准。

(2)在现场按规定频率取样,按工地预定达到的压实度制备试件。每 2 000m^2 或每工作班制备 1 组试件,不论稳定细粒土、中粒土或粗粒土,当多次偏差系数 $C_v \leqslant 10\%$ 时,可为 6 个试件;$C_v = 10\% \sim 15\%$ 时,可为 9 个试件;$C_v > 15\%$ 时,则需 13 个试件。

(3)试件的平均强度 $\overline{R}$ 应满足式(6-11)要求:

$$\overline{R} \geqslant \frac{R_d}{1 - Z_a C_v} \tag{6-11}$$

式中:R_d——设计抗压强度(MPa);

C_v——试验结果的偏差系数(以小数计);

Z_a——标准正态分布表中随保证率而变的系数,高速公路、一级公路:保证率 95%,$Z_a = 1.645$;其他公路:保证率 90%,$Z_a = 1.282$。

(4)评定路段内半刚性材料强度为不合格时,相应分项工程为不合格。

二、无侧限抗压强度试验

具体内容详见学习情境 2 的任务 7。

任务6 路面基层厚度评定与试验

一、基层厚度评定

(1)评定路段内路面结构层厚度按代表值和单个合格值的允许偏差进行评定。

(2)按规定频率,采用挖验或钻取芯样测定厚度。

(3)厚度代表值为厚度的算术平均值的下置信界限值,即

$$X_L = \overline{X} - \frac{t_\alpha}{\sqrt{n}}S \tag{6-12}$$

$$\overline{X} = \frac{X_1 + X_2 + \cdots + X_n}{n} \tag{6-13}$$

$$S = \sqrt{\frac{(X_2 - \overline{X})^2 + (X_2 - \overline{X})^2 + \cdots + (X_n - \overline{X})^2}{n-1}} \tag{6-14}$$

上述式中:X_L——厚度代表值(算术平均值的下置信界限);

X_1、$X_2 \cdots X_n$——每次检查得的厚度值;

$\overline{X}$——厚度平均值;

S——标准差;

n——检测点数;

t_α——t 分布表中随测点和保证率(或置信度 α)而变的系数,可查表6-9。

采用的保证率,对高速公路、一级公路:基层、底基层为99%,面层为95%;对其他等级公路:基层、底基层为95%,面层为90%。

(4)当厚度代表值大于等于设计厚度减去代表值允许偏差时,则按单个检查值的偏差不超过单点合格值来计算合格率;当厚度代表值小于设计厚度减去代表值允许偏差时,相应分项工程评为不合格。

代表值和单点合格值的允许偏差见以下各节实测项目表。

(5)沥青面层一般按沥青铺筑层总厚度进行评定,高速公路和一级公路分2~3层铺筑时,还应进行上面层厚度检查和评定。

二、钻取芯样

基层的厚度可用钻孔取样的方法测量。

1.使用工具和量具

(1)路面取芯钻机。

(2)钢板尺、卡尺。

2.钻取样芯

(1)路面取芯钻机外形如图6-2所示,由支架和钻机组成,钻头为空心钻头,内径为100mm。取样前,根据需要在钻头上标注预计钻孔深度,将支架支稳,钻头保持垂直,开动钻机,钻头要用水冷却,适当对钻机施加向下的压力,待达到预计深度后,即可停机,仔细地取出样芯。

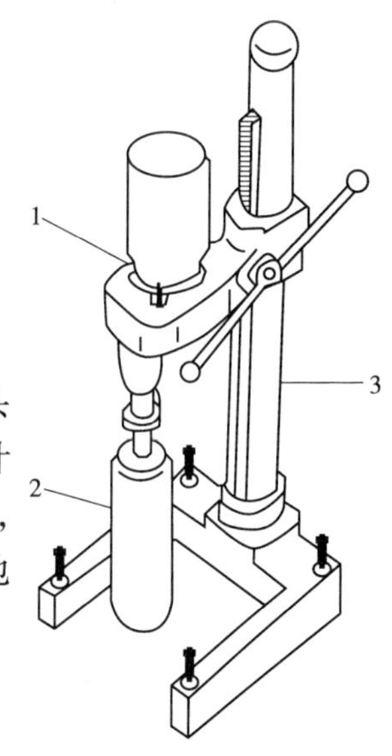

图6-2 路面取芯钻机
1-电钻;2-空心钻头;3-支架

(2)按照规定在路面上选择相应数量的点,分别钻取出样芯。

3.测量

(1)清除样芯表面的灰土,找出上下层的分界面,测量分界点的厚度。应沿圆周测量4个点,4个点的位置应选择十字交叉的

方向,取4个点的平均值,该平均值即为路面沥青混合料面层的厚度,用字母 h 表示,单位为厘米(cm)。

(2)每个样芯都要测量出试样的厚度。

任务7 弯沉值评定与试验

一、概述

路面弯沉是汽车车轮荷载作用下路面表面产生的垂直变形值,它是反映路面整体抗压强度的一个综合指标。目前,我国柔性路面设计方法采用的设计指标之一是路表回弹弯沉,并规定双轮胎轮隙中心处路面表面最大回弹弯沉不大于竣工验收弯沉值。

1. 弯沉的基本概念

路面在车轮作用下产生沉降,其总变形值等于总弯沉值。当车轮荷载卸除后,路面便向上回弹,其回弹变形值便是回弹弯沉值。总弯沉与回弹弯沉之差便是残余弯沉。一般总弯沉比回弹弯沉大,表明路面除了产生弹性变形外还产生了塑性变形。若总弯沉等于回弹弯沉,表明路面是完全弹性体。若总弯沉小于回弹弯沉,表明路面产生了隆起的塑性变形。

弯沉测量的目的是利用弯沉仪量测路面表面在标准荷载作用下的轮隙回弹弯沉值,用作评定路面强度的指标;通过对路面结构分层测定所得的回弹弯沉值,根据弹性体系垂直位移理论解,反算路面各结构层的材料回弹模量值。

2. 弯沉测量的目的

一是利用弯沉仪量测路面表面在标准轴载作用下的轮隙回弹弯沉值,用作评定路面强度的指标;二是通过对路面结构分层测定所得的回弹弯沉值,根据弹性体系垂直位移理论解,反算路面各结构层的材料回弹模量值。

3. 弯沉测量方法

用弯沉指标来表示路面强度的做法早在20世纪30年代便开始了。美国在20世纪50年代研制了贝克曼弯沉梁,我国也仿照贝克曼弯沉梁研制了现在的弯沉仪。为了提高量测精度和解决弯沉量测时支座位移的问题,苏联、瑞士、法国研制了光学弯沉仪,它的特点是把测点与读数装置分开,消除了支座位移的影响。近年来像日本、丹麦等国研制了动力式落锤弯沉仪,用以量测冲击荷载作用下路面表面的弯沉,它可模拟快速行车对路面的弯沉效应。贝克曼梁法测弯沉属传统方法,速度慢,静态测试,比较成熟,目前属于标准方法。以下主要介绍贝克曼弯沉仪测量法。

二、路面弯沉值评定

(1)弯沉值用贝克曼梁或自动弯沉仪测量。每一双车道评定路段(不超过1km)检查80~100个点,多车道公路必须按车道数与双车道之比,相应增加测点。

(2)弯沉代表值为弯沉测量值的上波动界限,用式(6-15)计算。

$$l_r = \bar{l} + Z_\alpha S \tag{6-15}$$

式中:l_r——弯沉代表值(0.01mm);

$\bar{l}$——实测弯沉的平均值(0.01mm);

S——标准差;

Z_α——与要求保证率有关的系数,见表6-12。

Z_α 值 表6-12

层　　位	Z_α	
	高速公路、一级公路	二、三级公路
沥青面层	1.645	1.5
路基	2.0	1.645

(3)当基层、底基层的弯沉代表值不符合要求时,可将超出$\bar{l}\pm(2\sim3)S$的弯沉特异值舍弃,重新计算平均值和标准差。对舍弃的弯沉值大于$\bar{l}\pm(2\sim3)S$的点,应找出其周围界限,进行局部处理。

用两台弯沉仪同时进行左右轮弯沉值测定时,应按两个独立测点计,不能采用左右两点的平均值。

(4)弯沉代表值大于设计要求的弯沉值时,相应分项工程为不合格。

(5)测定时的路表温度对沥青面层的弯沉值有明显影响,应进行温度修正。当沥青层厚度小于或等于50mm时,或路表温度在20℃ ±2℃范围内,可不进行温度修正。

若在非不利季节测定时,应考虑季节影响系数。

三、贝克曼梁法测弯沉试验

1. 试验目的和使用范围

(1)本方法适用于测定各类路基路面的回弹弯沉,用以评定其承载能力,可供路面结构设计使用。

(2)沥青路面的弯沉以路表温度20℃时为准,在其他温度测试时,对厚度大于5cm的沥青路面,弯沉应予以温度修正。

2. 仪具与材料

(1)路面弯沉仪:由贝壳曼梁、百分表及表架组成,通常由铝合金制成。其前臂(接触路面)与后臂(装百分表)长度比为2:1。弯沉仪有两种:一种长3.6m,前后臂分别为2.4m和1.2m;另一种加长的弯沉仪长5.4m,前后臂分别为3.6m和1.8m。要求刚度高,质量小,精度高,灵敏度高和使用方便。弯沉仪构造如图6-3所示。

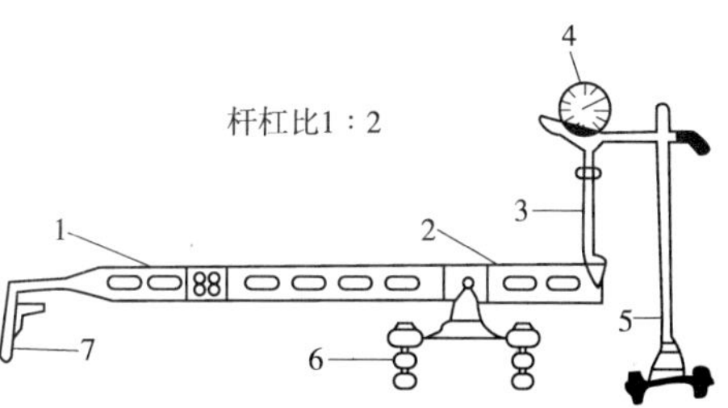

图6-3 弯沉仪构造图

1-前杠杆;2-后杠杆;3-立杆;4-百分表;5-表架;6-支承座;7-测头

(2)测试车:采用双轴、后轴双侧4轮的载货车,测试车可根据需要按公路等级选择,高速公路、一级公路和二级公路采用后轴为100kN的BZZ—100型汽车,其他等级公路采用后轴为60kN的BZZ—60型汽车。其标准轴载车的主要参数见表6-13,并要求轮胎花纹清晰,没有明显磨损。车上所装重物应稳固均匀,汽车行驶时载物不得移动。测试前应对轮胎气压进行检验。

标准轴载车的主要参数表 表 6-13

标准轴载等级	BZZ—100	BZZ—60
后轴标准轴载 P(kN)	100 ±1	60 ±1
一侧双轮荷载(kN)	50 ±0.5	30 ±0.5
轮胎充气压力(MPa)	0.7 ±0.05	0.5 ±0.05
单轮传压面当量圆直径(cm)	21.30 ±0.5	19.5 ±0.5
轮隙宽度	满足能自由插入弯沉仪测头的测试要求	

(3)接触式路面温度计。

(4)其他:粉笔、小旗、皮尺、口哨等。

3. 试验方法与试验步骤

1)试验前的准备工作

(1)检查并保持测定用标准车的车况及制动性能良好,轮胎内胎符合充气压力。

(2)向汽车车槽中装载(铁块或集料),并用地中衡称量后轴总质量,应符合要求的轴重规定,汽车行驶及测定过程中,轴重不得变化。

(3)汽车轮胎着地面积:在平整光滑的硬质路面上用千斤顶将汽车后轴顶起,在轮胎下方放一张新的复写纸,轻轻放下千斤顶,即在方格纸上印上轮胎印痕,用求积仪或数方格的方法,测算轮胎的接地面积 F,准确至 0.1cm^2。

(4)检查弯沉仪百分表测量灵敏情况。

(5)计算后轮的单位面积压力及荷载当量圆直径。

压力为:

$$p = \frac{P}{2F} \tag{6-16}$$

单圆荷载直径:

$$D = \sqrt{\frac{4F}{\pi}} \tag{6-17}$$

双圆荷载直径:

$$d = \frac{D}{\sqrt{2}} \tag{6-18}$$

(6)在沥青路面上测定时,用路表温度计测定试验时的气温及路表温度(一天气温不断变化,应随时检查),并通过气象台了解前 5d 的平均气温(日最高气温及最低气温的平均值),记录沥青路面修建或改建时材料、结构、厚度、施工及养护等情况。

2)测试步骤

(1)在测试路段内布置测点,其距离视测试需要而定。测点应在路面行车车道的轮迹带上,并画上标记。

(2)将测试车后轮轮隙对准测点后 3 ~5cm 处的位置。

(3)将弯沉仪插入汽车后轮之间的缝隙处,与汽车的方向一致,轮臂不得碰到轮胎,弯沉仪测头置于测点上(轮隙中心前方 3 ~5cm 处),并安装百分表于弯沉仪的测定杆上,百分表调零,用手指轻轻叩打弯沉仪,检查百分表是否稳定回零。弯沉仪可以是单侧测定,也可以是双侧测定。

(4)测定者吹哨发令指挥汽车缓缓前进,百分表随路面变形的增加而持续向前转动。当表针转到最大值时,迅速读取初读数 L_1。汽车仍然向前行驶,表针反向回转,待汽车驶出弯沉影响半径(3m 以上)后,吹口哨或挥动指挥红旗,汽车停止。待表针回转稳定后,再次读取终读数 L_2。汽车前进的速度宜为 5km/h 左右。当弯沉仪的杠杆比为 1:2时,则回弹弯沉值如下:

$$L_T = 2(L_1 - L_2) \tag{6-19}$$

式中:L_T——在路面温度 T 时的回弹弯沉值(0.01mm);

L_1——车轮中心邻近弯沉仪测头时百分表的最大读数(0.01mm);

L_2——汽车驶出弯沉影响半径后百分表的终读数(0.01mm)。

(5)回弹弯沉测量的结果记入表 6-14 中。

(6)如需测定总弯沉值和残余弯沉值,则应用“后退加荷法”。先将试验车停驻在弯沉影响半径范围以外,在测点先安置好弯沉仪测头,读记百分表读数 d_3。然后指挥试验车缓缓地由前向后倒退至测点,并使弯沉仪测头刚好对准轮胎间隙中心,待百分表稳定后读记数值 d_4。随即指挥汽车向前缓缓驶离测点至影响半径范围之外,待百分表稳定后读记数值 d_5。则:

总弯沉为:

$$L_z = 2(d_4 - d_3) \tag{6-20}$$

回弹弯沉:

$$L_T = 2(d_4 - d_5) \tag{6-21}$$

残余弯沉:

$$L_e = L_z - L_T \tag{6-22}$$

3)弯沉仪的支点变形修正

(1)当采用 3.6m 的弯沉仪对半刚性基层沥青路面、水泥混凝土路面等进行弯沉测试时,有可能引起弯沉仪支座处变形,因此,应检验支点有无变形。用另一台检验用的弯沉仪安装在检测用的弯沉仪后方,其测点架于测定用的弯沉仪的支点旁。当汽车开动时,同时读取两台弯沉议的读数,如检验用的弯沉仪百分表有读数,则应记录并进行支点变形修正。支点变形修正的原理如图 6-4 所示。

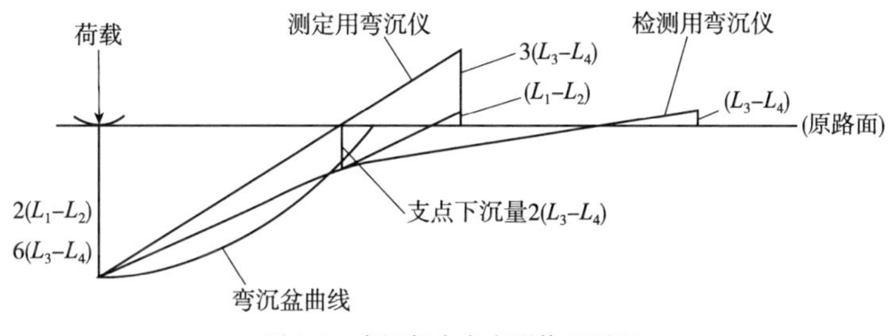

图 6-4 弯沉仪支点变形修正原理

（2）当采用长 5.4m 的弯沉仪测定时，可不进行支点变形修正。进行弯沉仪支点变形修正时，路面测点的回弹弯沉值按下式计算：

$$L_T = 2(L_1 - L_2) + 6(L_3 - L_4) \tag{6-23}$$

式中：L_1——车轮中心临近弯沉仪测头时测定用弯沉仪的最大读数（0.01mm）；

L_2——汽车驶出弯沉影响半径后测定用弯沉仪的终读数（0.01mm）；

L_3——车轮中心临近弯沉仪测头时检验用弯沉仪的最大读数（0.01mm）；

L_4——汽车驶出弯沉影响半径后检验用弯沉仪的终读数（0.01mm）。

式（6-23）适用于测定用弯沉仪支座处有变形，但百分表架处已无变形的情况。

4）温度修正

沥青面层厚度大于 5cm 且路面温度超过 20℃ ±2℃范围时，回弹弯沉值应进行温度修正，温度的修正有两种方法。

（1）查图法。测定时的沥青层平均温度按式（6-24）计算：

$$t = \frac{1}{3}(t_{25} + t_m + t_e) \tag{6-24}$$

式中：t——测定时沥青层平均温度（℃）；

t_{25}——根据 t_0 由图 6-5 决定的路表下 25mm 处的温度（℃）；

t_m——根据 t_0 由图 6-5 决定的沥青层中间深度的温度（℃）；

t_e——根据 t_0 由图 6-5 决定的沥青层底面处的温度（℃）。

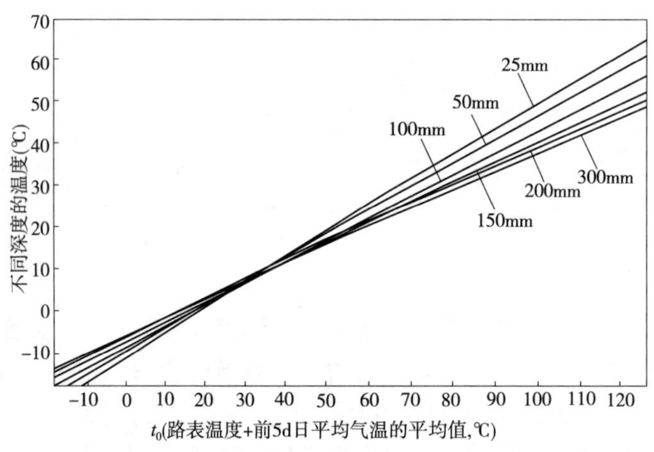

图 6-5　沥青面层平均温度的确定

注：线上的数字表示路表下的不同深度。

图 6-5 中 t_0 为测定时路表温度与测定前 5d 日平均气温的平均值之和，平均气温为日最高气温与日最低气温的平均值。

不同基层的沥青路面弯沉值的温度修正系数 K，根据沥青平均温度 t 及沥青层厚度，分别由图 6-6 及图 6-7 求取。

沥青路面回弹弯沉按下式计算：

$$L_{20} = L_T \times K \tag{6-25}$$

式中：L_{20}——换算为 20℃的沥青路面回弹弯沉值（0.01mm）；

L_T——测定时沥青面层内平均温度为 t 时的回弹弯沉值(0.01mm);

K——温度修正系数。

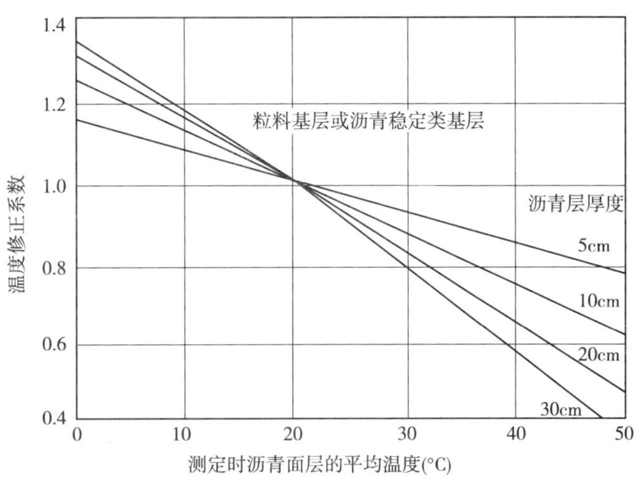

图6-6 路面弯沉温度修正系数曲线

(适用于粒料基层或沥青温度基层)

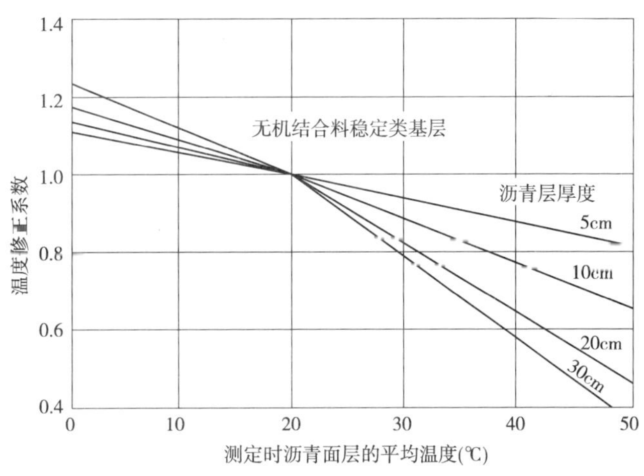

图6-7 路面弯沉温度修正系数曲线

(适用于无机结合料稳定的半刚性基层)

(2)经验计算法。测定时的沥青面层平均温度 t,按以下经验公式确定:

$$t = a + bt_0 \tag{6-26}$$

式中:t_0——测定时路表温度与测定前5d日平均气温的平均值之和(℃)。

a、b 按下式取值:

$$\left.\begin{aligned} a &= -2.65 + 0.52h \\ b &= 0.62 - 0.008h \end{aligned}\right\} \quad (h\ \text{为沥青面层厚度}) \tag{6-27}$$

弯沉温度修正系数经验公式:

当 $t \geq 20$℃时

$$K = e^{h\left(\frac{1}{T_1}-\frac{1}{20}\right)} \tag{6-28}$$

当 $t<20$℃时

$$K = e^{0.002h(20-T_1)} \tag{6-29}$$

4. 测试数据的整理与计算

在确定原有路面计算弯沉值时，在同一段落向各测点的弯沉值比较接近且每车道不少于20 点；各段的最小长度应与施工方法相适应，一般不小于 500m，机械化施工不小于 1km，且土基干湿类型和土质应相同。将全线进行段落划分，统计计算各段的计算参数，如以下各式所示，回弹弯沉试验记录表见表 6-14。

回弹弯沉试验记录表　　表 6-14

路线名称________　试验日期________　气温________

试验车型号________　后轴重________N

车轮当量圆直径，单圆 D：左______cm；右______cm；双圆 d：左______cm；右______cm

车轮对路面的单位压力：左______MPa；右______MPa　路面温度________

编号	测点桩号	百分表读数(0.01mm)		回弹弯沉 L_T(mm)	土基干湿类型	路况描述	备　注
		初读数 d_1	终读数 d_2				

读数________　校核________　记录________

（1）平均弯沉值 $\overline{L}_0$：

$$\overline{L}_0 = \frac{1}{n}\sum_{i=1}^{n} L_i \tag{6-30}$$

（2）标准偏差 S：

$$S = \sqrt{\frac{\sum_{i=1}^{n}(L_i-\overline{L}_0)^2}{n-1}} \tag{6-31}$$

（3）变差系数 C_v：

$$C_v = \frac{S}{\overline{L}_0}\times 100\% \tag{6-32}$$

（4）代表弯沉 L：

$$L = \overline{L}_0 + Z_\alpha S \tag{6-33}$$

上述式中：L_i——路段的计算回弹弯沉值(0.01mm)；

$\overline{L}_0$——路段内原有路面的平均弯沉值(0.01mm)；

S——弯沉值的标准偏差(0.01mm)；

Z_α——与保证率有关的系数，高速公路、一级公路取 2.0，二级公路取 1.645，二级以下公路取 1.5。

任务8 路面基层平整度测定

一、概述

1. 平整度检测的意义

路面平整度是评定路面使用品质的重要指标之一。它也是一个整体性指标,又是衡量路面质量及现有路面破坏程度的一个重要指标。它直接关系到行车安全以及车辆的通行能力和运营的经济性,还影响着路面的使用年限。

路面不平使车辆在行驶中产生行驶阻力和振动,行驶阻力消耗车辆的功率并且影响车辆动力系统和传动系统的寿命。而在冲击下产生的振动,直接影响了车辆平顺性、乘坐舒适性以及承载系统的可靠性和使用寿命。同时,阻力和振动也对车速和操纵稳定性产生影响。所以,路面平整度是运行环境中的主要因素。另外,路面的平整度对车辆营运费用有较多影响。

2. 平整度检测的目的

测量路面平整度指标,一是为了检查控制路面施工质量与验收路面工程,二是根据测定的路面平整度指标以制订养护维修计划。

3. 平整度的测试方法与仪器

路面平整度包括纵断面和横断面两个方面。测定平整度的仪器种类繁多,国外这方面从最初的直尺式测定仪发展成为可以记录行车道真实断面形状的横断面记录仪,如芬兰、日本、荷兰等国家研制了车辙深度量测仪,后来又研制了纵断面测定仪,如多轮式纵断面仪、斜率纵断面仪和美国通用汽车公司研制的 GMR 纵断面仪。国内除了 3m 直尺外,还有 JLP—80N 型间断式路面平整度仪(原西安公路科研所和南京交通实验仪器厂生产的一种自行车携带的直尺式监测仪),东南大学试制的仿苏联式测振仪,辽宁锦州郊区公路段研制成的 CPJ—S 型路面平整度检测仪,以及西安东风仪表厂生产的 XLPY—E 型连续式平整度仪。下面介绍国内最常用的测试平整度的方法,3m 直尺法和连续平整度仪法。

二、3m 直尺法

3m 直尺测定法有单尺测定最大间隙及等距离(1.5m)连续测定两种,前者常用于施工时质量控制和检查验收。单尺测定时要计算出测定段的合格率,等距离连续测试也可用于施工质量检查验收,但要算出标准差,用标准差来表示平整程度。它与用 3m 连续式平整度仪测定的路面平整度有较好的相关关系。

3m 直尺测定法的特点是设备简单,结果直观,间断测试,工作效率低,用直尺与路面之间的最大间隙 h(mm)反映凹凸程度。

1. 目的和适用范围

(1)本方法规定用 3m 直尺测定距离路表面的最大间隙,用以表示路基路面的平整度,以 mm 计。

(2)本方法适用于测定压实成形的路面各层表面的平整度,以评定路面的施工质量及使

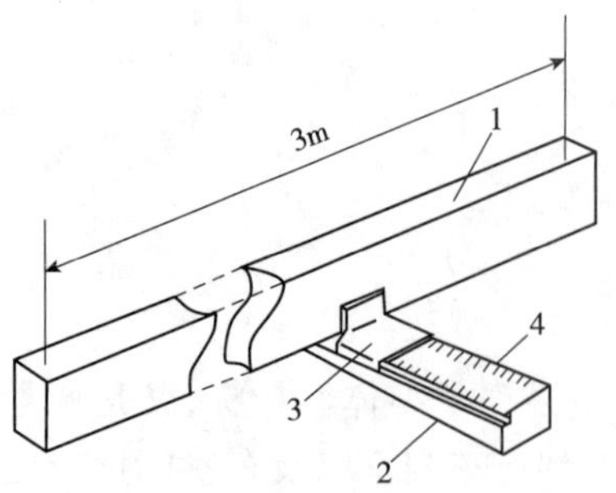

图6-8 处于测量状态的直尺横断面和测量楔尺
1-3m 直尺;2-塞尺;3-游标;4-刻度

用质量,也可用于路基表面成形后的施工平整度检测。

2. 量测仪器

(1)直尺:由铝合金制造,长度3m,底边平直,上边装有两个把手,便于使用时握住。

(2)楔形塞尺:木或金属制的三角形塞尺,有手柄。塞尺的长度与高度之比不小于10,宽度不大于15mm,边部有高度标记,刻精度不小于0.2mm,也可使用其他类型的量尺。

(3)其他:皮尺或钢尺、粉笔等。

处于测量状态的直尺横断面和测量楔尺见图6-8。

3. 量测步骤

(1)在施工过程中检测时,按根据需要确定的方向,将3m直尺摆在测试地点的路面上。

(2)目测3m直尺底面与路面之间的间隙情况,确定间隙最大的位置。

(3)用有高度标线的塞尺塞进间隙处,量记其最大间隙的高度(mm),准确至0.2mm。

(4)施工结束后检测时,按《公路工程质量检验评定标准(土建工程)》(JTG F80/1—2004)规定,每1处连续检测10尺,按上述(1)~(3)的步骤测记10个最大间隙。

4. 计算与表示方法

单杆检测路面的平整度计算,以3m直尺与路面的最大间隙为测定结果。连续测定10尺时,判断每个测定值是否合格,根据要求计算合格百分率,并计算10个最大间隙的平均值。

单杆检测的结果应随时记录测试位置及检测结果,连续测定10尺时,应报告平均值、不合格尺数、合格率,见表6-15。

路面/(底)基层平整度检测记录表 表6-15

工程名称________ 路面类型________ 检测日期________

序号	桩号	实测值(mm)										平均值(mm)	规范值(mm)
		1	2	3	4	5	6	7	8	9	10		
不合格尺数								合格率(%)					

读数________ 记录________ 校核________

参 考 文 献

[1] 中华人民共和国行业标准. JTG B01—2014 公路工程技术标准[S]. 北京:人民交通出版社股份有限公司,2015.

[2] 中华人民共和国行业标准. JTG F80/1—2004 公路工程质量检验评定标准(土建工程)[S]. 北京:人民交通出版社,2004.

[3] 中华人民共和国行业标准. JTJ 034—2000 公路路面基层施工技术规范[S]. 北京:人民交通出版社,2000.

[4] 中华人民共和国行业标准. JTG D50—2006 公路沥青路面设计规范[S]. 北京:人民交通出版社,2006.

[5] 中华人民共和国行业标准. JTG E40—2007 公路土工试验规程[S]. 北京:人民交通出版社,2007.

[6] 中华人民共和国行业标准. JTG E60—2008 公路路基路面现场测试规程[S]. 北京:人民交通出版社,2008.

[7] 中华人民共和行业标准. JTG E51—2009 公路工程无机结合料稳定材料试验规程[S]. 北京:人民交通出版社,2010.

[8] 交通部公路工程定额站,湖南省交通厅. 公路工程工程量清单计量规则[M]. 北京:人民交通出版社,2005.

[9] 孙江. 公路路面基层施工[M]. 北京:人民交通出版社,2001.

[10] 严家伋. 道路建筑材料[M]. 北京:人民交通出版社,1998.

[11] 沙庆林. 高等级道路半刚性路面[M]. 北京:人民交通出版社,1993.

[12] 沙庆林. 高等级公路半刚性基层沥青路面[M]. 北京:人民交通出版社,1998.

[13] 李红专. 高速公路路基路面施工工艺[M]. 北京:人民交通出版社,2004.

[14] 《公路路面基层施工技术与质量检验》编委会. 公路路面基层施工技术与质量检验[M]. 北京:中国标准出版社,2003.

[15] 韩山农. 公路工程施工测量[M]. 北京:人民交通出版社,2003.

[16] 王卓娅. 河南省二灰碎石和水泥稳定碎石基层应用研究[D]. 长安大学,硕士学位论文,2004.

[17] 于国锋,等. 道路工程技术[M]. 沈阳:东北大学出版社,2006.

[18] 欧阳伟,等. 道路工程施工技术[M]. 沈阳:东北大学出版社,2006.

[19] 《2013 新编公路工程施工技术与质量控制国家标准指导手册》编委会. 2013 新编公路工程施工技术与质量控制国家标准指导手册[M]. 北京:中国科学技术出版社,2013.

[20] 陈忠达. 路基路面工程[M]. 北京:人民交通出版社,2009.

[21] 沙爱民. 路基路面工程[M]. 北京:高等教育出版社,2011.

[22] 王卓娅. 路面基层施工[M]. 北京:人民交通出版社,2009.